U0611028

州』地区高中普及攻坚

普职协调发展研究

沈有禄 ◎ 著

辽宁人民出版社

图书在版编目（CIP）数据

"三州"地区高中普及攻坚与普职协调发展研究 /
沈有禄著. -- 沈阳：辽宁人民出版社，2025．4.
ISBN 978-7-205-11543-2

Ⅰ．G639.21

中国国家版本馆 CIP 数据核字第 2025UF9708 号

出版发行：辽宁人民出版社
　　　　　地址：沈阳市和平区十一纬路 25 号　邮编：110003
　　　　　电话：　024-23284325（发行部）　　024-23284300（发行部）
　　　　　http：//www.lnpph.com.cn
印　　刷：沈阳绿洲印刷有限公司
幅面尺寸：170mm×240mm
印　　张：14.75
字　　数：240 千字
出版时间：2025 年 4 月第 1 版
印刷时间：2025 年 4 月第 1 次印刷
责任编辑：张天恒　王晓筱
封面设计：山月设计
版式设计：逸诺设计
责任校对：吴艳杰
书　　号：ISBN 978-7-205-11543-2
定　　价：68.00 元

序 言

中国教育发展不平衡不充分的问题仍然存在，各地因经济发展水平、交通与地理条件、资源禀赋以及思想观念等不同而发展不平衡。高中阶段教育亦是如此，作为原全国集中连片深度贫困的"三区三州"地区（"三州"地区是我国原集中连片深度贫困地区"三区三州"之一，具体为四川省凉山彝族自治州、云南省怒江傈僳族自治州、甘肃省临夏回族自治州，为少数民族聚居区，多为少数民族直过社会，各种观念落后，自然条件恶劣，交通等基础设施薄弱，经济发展缓慢，脱贫攻坚与巩固任务非常艰巨。），各方面都与全国其他地区差距显著，所有学段教育发展均明显低于全国平均水平。

教育部等四部委于2017年发布的《高中阶段教育普及攻坚计划（2017—2020年）》明确要求，到2020年全国、各省（区、市）毛入学率均达到

90%以上，中西部贫困地区毛入学率显著提升。而"三州"地区作为全国集中连片深度贫困地区，高中阶段教育普及攻坚任务非常艰巨。教育部、国务院扶贫办于2018年年初发布的《深度贫困地区教育脱贫攻坚实施方案（2018—2020年）》再次强调："普及高中阶段教育，深入实施《高中阶段教育普及攻坚计划（2017—2020年）》，把'三区三州'尚未普及高中阶段教育的地区作为攻坚的重中之重。加快发展职业教育，省级统筹职业教育资金，支持'三区三州'每个地级市（州、盟）建设好一所中等职业学校。在'三区三州'率先实施职业教育东西协作行动计划。"

尽管国家及省级层面均出台了高中阶段教育普及攻坚的政策文件，但在2020年前，脱贫攻坚是"三区三州"地区所有工作中的重中之重，脱贫攻坚任务特别繁重，高中普及教育在政府的各项工作中的优先地位并不突出。就是在教育领域也因"控辍保学"对脱贫验收具有一票否决的作用，且"学前学普"及"一村一幼"在教育领域也具有较优先位置，故"三州"地区的高中普及攻坚进程与政策目标值要求仍存在较大差距。

我于2009—2011年指导的博士后沈有禄教授长期从事基础教育研究，教育公平思想始终贯穿其核心研究旨趣，在他近期主持的国家社会科学基金项目就专门聚焦于"三州"地区高中普及攻坚与普职协调发展研究。通过近些年较长时间深入"三州"地区实地调研，做了大量的访谈工作，并收集了较大数量的调查问卷。

2019—2020年间作者先后赴"三州"地区29个县（市）中的23个县（市）

实地调研，调研了普通高中、中等职业学校、初中共 47 所学校，耗时 73 天，先后访谈了 129 位相关人员。后续 2021—2022 年又多次再赴"三州"地区调研，实地调研超过 100 天。课题组编制了多份相关调查问卷，调查了政府行政部门管理人员，教育部门管理人员，普通高中、中等职业学校、初中的校长、副校长以及部分教师共 355 人，初三学生 21531 人，初三学生家长 15428 人。

本书深入探究了"三州"地区高中阶段教育普及攻坚进程与普职结构关系，分析了"三州"地区高中普及攻坚进程滞后及普职发展不协调的原因，并提出了"三州"地区高中阶段教育普及攻坚与普职协调发展的具体策略与实现路径。资料掌握较为全面，论证充分，结论可靠，所提建议具有一定的可操作性和较强的决策参考咨询价值。

在课题研究中，作者辛勤付出，取得了较显著的学术成果：咨询报告被省部级主要领导批示 2 项，获省级社会科学优秀成果奖论文一等奖 1 项，在人民出版社出版学术专著 1 部，在教育类顶级刊物《教育研究》发文 1 篇，其他权威期刊发文 2 篇，其他 CSSCI 期刊、北大中文核心期刊及《光明日报》《中国社会科学报》等发文十余篇，其中被《新华文摘》全文转载 1 篇、《人大复印资料》全文转载 2 篇，课题相关论著已被引用 200 多次。

本书以高质量成果引领课题研究成果表达，让学界更多看见有关"三州"地区的成果，以期能在学者中引起共鸣，原深度贫困地区是值得学者研究和关注的，既是学术研究领域的一个方向，同时也对国家巩固拓展脱贫攻坚成果与乡村振兴更好地衔接具有一定的现实参考价值，为更好、更快地推进"三州"地区及同类原深度贫困地区高中教育普及攻坚与普职协调发展提供重要的理论依据与现实参考建议。

总之，加快推进"三州"地区高中普及攻坚与普职协调发展是保障当地脱贫人口基本受教育权利获得、构建基础生活能力的需要。普及高中教育还具有重要的减贫效应，阻断贫困代际，有助于实现社会公平。大力推进少数民族地区、边疆地区、集中连片贫困地区高中教育的普及与免费，对提升当地青少年的人力资本、维护社会稳定与民族团结具有重要的战略价值。把普及高中教育作为提高脱贫群众发展能力的"治本之策"，成为减少收入不平等的可靠手段，越来越多地凸显出其在促进扶贫、防止返贫方面的基础性、根本性、可持续性作用。

作者邀请我为他的最新著作《"三州"地区高中普及攻坚与普职协调发展研究》作序，不胜荣幸。首先，对作者通过脚踏实地研究取得丰硕的成果表示祝贺，很高兴为本书作序。我乐意把本书推荐给从事基础教育，尤其是民族地区基础教育研究与管理的工作人员。同时对书中存在的不足敬请各位提出宝贵的批评意见。

范先佐

华中师范大学教授、博士生导师

2024 年 7 月 1 日

摘　要

在 2010 年颁布的《国家中长期教育改革和发展规划纲要（2010—2020 年）》中明确指出："到 2020 年，普及高中阶段教育，毛入学率达到 90%，根据经济社会发展需要，合理确定普通高中和中等职业学校招生比例，今后一个时期总体保持普通高中和中等职业学校招生规模大体相当。"教育部等四部委于 2017 年发布的《高中阶段教育普及攻坚计划（2017—2020 年）》明确提出："到 2020 年，全国普及高中阶段教育，适应初中毕业生接受良好高中阶段教育的需求。全国、各省（区、市）毛入学率均达到 90% 以上，中西部贫困地区毛入学率显著提升；普通高中与中等职业教育结构更加合理，招生规模大体相当。"同时也强调"职业教育比例较低的地区要重点扩大中等职业教育资源。"教育部、国务院扶贫办于 2018 年初发布的《深度贫困地区教育脱贫攻坚实施方案（2018—2020 年）》再次强调："把'三区三州'尚未普及高中阶段教育的地区作为攻坚的重中之重，加快发展职业教育。"

而截至 2017 年，"三州"地区中高中阶段教育毛入学率怒江州仅为 57.00%、凉山州为 73.52%、临夏州为 74.15%，离国家政策要求差距很大。同年，"三州"地区高中阶段教育职普比怒江州为 0.245（相当于每招收 1000 名普通高中学生的同时招了 245 名中等职业学校学生）、凉山州为 0.467、临夏州为 0.169。"三州"地区较低的职普比值离国家要求的"大体相当"差距也很大。

故"三州"地区无论是在高中阶段教育毛入学率还是职普比上均与国家政策要求有很大的差距。"三州"地区高中普及攻坚与普职协调发展面临的困难也是很艰巨的，很有必要研究之、解决之。本研究将深入实地发现"三州"地区高中普及攻坚与普职协调发展方面的现状、困境、影响因素，并根据访谈及调查数据分析结论提出较客观、有针对性的改进建议。

通过研究发现，"三州"地区政府在高中普及攻坚中的主要措施有：（1）地区通过"9+3"高中阶段教育免费（尤其是中等职业教育免费）或14年、15年的学前两年甚至学前三年到高中的免费教育，以及对建档立卡户学生提供生活费补助等，完善扶困助学政策、增加助学金及受助面、推行免费教育。（2）加强教师队伍建设，新进、储备、调配增加教师数。（3）扩大教育资源，新建、改扩建普通高中或中职学校以增加学位数。（4）推动学校多样化有特色发展，试办综合高中，开办普职融合班。（5）省内对口帮扶 + 东西部扶贫协作，内外"两只手"助推脱贫攻坚与高中普及攻坚。（6）改进普通高中与中职学校招生管理办法，统一平台、统一招生、统一录取。

虽然通过各种措施取得了一定的成绩，但高中阶段教育普及进程仍然滞后，究其原因主要有：（1）底子薄、基础弱，义务教育巩固率低，"控辍保学"任务艰巨，限制了升入高中教育的学生基数（如截至2020年凉山州的九年义务教育巩固率只达到82.85%，怒江州及临夏州要高些），有较大数量的学生未完成九年义务教育，就更没有机会升入高中阶段，减少了高中阶段教育的入学基数。（2）经济落后，本地政府教育经费投入有限，资金缺口大。（3）部分学生入学晚、年龄偏大，到了该上高中的年龄人却还在初中，造成高中毛入学率统计时分子变小，毛入学率变低。（4）部分初中生毕业就外出打工，甚至一部分未毕业就流失外出打工或结婚，一定程度上降低了升学基数。（5）受多种宗教思想的影响，一些民众的观念比较极端，有的甚至不愿意与政府打交道，排斥现代社会生活。受落后观念，甚至宗教极端思想的影响，部分家长消极抵触，送孩子升入更高一级学校的意愿较弱。（6）因交通、文化等因素影响，以及基础薄弱，导致吸引投资较少，经济发展缓慢。地区总产值中劳务的收入占比较大，工矿企业少、经济结构单一、产业层次低，没有充足的就业市场，学生毕业就业困难，进一步降低了人们对职业教育的重视程度，发展中等职业教育作为深度贫困地区高中普及攻坚重要途径的作用被弱化。

加快"三州"地区高中普及攻坚进程的建议：（1）"后脱贫"与"乡村振兴"时代高中阶段教育的全面普及应成为"三州"地区教育工作的重中之重，加大投入解决历史欠账问题，建设更多的学校（尤其是抓好州级示范学校的建设）、改善实训条件、招聘更多的"双师型"教师，如此才能尽快全面普及高中阶段教育。（2）"三州"地区在实现高中全面普及中应将重点发展中等职业教育作为普及的优先工作方向，应重视中等职业教育在巩固拓展脱贫攻坚成果及缩小城乡收入差距、服务转移劳动力技能培训以及维护社会稳定与民族团结方面的重要贡献，提高职普比，实现普职协调发展。（3）应切实将初中毕业未升学的学生尽量都找（劝）回来接受高中阶段教育，尤其是接受中等职业教育与技能培训。

"三州"地区学生及家长不愿意接受中等职业教育是导致"三州"地区高中阶段教育普职发展不协调的根本原因所在。而家长不愿意送孩子上中等职业学校最主要是担心以下几个方面："中职学校毕业后，不好找工作，不确定性大"；"中职学校教学质量、实训条件较差，学不到什么东西，浪费时间，也浪费金钱"；"中职学校管理松散，担心孩子学坏了，不放心去"；"中职毕业生工资待遇福利等低下，没有什么收益，不划算"；等等。因此要让家长愿意送孩子上中等职业学校，要能解决家长更看重的能直接带来中职教育投资收益的工资福利问题，而这又涉及充足就业市场的建设，需要高质量的实训条件及优质管理水平做保障以提高教育质量。

相应的政策激励措施比现有水平增加幅度在20%以内，在这种水平下，提高中职毕业生的工资福利具有最高的边际激励效应（工资福利每年多3000元的收益都能将家长对孩子的中职升学意愿提升7.3个百分点至44.6%），提高中职学校的教学质量及实训条件具有第二高的边际激励效应，而使中职毕业生更容易找到工作具有第三高的边际激励效应，但增加学费减免及助学金额度对提升家长对其孩子的中职升学意愿并没有太高的激励效应。

要实现"三州"地区高中阶段教育普职协调发展，可采取以下措施：（1）高中阶段教育职普比在适当底线值之上可以保持普职协调发展，可将0.7及0.6分别作为国家及"三州"地区职普比"大体相当"政策的执行底线值。（2）在家长中科普职业教育的价值、意义，消除信息不对称，中等职业教育是比普通高中收益更高的教育，对学生成长成才具有重要作用与意义，让家长意识到适合的教育才是最好的教育，一味追求升入普通高中不符合人的多元发展与成长成才需求。（3）加快发展特色经济，创造充足的就业岗位，消除因就业问题而受限的学生及家长对中等职业教育的升学需求。（4）加大投入及时改善中等职业学校办学条件，加强管理，以高质量办学吸引学生就读。（5）提升技术技能人才的工资福利，提升中等职业教育对学生及其家长的吸引力。（6）在中小学开展职业启蒙教育课程与活动，帮助学生树立正确的职业观与劳动观，增强对职业教育的亲近感与接受度。

说明：本书引用的重要政策、文件及一些数据如未特殊注明，均是脱贫攻坚完成验收的2020年及以前的情况。

目　录

第一章

绪论

第一节　课题研究内容

一、研究对象

本课题总的研究对象为"三州"地区高中阶段教育普及攻坚与普职协调发展问题。具体又分为四川省凉山彝族自治州、云南省怒江傈僳族自治州、甘肃省临夏回族自治州的高中阶段教育普及攻坚策略及"三州"高中阶段教育普职协调发展问题。

二、研究总体框架

研究总体框架具体为：首先，高中阶段教育普及的依据与意义、普及的对象与内容、普及进程中普通高中与中等职业学校的比例与结构问题进行理论探讨；其次，根据"三州"地区的社会经济与教育发展状况及存在的问题，参考先进经验，提出"三州"地区各自的高中普及攻坚策略；最后，根据"三州"地区的高中普及与脱贫攻坚现状，结合各地的社会经济发展与脱贫、减贫需要，提出切实可行的符合"三州"各地实际情况的高中阶段教育中的职普比例关系及其协调发展路径。

三、研究重点与难点

重点在于全面、深入地把握"三州"地区高中阶段教育普及进程中存在的明显制约其普及攻坚的重点、难点问题,以及影响其普职协调发展的关键制约因素,找出其背后的根本原因,因地制宜地提出各地高中阶段教育普及攻坚与普职协调发展的具体策略与实现路径。

难点在于,其一,"三州"地区是我国脱贫攻坚的重点区域,属于深度贫困地区、边远山区和少数民族聚居区,下辖面积辽阔、交通落后,如下到具体村落甚至存在语言沟通障碍,给全面摸底调研带来时间和物质上的难度是可想而知的;其二,"三州"地区分别是彝族、傈僳族、回族自治州,社会经济与教育发展原本严重滞后于各自本省内其他地区,高中普及进程与职普比例离国家要求的到 2020 年要实现的目标 90% 及以上与大体相当(接近 1∶1)相差甚是悬殊,如何在短期内能尽快实现上述目标,在具体政策措施上对各地来说均具有严重的挑战性和急迫性,因此各地的高中普及攻坚策略与普职协调发展路径要具有明确的针对性、可操作性与实效性。

四、课题研究价值

目前已有的研究总的来说,缺乏系统性与整合性及实证研究相对不足。对高中教育普及的意义研究较为丰富,对高中教育普及中普通高中与中等职业学校之间的结构比例失衡,如何在应然与实然中实现均衡以及借鉴可行方案的研究较少;对普及的路径的探讨有待进一步深入,对如何在普及数量增加与质量提高中找到合理、科学的普及攻坚路径有待挖掘;在投入保障方面的研究有待系统化、科学化及可操作化,对普职协调发展的具体内涵及其比例以及不同地区在职普比上是否应有区别,对民族、贫困地区尤其是"三州"地区的高中普及攻坚与普职协调发展的策略均少有或未有研究,这些都是今后本课题研究的重要努力方向。

总之,本研究对完善我国高中普及的相关理论研究,以及更好、更快地推进"三州"地区高中教育普及攻坚与普职协调发展提供了重要的理论依据与现实参考建议。

五、课题研究创新之处

第一，本课题将弥补之前的对高中普及、高中普及攻坚及普职协调发展的分散研究的不足，将其视为一个整体，通盘考虑其普及攻坚与普职协调发展中的具体问题与可行措施。

第二，本课题以"三州"地区的高中普及攻坚与普职协调发展为研究对象，通过实地调研、访谈等，获得的数据、信息更直接、客观、科学、真实可靠，基于此提出的政策建议也更具有现实操作性和针对性。

第三，对"三州"地区的研究可以以一窥全，对我国其他民族贫困地区，尤其是深度贫困地区的高中普及攻坚与普职协调发展提供借鉴参考意见。

第二节　课题研究目标与预期成果

一、课题研究目标

一是对高中普及与普职协调发展的具体内涵进行深入的理论探讨，从理论上更好地指导本课题研究的实践需要；

二是全面摸底、把握"三州"地区的高中阶段教育普及的现状与问题，以及高中普及中的普职比例失调问题；

三是深入发现"三州"地区高中阶段教育普及攻坚与普职失衡发展背后的深层次原因，找准其关键制约因素，并提出相应的普及攻坚策略与普职协调发展路径。

二、课题研究预期成果

课题最终研究预期结题成果形式为研究报告《"三州"地区高中普及攻坚与普职协调发展研究》，最终成果将提交反馈给参与研究的各地教育、财政、发改、劳动与就业主管部门，并呈送教育部相关部门，以供各主管部门决策与咨询参考用。

阶段性研究预期成果主要围绕我国高中普及与普职比例的面上情况与成功经

验，重点围绕"三州"地区高中普及攻坚与普职协调发展的问题与原因及对策，并剖析具体个案，发表相关论文，撰写各州分报告并积极报送阶段性成果，服务于"三州"地区高中普及攻坚与普职协调发展的评估与实践参考，相关研究成果预计将取得较有意义、较广泛的社会经济效益。

第三节　课题研究方法

一、课题研究思路

本课题拟对凉山州、怒江州、临夏州展开多次实地调研，切实全面把握各州的高中普及进程与普职失衡的现状，找准其突出问题，发现背后的根本原因与关键制约因素。深入"三州"地区的市县教育局、贫困县普通高中与中职学校，与教育主管部门官员、学校校长和教师、学生及家长座谈与访问，再结合教育、劳动与社会保障及就业部门的相关数据信息与意见，既从面上把握问题，又解剖具体的个案，点面结合，找准问题症结，提出反映基层呼声并参考先进经验的解决策略，为各地政府推进高中普及攻坚与普职协调发展提供参考意见。

二、课题研究方法

文献法。利用现有各种学术资源网络、书籍、论文、报刊、年鉴、教育事业发展统计公报、各种教育类数据库等，获取全国面上的高中阶段教育的普及与普职协调发展及各地先进的实践经验及策略。

访谈与问卷调查法。对"三州"地区教育主管部门官员，学校校长、教师、学生家长的座谈及访谈与问卷调查，全面、精准地发现问题，为各地普及攻坚策略与普职协调发展提供建设性建议。

案例分析法。既解剖国内先进地区的案例，更要解剖"三州"地区的成功与失败个案，使具体的政策建议更具指导性、参考性与实效性。

三、课题研究计划

2018 年下半年收集文献，了解目前我国高中普及、普及攻坚及普职协调发展方面的面上情况，获得相关数据、政策与各地实践经验。

2019 年初至 2020 年上半年对"三州"地区进行多次实地调研，获取"三州"地区普及攻坚与普职失衡发展的问题、原因，各地呼吁与建议的一手数据资料。

2020 年下半年，访谈、座谈信息录入、整理与分析，全面掌握"三州"地区目前高中阶段教育普及、普及攻坚及普职协调发展的现状、问题及原因，并撰写"三州"分报告提交各方。

2021 年上半年，形成总报告，提交结题材料，呈送并反馈相关研究报告给各相关参与方及报送有关主管部门供决策咨询之用，感谢各方参与。

组负责人已主持完成教育机会分配公平的国家社科基金项目及中职投入的教育部人文社科项目，主要成员也有主持在研普通高中学校特色生成机制、综合学科高中发展路径的部级课题，积累了丰富的前期成果与研究实践经验，有能力确保按时完成研究任务。

四、课题研究实际进程

先后进行了两次长时间的基线调研，以及两次较短时间的实地调研。2019 年 7 月 13 日至 8 月 3 日先后赴凉山彝族自治州的西昌市、盐源县、木里县、冕宁县、德昌县、甘洛县、昭觉县，怒江傈僳族自治州的泸水市、福贡县、兰坪县实地调研，以及 8 月 18 日—31 日赴临夏回族自治州的临夏市、临夏县、永靖县、广河县、和政县、康乐县、东乡县、积石山县实地调研。这次基线调研共耗时 36 天，调研了个 18 县市，走访了 40 所学校，其中普通高中 19 所、中等职业学校 12 所、初中 9 所（含两所完中的初中部），访谈（含集体座谈等）百余人（含教育管理人员、校长、副校长、班主任等）。这次调研主要是了解高中普及攻坚中各地是否出台专门政策、普及的难点问题等，以及学生及家长对普通高中与中职学校选择的影响因素问题。

2020 年 7 月 17 日至 8 月 9 日共 24 天，又赴普格县、木里县、美姑县、布拖县、福贡县、贡山县、广河县、和政县、东乡县、积石山县等 10 个县，这次基线调研主要是了解初中毕业生的升学去向问题、学校建设问题，以及"控辍保学"问题。访谈部分初中班主任和学生及家长，了解学生为什么不愿意升入中等职业学校，以及学生家长为什么不愿意让子女就读中等职业学校。新增实地调研学校 4 所。

2019 年 10 月 1 日—5 日及 11 月 3 日—10 日共 13 天又实地调研了 4 所学校（其中新增以前没去过的学校 3 所），对部分学生及家长进行了访谈，主要是了解学生及家长对中等职业教育的态度及其影响因素。

2019—2020 年间实地调研了 47 所学校，其中普通高中 21 所、中等职业学校 12 所、初中 13 所、普职融合学校 1 所，耗时 73 天。对"三州"地区高中普及攻坚进程与职普协调发展方面的基本状况和政策等进行了收集，并对各利益相关方进行了个案访谈与座谈，就"三州"地区的初三毕业生及其家长对初中毕业后的升学意愿及中小学教师工资收入等情况进行了解，尤其是 2019 年的调研及对有关利益相关者的访谈为后续问卷设计提供了很好的启发，使调查问卷更有针对性、准确性及实效性，同时，也为后续问卷调查积累了一定的人脉关系，方便后续相关问卷调查的开展。

2019 年相继访谈了 129 位相关人员，包括教育局局长、副局长、科长、副科长、股长、副股长、主任、副主任等 27 人，普通高中校长、副校长、主任、副主任 16 人，中等职业学校校长、副校长、主任、副主任 19 人，初中校长、副校长、主任、副主任 19 人，初三学生及家长 48 人。

在相关访谈中发现，确保"三州"地区在 2020 年年底前脱贫攻坚验收是当时政府工作中压倒一切的优先工作，而在教育工作中"控辍保学"对脱贫攻坚验收具有一票否决的作用，且义务教育均衡验收也享有非常靠前的优先性，而高中阶段教育普及攻坚却看不到工作到了最后关头要大干、特干、快干的攻坚感觉，而是相当于普通工作一样在开展。

为了解当地基层干部对高中普及攻坚的认知等，课题组编制了《"三州"地区高中普及攻坚与普职协调发展研究》调查问卷，先在问卷星平台上生成网络调查问卷，再将该网络调查问卷的网址链接复制下来，发放给"三州"地区的基层人员，含政府行政部门管理人员、教育部门管理人员，以及普通高中、中等职业学校、初中的校长、副校长和部分教师。问卷发放时间为 2020 年 8 月 27 日 17 时 38 分，回收截止时间为 2021 年 4 月 7 日 16 时 50 分，共回收有效问卷 355 份。

访谈发现，制约"三州"地区高中阶段教育普职协调发展的最主要因素是当地民众对中等职业教育的接受度低，要提升高中阶段教育职普比值，实现普职协调发展，必须吸引更多的初三毕业生来报考中等职业学校，为此高中阶段教育普职协调发展的根基在初三学生分流中提升学生对中等职业学校的选择意愿并强化为实际选择问题。

课题组编制了《"三州"地区初三学生升学意愿调查》《"三州"地区初三学生家长对其孩子升学意愿调查》两份问卷，先在问卷星平台生成网络问卷，再将网络问卷的网址链接复制下来，发送给"三州"地区的校长们，请校长帮联系学校的初三班主任，在初三学生及家长中发放问卷。学生问卷发放起始时间为 2020 年 3 月 3 日 11 时 27 分，家长问卷发放起始时间为 2020 年 3 月 3 日 11 时 24 分，问卷统一截止回收时间为 2020 年 4 月 18 日 12 时 25 分。共回收学生问卷 21531 份、家长问卷 15428 份。学生问卷的信度为 0.928，家长问卷的信度为 0.930，在问卷效度上，因为主要是测度学生及家长的看法，不少题目的选项不是连续变量，问卷调查开始前咨询了有关专家，经审核均认为达到了应有的测试效度，取样有足够的代表性，共在 113 所初中取样，取样占 2019 年年底"三州"地区初三在校生总数的 21.88%。

由于"三州"地区还有相当比例的文盲，而问卷调查正处在新冠疫情暴发后学生在家上网课期间，也方便用智能手机、电脑等终端填写问卷；对文盲家长，正好学生在家可以帮念给家长，家长听后再回答问卷。

2020 年主要用于实地调研、发放问卷及回收数据与整理。2021—2022 年撰写相关论文投稿发表，为了确保有高级别、影响力较大的阶段性成果及咨询报告能被有关领导批示与相关部门采纳，就稍微耽误了撰写结题研究报告的时间。

第四节　课题研究成果

一、阶段性研究成果

目前已发表和出版署名课题号的阶段性相关成果有：咨询报告被省部级主要领导批示 2 项，其中被省教育厅采纳 1 份。获省级社会科学优秀成果奖论文一等奖 1 项，在人民出版社出版学术专著 1 部。在教育类顶级刊物《教育研究》发文 1 篇，其他权威期刊发文 2 篇，其他 CSSCI 双料核心论文 3 篇（含用稿 1 篇），CSSCI 扩展版双料核心论文 3 篇，北大中文核心论文 5 篇，《光明日报》内参采用 1 篇，《中国社会科学报》发文 4 篇（含英文版 1 篇），其他较知名学报发文 1 篇，中国社会科学网发文 2 篇，含咨询报告及内参共取得 24 项论著成果（不含网络首发论文）。阶段性成果被引 235 次（截至 2024 年 12 月 3 日），被《新华文摘》全文转载 1 篇、《新华文摘》网刊全文转载 1 篇，《人大复印报刊资料》全文转载 2 篇。

［咨询报告］

1. 沈有禄、夏金星：《夯实中职教育基础地位消除社会普职分流焦虑》，2022 年 2 月 27 日，被海南省时任省长冯飞肯定性批示，并被海南省教育厅采纳；同时该咨询报告也被时任四川省省长黄强批示，四川省教育厅出具感谢信。

2. 沈有禄：《脱贫地区加快建设高质量教育体系：亟待提高教师队伍素质提高教师待遇》，2022 年 12 月 8 日被时任国家乡村振兴局刘焕鑫局长肯定性批示。

［专著］

沈有禄：《中职、普高教育资源地区差异研究》，人民出版社 2019 年 12 月版。被引用两次。

［获奖］

沈有禄：《"职普比"大体相当：问题与建议》，2022 年 10 月获海南省第十二次社会科学优秀成果奖论文一等奖。原载《中国社会科学报》2020年7月20日第5版。

［论文］

1.沈有禄：《职业教育适应性的内涵、特征与实现路径》，《福建教育》2024年第17期。人大复印报刊资料《职业技术教育》2024年第7期全文转载。被引用1次。

2.沈有禄：《积极营造职业教育良好发展氛围》，《中国社会科学报》2024年6月14日第4版。中国社会科学网转载。被引用两次。

3.沈有禄：《中小学教师对其孩子接受职业教育意愿的差异分析》，《中国职业技术教育》2024年第9期。

4.沈有禄：《职业启蒙教育：必要性与实施状况——基于"三州"地区的调查》，《教育学术月刊》2024年第7期。

5.沈有禄，万红渠：《"趋普避职"：谁不愿意让孩子上职校？——基于对"三州"地区15428名初三学生家长的调查》，《教育科学研究》2024年第9期。

6.沈有禄：《谁愿意让孩子接受中等职业教育——基于对"三州"地区15428名初三学生家长的调查》，《教育研究》2022年第7期。被引用21次。

7.沈有禄：《初中生中职升学意愿的差异分析——基于对"三州"地区21531名初三学生的调查》，《华中师范大学学报（人文社会科学版）》2022年第1期。中国社会科学网、搜狐网、腾讯网等转载。被引用9次。

8.沈有禄、曾新：《职普比"大体相当"：有无可接受的底线值——来自"三州"地区的调查》，《教育发展研究》2021年第13-14期。被引用8次。

9.沈有禄：《以教育阻断贫困代际传递——以"三州"地区为例》，《中国社会科学报》2021年4月8日第4版。中国社会科学网转载。

10.沈有禄：《高中阶段教育职普比提升的阻力与路径分析——基于"三州"地区的调查》，《中国教育学刊》2020年第7期。国研网转载。被引用18次。

11.沈有禄：《职普比"大体相当"：问题与建议》，《中国社会科学报》2020年7月20日第5版。《新华文摘》2020年第20期全文转载，中国社会科学网转载。获海南省第十二次社会科学优秀成果奖论文一等奖。被引用5次。

12. 沈有禄：《普通高中教育经费地区差异研究——基于2007-2016年的数据》，《教育与经济》2019年第6期。《新华文摘网刊》2020年第13期网络全文转载，国研网转载。被引用12次。

13. 沈有禄：《我国职业教育经费研究回顾与展望》，《职教论坛》2020年第10期。被引用16次。

14. 杨东梅、沈有禄：《农民工职业技能培训供需状况调查研究》，《中国职业技术教育》2019年第21期。被引用40次。

15. 沈有禄：《职业学校联合中小学开展劳动和职业启蒙教育：天时、地利、人和》，《中国职业技术教育》2019年第7期。被引用50次。

16. 沈有禄、马继迁：《我国教师工资福利及补助支出的地区差异：2007-2016》，《教育经济评论》2019年第2期。《新华文摘》2019年第14期"论点摘编"转载，中国社会科学网转载。被引用8次。

17. 沈有禄：《中职教师工资福利及补助支出地区配置差异分析——基于2007-2016年的数据》，《教育学术月刊》2018年第11期。被引用7次。

18. 沈有禄：《近十年职业教育经费配置差异分析》，《中国职业技术教育》2018年第31期。中国社会科学网转载，国研网转载。被引用32次。

19. 沈有禄：《近十年中等职业学校教师资源地区配置差异分析》，《苏州大学学报（教育科学版）》2018年第3期。《人大复印资料职业技术教育》2019年第1期全文转载，中国社会科学网转载。被引用4次。

20. 沈有禄：《Education to break intergenerational transmission of poverty》，《Chinese Social Sciences Today（中国社会科学报英文版）》2021年4月15日第6版。

21. 沈有禄：《"三州"地区高中普及攻坚问题与建议》，《教育科学》2024年9月10日已用稿。

[内参]

沈有禄：《多措并举推动普通高中教育和中等职业教育融通发展》，2021

年 7 月被光明日报内参《情况反映·知识界动态清样》采用。

[网络发表论文]

1.沈有禄：《高中阶段教育职普比"大体相当"：地区差异与问题分析》，中国社会科学网 2020 年 5 月 14 日刊发。

2.沈有禄：《高中教育普及与免费：实现民族连片特困地区精准扶贫的有效途径》，中国社会科学网 2020 年 9 月 17 日刊发。

二、最终研究成果

课题最终研究成果为研究报告《"三州"地区高中普及攻坚与普职协调发展》，全报告共 5 个章节，既有对"三州"地区的基本"州情"及教育概况的描述，更着重刻画了"三州"高中普及攻坚中的困难、措施与建议，"三州"地区如何才能通过提升学生及家长对中等职业教育的吸引力，提升中等职业学校招生数以提高职普比，实现普职协调发展。研究报告提供了大量翔实的调查数据，为政策建议提供了科学依据，为了解"三州"地区高中普及攻坚与普职协调发展提供了一份有价值的研究报告。

三、成果特色与建树

突出特色：通过长时间基线调研，掌握了较丰富的数据，对"三州"地区的高中普及攻坚的困难、普职协调发展的困难，以及高中普及攻坚与普职协调发展的影响因素等有较全面掌握；通过对大量个案的访谈，使得问卷设计更具有针对性、准确性与实效性，一些个案的访谈也能较深入地剖析某些现象与原因。研究既达到了大数据层面上量的描述，也有大量个案质的刻画。

主要建树：首次对"三州"地区高中普及攻坚的困难、原因，"三州"地区高中阶段教育普职协调发展的困境、影响因素、应对措施进行了深入研究，弥补了"三州"地区此类研究的不足。尤其对如何提升家长对其孩子的中等职业教育接受度，提出了精准的政策建议措施，以期能对实现"三州"地区高中阶段教育普职协调发展具有一定的现实启发意义。

第二章

高中阶段教育普及攻坚与普职协调发展

第一节　高中阶段教育普及攻坚

一、问题的提出

高中阶段教育（简称"高中教育"）包括普通高中、成人高中、中等职业学校，由于成人高中在校生数极少仅占 0.16%（2015 年数据），故可以将高中阶段教育认为由普通高中及中等职业学校组成的中等教育。而中等职业学校又包括普通中等专业学校、成人中等专业学校、职业高中和技工学校[①]。

高中教育普及是指高中阶段教育学龄人口毛入学率的逐步提高，达到基本普及，甚至全面普及（我国相关政策提出的目标是到 2020 年达到 90%），是接受高中教育的人数占高中学龄人口比例的数量问题，是受教育机会扩大的规模问题[②]。对于"高中教育普及"这个概念，目前很少有学者进行过缜密的论述和严格的界定，日本学者藤田英典借用美国学者马丁·特罗（Martin Trow）的关于高

[①] 教育部.2015 年全国教育事业发展统计公报［EB/OL］.中华人民共和国教育部门户网站，（2016—07—06）.http://moe.edu.cn/srcsite/A03/s180/moe_633/201607/t20160706_270976.html.

[②] 沈有禄.高中教育普及与免费：实现民族、连片特困地区精准扶贫的有效途径［EB/OL］.中国社会科学网（网络刊发），（2020—09—17）.https://www.cssn.cn/jyx/jyx_xskx/202209/t20220913_5493081.shtml.

等教育发展的精英、大众、普及三个阶段理论，其中高中入学人口占学龄人口的比例在 50% 以上即为高中教育普及化①。但这以高等教育的普及化入学率标准来判断高中阶段教育的普及化是不太合理的，毕竟高中教育不是高等教育，学龄人口基数比较大。《国家中长期教育改革和发展规划纲要（2010—2020 年）》中明确指出"到 2020 年，普及高中阶段教育，毛入学率达到 90%②"。因此我们可以认为在国家政策层面界定的"普及"为毛入学率超过 90% 即可达到普及阶段③。

教育部等四部委于 2017 年发布的《高中阶段教育普及攻坚计划（2017—2020 年）》明确要求，到 2020 年全国、各省（区、市）毛入学率均达到 90% 以上，中西部贫困地区毛入学率显著提升④。而"三州"地区作为全国集中连片深度贫困地区，高中阶段教育普及攻坚任务非常艰巨。

二、高中阶段教育普及的政策演进

国家对高中教育普及的政策演进历史大致如下。1998 年制定的《面向二十一世纪教育振兴行动计划》提出"到 2010 年，在全面实现'两基'目标的基础上，城市和经济发达地区有步骤地普及高中阶段教育"⑤。2002 年党的十六大首次提出"人民享有接受良好教育的机会，基本普及高中阶段教育"⑥。2007 年党的十七大报告再次提出要"加快普及高中阶段教育，大力发展职业教育"⑦。2008年《中共中央关于推进农村改革发展若干重大问题的决定》提出"加快普及农村

---

① 张德伟，刘彦尊．试论中等职业教育在高中教育普及化进程中的作用：国际比较视阈中的考察［J］．西南大学学报（社会科学版），2009（5）：85-89．
② 国家中长期教育改革和发展规划纲要（2010-2020 年）［EB/OL］．中华人民共和国教育部门户网站，（2010-07-29）．http://old.moe.gov.cn/publicfiles/business/htmlfiles/moe/info_list/201407/xxgk_171904.html？authkey=gwbux．
③ 沈有禄．我国高中阶段教育普及与投入保障探析［J］．教育与经济，2017（5）：73-80．
④ 教育部，国家发展改革委，财政部，人力资源社会保障部．教育部等四部门关于印发《高中阶段教育普及攻坚计划（2017—2020 年）》的通知［EB/OL］中华人民共和国中央人民政府门户网站，（2017-04-06）．https://www.gov.cn/xinwen/2017-04/06/content_5183767.htm．
⑤ 面向 21 世纪教育振兴行动计划［EB/OL］．湖南省教育厅门户网站，（2008-08-29）．http://gov.hnedu.cn/c/2008-08-29/784276.shtml．
⑥ 江泽民．党的十六大报告（全文）［EB/OL］．中国经济网，（2003-10-09）．http://www.ce.cn/ztpd/xwzt/guonei/2003/sljsanzh/szqhbj/t20031009_1763196.shtml．
⑦ 胡锦涛．胡锦涛在党的十七大上的报告［EB/OL］．新华网，（2007-10-24）．http://news.xinhuanet.com/newscenter/2007-10/24/content_6938568.htm．

高中阶段教育，重点加快发展农村中等职业教育并逐步实行免费"①。2009年的"中央一号文件"《中共中央国务院关于2009年促进农业稳定发展农民持续增收的若干意见》中提出要"加快发展农村中等职业教育，2009年起对中等职业学校农村家庭经济困难学生和涉农专业学生实行免费"②。在2010年颁布的《国家中长期教育改革和发展规划纲要（2010—2020年）》中明确提出"到2020年，普及高中阶段教育，毛入学率达到90%，根据经济社会发展需要，合理确定普通高中和中等职业学校招生比例，今后一个时期总体保持普通高中和中等职业学校招生规模大体相当"③。再到2015年十八届五中全会制定的《中共中央关于制定国民经济和社会发展第十三个五年规划的建议》中提出"普及高中阶段教育，逐步分类推进中等职业教育免除学杂费，率先从建档立卡的家庭经济困难学生实施普通高中免除学杂费"④。

教育部等四部委于2017年发布的《高中阶段教育普及攻坚计划（2017—2020年）》明确提出："到2020年，全国普及高中阶段教育，适应初中毕业生接受良好高中阶段教育的需求。全国、各省（区、市）毛入学率均达到90%以上，中西部贫困地区毛入学率显著提升；普通高中与中等职业教育结构更加合理，招生规模大体相当。"同时也强调"职业教育比例较低的地区要重点扩大中等职业教育资源"⑤。教育部、国务院扶贫办于2018年年初发布的《深度贫困地区教育脱贫攻坚实施方案（2018—2020年）》再次强调："普及高中阶段教育，深入实施《高中阶段教育普及攻坚计划（2017—2020年）》，把'三区三州'尚未

① 中国共产党第十七届中央委员会.中共中央关于推进农村改革发展若干重大问题的决定[EB/OL].中华人民共和国中央人民政府门户网站，（2008–10–31）.http：//www.gov.cn/test/2008–10/31/content_1136796.htm.
② 中共中央，国务院.中共中央国务院关于2009年促进农业稳定发展农民持续增收的若干意见[N].人民日报，2009–02–02（1）.
③ 国家中长期教育改革和发展规划纲要（2010—2020年）[EB/OL].中华人民共和国教育部门户网站，（2010–07–29）.http：//old.moe.gov.cn/publicfiles/business/htmlfiles/moe/info_list/201407/xxgk_171904.html？authkey=gwbux.
④ 中国共产党第十八届中央委员会.中共中央关于制定国民经济和社会发展第十三个五年规划的建议[EB/OL].央广网，（2015–11–03）.http：//news.cnr.cn/native/gd/20151103/t20151103_520379989.shtml.
⑤ 教育部，国家发展改革委，财政部，人力资源社会保障部.教育部等四部门关于印发《高中阶段教育普及攻坚计划（2017—2020年）》的通知[EB/OL]中华人民共和国中央人民政府门户网站，（2017–04–06）.https：//www.gov.cn/xinwen/2017–04/06/content_5183767.htm.

普及高中阶段教育的地区作为攻坚的重中之重。加快发展职业教育，省级统筹职业教育资金，支持'三区三州'每个地级市（州、盟）建设好一所中等职业学校。在'三区三州'率先实施职业教育东西协作行动计划"①。

可见，上述政策一以贯之，是我们党立足社会主义初级阶段基本国情、建设人力资源强国的重要决策，从提出目标到普及的结构以及分类分地区推进的步骤都有了具体规定，尤其集中体现了普及农村高中阶段教育在建设社会主义现代化国家中的重大意义。正如项贤明指出的："从'基本普及'到'普及'表明了中央对加快普及高中阶段教育的高度重视和决心。"

三、高中阶段教育普及攻坚的重点是中西部地区，难点是"三区三州"等集中连片贫困地区，短板是中等职业教育

高中阶段教育普及攻坚，重点、难点在中西部民族地区、集中连片特困地区。《高中阶段教育普及攻坚计划（2017—2020 年）》对普及高中阶段教育的基本原则中提出要"科学规划，精准发力，聚焦薄弱环节，集中力量保基本、补短板、促公平"，并指出攻坚重点为中西部贫困地区、民族地区、边远地区、革命老区等教育基础薄弱、普及程度较低的地区，特别是集中连片特殊困难地区，以及家庭经济困难学生等②。就全国的普及水平而言，截至 2015 年年底，有 28 个省份的高中教育毛入学率是高于（或等于）全国平均水平 87% 的，只有贵州 86.1%、云南 80.10%、西藏 73.37% 低于全国平均水平，云南、西藏未如期实现基本普及目标，有 21 个省实现了全面普及（毛入学率 ≥ 90%）③。部分民族地区和贫困

---

① 教育部国务院扶贫办关于印发《深度贫困地区教育脱贫攻坚实施方案（2018—2020 年）》的通知［EB/OL］.中华人民共和国教育部门户网站，（2018-02-26）.http：//www.moe.gov.cn/srcsite/A03/moe_1892/moe_630/201802/t20180226_327800.html？authkey=mm7ie3.
② 教育部，国家发展改革委，财政部，人力资源社会保障部.教育部等四部门关于印发《高中阶段教育普及攻坚计划（2017—2020 年）》的通知［EB/OL］中华人民共和国中央人民政府门户网站，（2017-04-06）.https：//www.gov.cn/xinwen/2017-04/06/content_5183767.htm.
③ 注：各地 2015 年高中阶段教育毛入学率参见各地的《"十三五"教育改革和发展规划》、《教育事业发展统计公报》、《政府工作报告》、《国民经济和社会发展统计公报》、教育厅网站信息公开或教育工作会议中公开的高中阶段教育毛入学率的数据。

地区高中阶段教育的普及率不到70%，连片贫困地区的普及率甚至不足50%①。据国务院扶贫办信息中心2015年建档立卡数据显示，全国829个贫困县高中阶段教育的平均毛入学率为74.37%（同年全国平均水平是87%，2016年达到87.5%），比全国平均水平低12.63个百分点。可见，贫困地区在高中普及上短板较大，还有很长的路要走②。时任教育部副部长刘利民认为，普及过程中应进一步支持中西部贫困地区的资源投入，推动健全普通高中经费投入机制，进一步做好家庭经济困难学生建档立卡工作③。类似的，张力认为公共教育资源要继续向贫困地区、民族地区等倾斜，为加快普及高中阶段教育创造越来越好的条件④。

我国高中阶段教育的发展短板和主要矛盾是职普比例不平衡，这一问题在中西部民族地区尤为突出。2005—2018年"三区三州"中职在校生占高中阶段在校生比例始终处于低位波动状态，尽管总体呈现上升趋势（由2005年16.3%提高到2018年的25.0%），2018年"三州"地区中职在校生占比仍不足20%，仍与职普比"大体相当"的政策目标相距甚远⑤。就贫困地区及深度贫困地区"三州"地区在高中普及攻坚中的职普比而言，2017年，甘肃省要求职普比达到3：7，而甘南州为2.12：7.88，距离国家要求的5：5更是遥远⑥。而"三州"地区高中阶段教育职普比与其所在省份及全国均值水平的差距均较为显著，截至2017年职普比凉山州为2.32：7.68、怒江州为1.39：8.61、临夏州为1.17：8.83，凉山州的职普比值比四川省整体的职普比值要低0.387，怒江州比云南省整体要低0.608，临夏州比甘肃省整体要低0.269。除有一个州的高中阶段教育职普比值略有下降外，其他两个州均有所提升⑦。"三州"地区近年来职普比提升缓慢，

① 陈少远. 寒门难出贵子教育扶贫被指定向失准［EB/OL］. 财新网，（2017-02-14）. http：//china.caixin.com/2017-02-14/101055099.html.
② 沈有禄. 普及高中阶段教育为精准扶贫提供造血机制［N］. 光明日报，2018-01-20（6）.
③ 刘利民. 普及高中教育首先应该做什么？［N］. 光明日报，2015-11-17（14）.
④ 张力. 普及高中教育，开发人力资源［N］. 人民日报，2007-11-08（13）.
⑤ 王晓静，于璇. 民族地区高中阶段教育高质量发展研究：基于三区三州的实证分析［J］. 西藏教育，2022（5）：12-16.
⑥ 王广星. 职普比例严重失衡如何破局？：浅议甘肃省甘南藏族自治州普及高中阶段教育的难点与对策［J］. 中国民族教育，2018（1）：34-36.
⑦ 沈有禄. 高中阶段教育职普比提升的阻力与路径分析：基于"三州"地区的调查［J］. 中国教育学刊，2020（7）：17-21.

离职普比"大体相当"差距相当大，个别州职普比甚至进一步下降，仅略高于 1 : 5[①]。

而《高中阶段教育普及攻坚计划（2017—2020 年）》明确要求"职业教育比例较低的地区要重点扩大中等职业教育资源"。因此，贫困地区高中普及与攻坚的重点是中等职业教育。时任教育部副部长刘利民认为，随着产业升级及用工荒的不断加剧，以及中职招生及在校生比例逐年下降的情况下，应更加旗帜鲜明地将发展中等职业教育作为普及高中教育的重点[②]。

四、高中阶段教育普及与免费：实现民族、连片特困地区精准扶贫的有效途径

（一）脱贫攻坚任务艰巨

我国脱贫攻坚面临的任务仍然十分艰巨。从总量上看，2016 年年底，全国农村贫困人口还有 4300 多万人。如期实现脱贫攻坚目标，平均每年需要减少贫困人口近 1100 万人，越往后脱贫成本越高、难度越大。从结构上看，现有贫困大都是自然条件差、经济基础弱、贫困程度深的地区和群众，是越来越难啃的硬骨头。在群体分布上，主要是残疾人、孤寡老人、长期患病者等"无业可扶、无力脱贫"的贫困人口以及部分教育文化水平低、缺乏技能的贫困群众。在脱贫目标上，实现不愁吃、不愁穿"两不愁"相对容易，实现保障义务教育、基本医疗、住房安全"三保障"难度较大。

脱贫攻坚的主要难点是深度贫困。主要难在以下几类地区：一是连片的深度贫困地区。西藏和四省藏区、南疆四地州、四川凉山、云南怒江、甘肃临夏等地区，生存环境恶劣，致贫原因复杂，基础设施和公共服务缺口大，贫困发生率普遍在 20% 左右。二是深度贫困县。据国务院扶贫办对全国最困难的 20% 的贫困县所做的分析，贫困发生率平均在 23%，县均贫困人口近 3 万人，分布在 14 个省区。三是贫困村。全国 12.8 万个建档立卡贫困村居住着 60% 的贫困人口，基础设施

---

① 沈有禄.谁愿意让孩子接受中等职业教育：基于对"三州"地区 15428 名初三学生家长的调查 [J].教育研究，2022（7）：114-125.
② 刘利民.普及高中教育首先应该做什么？[N].光明日报，2015-11-17（14）.

和公共服务严重滞后，村"两委"班子能力普遍不强，四分之三的村无合作经济组织，三分之二的村无集体经济，无人管事、无人干事、无钱办事现象突出。

脱贫要同扶智、扶志结合起来。智和志就是内力、内因。习近平总书记曾指出，"弱鸟先飞"，就是说贫困地区、贫困群众首先要有"飞"的意识和"先飞"的行动。没有内在动力，仅靠外部帮扶，帮扶再多，困难群众不愿意"飞"，也不能从根本上解决问题。一些贫困群众"等、靠、要"思想严重，"靠着墙根晒太阳，等着别人送小康"。要注重调动贫困群众的积极性、主动性、创造性，注重培育贫困群众发展生产和务工经商的基本技能，注重激发贫困地区和贫困群众脱贫致富的内在活力，注重提高贫困地区和贫困群众自我发展能力。要改进工作方式方法，改变简单给钱、给物、给牛羊的做法，多采用生产奖补、劳务补助、以工代赈等机制，不大包大揽，不包办代替，教育和引导广大群众用自己的辛勤劳动实现脱贫致富[①]。

（二）脱贫攻坚重在精准扶贫

习近平总书记在 2013 年 11 月于湖南湘西考察时，首次提出了精准扶贫思想，指出"扶贫开发推进到今天这样的程度，贵在精准，重在精准，成败之举在于精准，关键是要找准路子、构建好的体制机制，在精准施策上出实招、在精准推进上下实功、在精准落地上见实效"[②]。习近平总书记于 2015 年 6 月在贵州调研时进一步提出精准扶贫要做到"扶贫对象精准、项目安排精准、资金使用精准、措施到户精准、因村派人精准、脱贫成效精准"[③]。

精准扶贫关键在于抓好精准识别、建档立卡这个环节。识别机制重在自下而上，逐步改变"自上而下"定规模、分指标的甄别方法，探索实行自下而上、层层累加、精确计算、全面科学的多元识别机制，推动实现由数字式减贫转向实质性减贫。具体包括：识别在社区及村一级基层单位；对贫困人口实行台账化管理，

① 习近平.在深度贫困地区脱贫攻坚座谈会上的讲话（2017 年 6 月 23 日）［EB/OL］中国共产党新闻网，（2017-09-01）.http：//cpc.people.com.cn/n1/2017/0901/c64094-29508162.html.
② 李国祥.习近平精准扶贫精准脱贫思想的实践和理论意义［EB/OL］.人民网，（2016-02-09）.http：//politics.people.com.cn/n1/2016/0209/c1001-28118280.html.
③ 唐任伍.习近平精准扶贫思想阐释［EB/OL］.人民网，（2015-10-21）.http：//theory.people.com.cn/n/2015/1021/c40531-27723431.html.

对每一名贫困人口都建立登记卡，准确记录家庭、收入、身体等详细状况，并实现信息联网，随时更新，随时可以查阅；制定科学化的多维贫困评价标准，既衡量收入方面，又综合反映教育、就业、住房、医疗健康等生活方面[1]。在具体的基层操作层面上，组织驻村工作队和乡村干部逐村逐户调查摸底，按照倒序排名办法，通过农户申请、小组初审、村"两委"评议、村民代表会决议、村乡公示、县级公告，建档立卡、动态管理，脱贫销号、返贫挂号[2]。在策略上，通过产业扶持、转移就业、易地搬迁、教育支持、医疗救助等措施实现脱贫，其余完全或部分丧失劳动能力的贫困人口实行社保政策兜底脱贫。逐步使建档立卡贫困人口中有 5000 万人左右全面脱贫。与此同时，根据致贫原因和脱贫需求，对贫困人口实行分类扶持。建立贫困户脱贫认定机制，对已经脱贫的农户，在一定时期内让其继续享受扶贫相关政策，避免出现边脱贫、边返贫现象，切实做到应进则进、应扶则扶[3]。

（三）教育精准扶贫

习近平的精准扶贫理念在教育中的主要体现就是要大力发展乡村教育，使每个乡村孩子都能接受公平、有质量的教育，增强贫困地区的自我发展能力，阻止贫困现象代际传递，扶贫农村及贫困地区的教育发展能力是教育扶贫的根本之所在[4]。《中共中央国务院关于打赢脱贫攻坚战的决定》（2015 年 12 月 7 日）指出，要着力加强教育脱贫，加快实施教育扶贫工程，让贫困家庭子女都能接受公平有质量的教育，阻断贫困代际传递。国家教育经费向贫困地区、基础教育倾斜，全面落实连片特困地区乡村教师生活补助政策，普及高中阶段教育，率先从建档立卡的家庭经济困难学生实施普通高中免除学杂费、中等职业教育免除学杂费，并提高中等职业教育国家助学金资助标准，让未升入普通高中的初中毕业生都能接受中等职业教育。加强特色化、适应市场需求的中等职业学校建设，努力办好贫

---

① 欧阳煌.在扶贫战略中寻找"精准"落点［EB/OL］.新华网，（2017–02–03）.http：//news. xinhuanet.com/politics/2017–02/03/c_1120403559.htm.

② 董洪亮，赵婀娜，张烁，等.教育扶贫，让知识改变孩子命运［N］.人民日报，2016–07–10(6).

③ 授权发布：中共中央，国务院关于打赢脱贫攻坚战的决定［EB/OL］.新华网，（2015–12–07）. http：//news.xinhuanet.com/politics/2015–12/07/c_1117383987.htm.

④ 唐任伍.习近平精准扶贫思想阐释［EB/OL］.人民网，（2015–10–21）.http：//theory.people. com.cn/n/2015/1021/c40531–27723431.html.

困地区特殊教育和远程教育，建立保障农村和贫困地区学生上重点高校的长效机制，加大对贫困家庭大学生的救助力度，对贫困家庭离校未就业的高校毕业生提供就业支持，实施教育扶贫结对帮扶行动计划，将教育扶贫作为阻断贫困代际传递的重要手段[①]。随后于2016年12月27日颁布的《教育脱贫攻坚"十三五"规划》中进步一步提出了要通过普及高中阶段教育，尤其要以加快中等职业教育的发展及免费、开展广泛的公益性职业技能培训、完善就学就业资助服务体系、实施教育扶贫结对帮扶行动等措施来提升民族地区、农村地区及集中连片特困地区的教育扶贫能力[②]。

党的十八大以来，教育部采取超常规政策举措，精准聚焦贫困地区的每一所学校、每一名教师、每一个孩子，启动实施教育扶贫全覆盖行动，先后组织实施了20项教育惠民政策措施，既有贫困地区教育发展总体部署，也有具体支持项目；既有面向学生的举措，也有服务于教师的政策；既有普通教育，也有职业技术教育；既有面向11个连片特困地区的，也有专门针对新疆南疆四地州、西藏、四省藏区的特殊政策；既有改善基础设施条件的，也有提高学生身体素质的。这20项政策具体为：学前教育三年行动计划、全面改善贫困地区义务教育薄弱学校基本办学条件、农村义务教育阶段学生营养改善计划、学前教育资助政策、义务教育"两免一补"（免学杂费、免教科书费、寄宿生生活补助）、普通高中学生资助政策、中等职业教育免学费与补助生活费政策、高等教育学生资助政策、西藏15年免费教育和新疆南疆四地州14年免费教育、教育援藏、援疆政策、新疆与内地省市中小学"千校手拉手"活动、四川藏区"9+3"免费教育计划、内地民族班政策、少数民族预科班和少数民族高层次骨干人才培养计划、职业教育团队式对口支援、面向贫困地区定向招生专项计划、对新疆与西藏高校开展团队式对口支援、直属高校定点扶贫、《国家贫困地区儿童发展规划(2014—2020年)》、

---

① 中共中央国务院出台打赢脱贫攻坚战决定加强教育脱贫，阻断贫困代际传递［N］.中国教育报，2015-12-08（1）.

② 教育部，国家发展改革委，民政部，财政部，人力资源社会保障部，国务院扶贫办.教育部等六部门关于印发《教育脱贫攻坚"十三五"规划》的通知（教发［2016］18号）［EB/OL］.中华人民共和国教育部门户网站，（2016-12-29）.http://www.moe.edu.cn/srcsite/A03/moe_1892/moe_630/201612/t20161229_293351.html.

《乡村教师支持计划（2015—2020 年）》。通过教育扶贫全覆盖行动的实施，努力办好贫困地区每一所学校，遍及每一名教师，培养好每一个孩子[①]。

（四）高中阶段教育普及与免费对精准扶贫的重要意义

首先，普及高中阶段教育是保障贫困人口基本受教育权利获得、构建基础生活能力的需要。阿玛蒂亚森把贫困看作对人的一种能力的剥夺，尤其是基础生活能力的剥夺。阿玛蒂亚森认为，一个人的能力是其一生从事的一系列行为或达到的某种状态以及由此组成的"功能"集合——个人的存在和行为。因此，能力本质上是种自由——个人拥有的决定或何种生活的可选择范围。根据这一观点，生活的贫困不仅指这个人确实身处贫困状态中，而且包括缺乏真正的机会——由个人环境和社会限制造成——去选择其他生活方式，即使是低收入、缺少财产和一般被视为经济贫困的其他方面之间的关系，最终也与它们剥夺能力的功能相关（即它们大大限制了人们过有价值的宝贵生活的选择）。因此贫困最终就是一种"能力的剥夺"[②]。而贫困家庭子女因经济支付能力问题，不少贫困学生过早地离开了学校，其受教育权利未得到充分的保障与实现，而随着科技与经济的发展，现代公民仅仅获得义务教育难以保障其获得足够的基础生活能力，更不用说选择的能力与机会。就算是初中毕业，也达不到法定劳动年龄，出去打工也是非法童工，而接受高中阶段教育，则进一步增强了其基础生活能力，打工或就业都变得更容易些。相比初中毕业生，其生活范围选择的能力集合也变得稍微宽广一些，以至于不被时代和社会的发展给落下。而改变穷人命运的，使他们获得基础生活能力的主要是通过获得比义务教育更高一层次的中等职业教育或普通高中教育。正如舒尔茨说的那样，"改进穷人的福利之关键因素不是空间、能源和耕地，而是提高人口质量，提高知识水平[③]。"穷人唯一的资本就是人力资本，增加其人力资本投资就是对其未来最好的投资方式。而穷人在发展机会上与非贫困人口不平等，

---

① 教育部：20 项政策实现教育扶贫全覆盖［EB/OL］.学信网，（2015-10-15），http：//www.chsi.com.cn/jyzx/201510/20151015/1508027562.html.

② 阿玛蒂亚森，让德雷兹.印度：经济发展与社会机会［M］.黄飞君，译.北京：社会科学文献出版社，2006：13.

③ 西奥多 ·W.舒尔茨.论人力资本投资［M］.吴珠华，等译.北京：北京经济学院出版社，1990：40.

因他们在生存及发展上所具有的能驾驭的手段、工具资料和能力是不同的，始终处于弱势地位。而普及高中阶段教育就是为更多贫困人口提升其社会基础生活能力，为其摆脱贫困提供了智力可能。

对民族、连片特困地区的高中教育的普及与免费的教育扶贫是阻断贫困代际传递的根本手段和重要方式，是针对贫困地区的贫困人口进行教育投入和教育资助服务，使贫困人口掌握脱贫致富的知识和技能，是最有效、最直接的精准扶贫方式，是促进贫困地区和贫困人口可持续发展的有效手段，是加快实施教育扶贫工程、脱贫攻坚的重要举措[1]。有研究表明，投资农村小学、初中和高中教育对提高农村扶贫效率的贡献值逐渐增大，有利于减少农村绝对贫困和长期贫困，特别是高中及高中以上文化水平的农村劳动力对增进农村扶贫效率的贡献值突出。其中，中专层次农村劳动力的贡献值增幅最大，为0.848；其次是初中层次，约为0.331[2]。因此，对民族、连片特困地区的高中教育的普及与免费是"扶智、扶本、扶根"工程[3]。

其次，普及高中教育还具有重要的减贫效应、缩小收入差距，尤其是对贫困生的免除学费与生活资助，一方面减轻了这些家庭的受教育成本，另一方面也间接地提升了农村学生及城市贫困学生潜在的中等教育投资收益率，有利于实现社会公平。有研究认为，普及高中教育是消除大规模贫困人口发生、阻断贫困代际循环的最优途径[4]。有研究发现，每增加1%的教育经费投入，"三区三州"深度贫困地区农民收入增加0.55%[5]。另有研究发现，广西农村高中教育普及率每提高1%，城乡收入差距减少2.65%，即农村高中教育普及水平对缩小城乡差距

① 钟慧笑.教育扶贫是最有效、最直接的精准扶贫：访中国教育学会会长钟秉林［J］.中国民族教育，2016（14）：22-24.
② 吴睿，王德祥.教育与农村扶贫效率关系的实证研究［J］.中国人力资源开发，2010（4）：5-9.
③ 陆汉文，黄承伟.中国精准扶贫发展报告（2016）［M］.北京：社会科学文献出版社，2016：46.
④ 徐力群.普及高中教育是消除大规模贫困人口发生的最优途径［J］.中国党政干部论坛，2016（5）：90.
⑤ 周爱华，吕慈仙."三区三州"深度贫困地区教育扶贫成效研究［J］.山东高等教育，2021（1）：17-23.

有显著影响[①]。而对苏北农村职业教育回报的研究发现，苏北农村职业教育对于农村家庭人力资本积累及收入有着显著影响，平均回报率约27%（年平均回报率9%），与国际上10%的年平均回报率基本一致[②]。另有研究认为，中职教育免费有助于消除不利因素对农村经济和谐发展的影响，有助于实现社会公平[③]。高中阶段教育免费减轻了贫困人口的教育成本，等于实际上为贫困人口提供了直接的物质扶贫，这种扶贫不应止于免费提供高中教育，更应该增加对学生的生活补助，如可能进一步加大到对贫困家庭的物质补助及对家长的职业技能培训，从根本上阻断家长不让子女接受高中教育的意愿。因初中生毕业后快达到法定劳动年龄，所以很快可以进入劳动力市场，而由此损失的收入，又可能加剧教育贫困的代际传递。

最后，大力推进少数民族地区、边疆地区、集中连片贫困地区高中教育的普及与免费，对提升当地青少年的人力资本及维护社会稳定与民族团结具有重要的战略价值，他们文化知识与技能的提升，有助于帮助他们识别正确的宗教观念与避免宗教极端思想与行为的影响，积极投身和谐社会的建设，增强社会向心力与提升民族团结与和睦，也能在一定程度上遏制青少年犯罪，从而促进当地经济发展与社会稳定。如高鹏认为，普及高中教育对推动贫困边疆民族地区的经济社会发展、巩固国防、促进民族团结具有极其重要的作用[④]。又如有研究认为，民族地区普及高中教育既改善了少数民族等弱势群体的不平等受教育状况，也缓解了他们消极的社会心理，有助于提升少数民族学生的受教育机会与增进学生间的团结[⑤]。另外，有研究认为，普及高中教育有助于防止未成年人成为社会闲散人员，

① 梅洁.广西农村高中阶段教育普及水平对城乡收入差距的影响［J］.高等函授学报（哲学社会科学版），2009（5）：61-63.
② 周亚虹，许玲丽，夏正青.从农村职业教育看人力资本对农村家庭的贡献：基于苏北农村家庭微观数据的实证分析［J］.经济研究，2010（8）：55-65.
③ 胡茂波，朱丽红.农村经济发展视野下中职教育免费的法理依据［J］.职业技术教育，2011（1）：15-18.
④ 高鹏.民族地区期盼高中教育免费［N］.中国民族报，2013-01-08（3）.
⑤ 王喜娟.美国高中教育普及化的进程及影响因素简析［J］.外国教育研究，2010（11）：34-40.

减少青少年犯罪的机会，切断未成年人犯罪低龄化的源头①。

总之，加快贫困地区高中阶段教育普及，加快发展贫困地区的中等职业教育，能有效促进贫困地区的教育脱贫能力②。把普及高中教育作为提高贫困群众发展能力的"治本之策"，成为减少收入不平等的可靠手段，发挥缩小城乡差距、实现城乡融合的重要手段，越来越多突显出其在促进扶贫、防止返贫方面的基础性、根本性、可持续性作用③。因此对高中教育的普及、免费，精准照顾穷人及弱势群体使他们获得基本的生活能力并在一定程度上提高他们的收入水平是任何政府都应尽的义务，而免费高中教育无疑是在积极地践行着"穷人教育学"，是政府应有的责任和卓识④。

（五）高中阶段教育普及与免费是阻断深度贫困地区贫困代际传递的最佳方式

要解决脱贫、防止返贫及巩固脱贫攻坚成效就必须加强人力资本投资和积累，提高贫困人口的自身素质，提高和完善脱贫致富能力。中国的返贫问题具有频繁性、易发性和反复性的特点，反映出中国扶贫人口的抗贫能力和基本素质较差，尤其是少数经济基础差的贫困农户抗御经济风险能力薄弱，在某些因素的制约下，往往陷入"脱贫—返贫—再脱贫—再返贫"的循环之中难以自拔，甚至脱贫后富裕起来的农户也会因家庭经济条件恶化而返贫。解决返贫问题必须加强人力资本的投资和积累，提高贫困群体的自身素质，增强能力供给，这才是真正的"造血机制"⑤。

因此，对民族、连片特困地区高中阶段教育普及与免费的教育扶贫是阻断贫困代际传递的根本手段和重要方式，是针对贫困地区的贫困人口进行教育投入和教育资助服务，使贫困人口掌握脱贫致富的知识和技能，是最有效、最直接的精

---

① 邓钲凡.普及高中教育，遏制未成年人犯罪低龄化：未成年人犯罪低龄化问题探寻［J］.山东省团校学报，2011（1）：62–64.
② 教育部发展规划司.新闻发布会散发材料：《教育脱贫攻坚"十三五"规划》有关情况［EB/OL］.中国人民共和国教育部门户网站，（2016–12–29）.http：//moe.gov.cn/jyb_xwfb/xw_fbh/moe_2069/xwfbh_2016n/xwfb_161229/161229_sfcl/201612/t20161229_293358.html.
③ 曾天山.教育扶贫的中国样本［N］.中国教育报，2016–10–20（7）.
④ 吴杭民.免费高中教育是践行"穷人教育学"［N］.中国改革报，2008–07–30（3）.
⑤ 高帅.贫困识别、演进与精准扶贫研究［M］.北京：经济科学出版社，2016：41.

准扶贫方式，是促进贫困地区和贫困人口可持续发展的有效手段，是加快实施教育扶贫工程推进脱贫攻坚的重要举措[1]。对民族、连片特困地区高中阶段教育的普及与免费是"扶智、扶本、扶根"工程。能有效帮助贫困地区的群众提高身体素质、文化素质、就业能力，努力阻止因病致贫、因病返贫，增强贫困人口的自我发展能力，为贫困地区孩子茁壮成长、改变命运打通了扎实通道，从根本上阻断了贫困的代际传递[2]。

加快贫困地区高中阶段教育的普及与免费进程，力争在 2020 年实现全面普及并全部免费，为尽可能多的贫困家庭提供智力帮扶，斩断贫困的代际传递。就全国的普及水平而言，截至 2015 年年底有 28 个省份的高中教育毛入学率高于（或等于）全国平均水平 87%，有 21 个省实现了全面普及（毛入学率 ≥ 90%）[3]。而据全国人大常委会执法检查组检查《义务教育法》实施情况的报告表明，在中西部欠发达地区，尤其是边远、贫困及少数民族地区，如青海省 2014 年贫困县九年义务教育阶段巩固率只有 78.51%，安徽、江西、山东、广西、甘肃五省区贫困地区则不到 90%，部分民族地区和贫困地区高中阶段教育的普及率不到 70%，连片贫困地区的普及率甚至不足 50%[4]。

另据国务院扶贫办信息中心 2015 年建档立卡数据显示，全国 829 个贫困县高中阶段教育的平均毛入学率为 74.37%，比全国平均低 12.63 个百分点。表 2-1 显示了全国各省区市贫困县高中阶段教育 2015 年的毛入学率的情况[5]。

---

① 钟慧笑. 教育扶贫是最有效、最直接的精准扶贫：访中国教育学会会长钟秉林 [J]. 中国民族教育，2016（14）：22-24.
② 陆汉文，黄承伟. 中国精准扶贫发展报告（2016）[M]. 北京：社会科学文献出版社，2016：46.
③ 注：各地 2015 年高中阶段教育毛入学率参见各地的《"十三五"教育改革和发展规划》《教育事业发展统计公报》《政府工作报告》《国民经济和社会发展统计公报》、教育厅网站信息公开或教育工作会议中公开的高中阶段教育毛入学率的数据。
④ 陈少远. 寒门难出贵子教育扶贫被指定向失准 [EB/OL]. 财新网，（2017-02-14）. http：//china.caixin.com/2017-02-14/101055099.html.
⑤ 司树杰，王文静，李兴洲. 中国教育扶贫报告（2016）[M]. 北京：社会科学文献出版社，2016：159.

表2-1 各省区市贫困县高中阶段教育的毛入学率情况（2015 年）

地区	总贫困县数	贫困县高中阶段教育毛入学率（%）	地区	总贫困县数	贫困县高中阶段教育毛入学率（%）
河北省	45	83.17	重庆市	14	88.12
山西省	36	81.10	四川省	66	67.72
内蒙古自治区	31	87.99	贵州省	66	76.78
吉林省	8	84.47	云南省	88	64.37
黑龙江省	20	84.63	西藏自治区	74	54.63
安徽省	20	84.83	山西省	56	83.27
江西省	24	72.39	甘肃省	58	77.31
河南省	38	79.02	青海省	39	60.77
湖北省	28	88.65	宁夏回族自治区	8	87.21
湖南省	40	80.28	新疆维吾尔自治区	32	67.34
广西壮族自治区	33	75.37	全国	829	74.37
海南省	5	85.10			

而《高中阶段教育普及攻坚计划（2017—2020 年）》的主要目标提出"到2020 年，全国普及高中阶段教育全国、各省（区、市）毛入学率均达到 90% 以上，中西部贫困地区毛入学率显著提升"[1]。

可见，民族地区及连片贫困地区在高中普及上还有很长的路要走，因此需要加快贫困地区、少数民族地区，尤其是集中连片贫困地区的高中教育普及与免费步伐。这对增强贫困地区及贫困人口的脱贫致富能力起着至关重要的作用，智力上的脱贫才是一劳永逸的脱贫，才能斩断贫困代际传递的病根。而基础教育作为一种肯定性社会工具，尤其是高中阶段教育对贫困人口来说具有极大的经济性价值，在绝大多数国家对农村和家庭调查的一个共同发现是，社会或经济上处于贫困群体的人们普遍认为教育是他们的孩子向社会上层流动的最有希望的机会，接

① 教育部，国家发展改革委，财政部，人力资源社会保障部 . 教育部等四部门关于印发《高中阶段教育普及攻坚计划（2017—2020 年）》的通知［EB/OL］中华人民共和国中央人民政府门户网站，（2017-04-06）.https：//www.gov.cn/xinwen/2017-04/06/content_5183767.htm.

受高中层次的教育是使其孩子能进入劳动力市场，摆脱贫困的重要社会保障性工具与能力基础[①]。

贫困地区高中普及与免费的重点是中等职业教育，能加快特困地区智力脱贫步伐。对极端贫困地区可从初中开始职业教育分流，做好初中职业课程与中职学校的对口衔接。教育部原副部长刘利民认为随着产业升级及用工荒的不断加剧，以及中职招生及在校生比例逐年下降的情况，应更加旗帜鲜明地将发展中等职业教育作为普及高中教育的重点，普及与免费中等职业教育对贫困地区脱贫致富具有重要的人力资源与智力支撑及保障作用[②]。加快发展贫困地区的中等职业教育，能有效促进贫困地区的教育脱贫能力，为此，应支持建档立卡等贫困家庭初中毕业生到省外经济较发达地区接受中等职业教育，并给予更多的资助，培养实用技能，流入地及流出地都应帮助其就业、就好业，使其脱贫致富、服务家乡经济建设[③]。

对于特别困难地区及特困家庭学生可以考虑在初中阶段就允许部分特困学生学习职业课程，进行职业教育分流，让其尽早掌握适当的职业技能，以帮助那些较大年龄（初中毕业快达到法定劳动年龄）而又对高中教育需求不强的贫困学生进入社会奠定基本的就业能力。为此，应加大对农村中学的农业知识普及、农技推广和职业技能培训的投入，提高未来新型农民和农民工的人力资本质量[④]。

① 阿玛蒂亚森，让德雷兹.印度：经济发展与社会机会［M］.黄飞君，译.北京：社会科学文献出版社，2006：130.
② 刘利民.普及高中教育首先应该做什么？［N］.光明日报，2015-11-17（14）.
③ 教育部发展规划司.新闻发布会散发材料：《教育脱贫攻坚"十三五"规划》有关情况［EB/OL］.中国人民共和国教育部门户网站，（2016-12-29）.http：//moe.gov.cn/jyb_xwfb/xw_fbh/moe_2069/xwfbh_2016n/xwfb_161229/161229_sfcl/201612/t20161229_293358.html.
④ 吴睿，王德祥.教育与农村扶贫效率关系的实证研究［J］.中国人力资源开发，2010（4）：5-9.

第二节 高中阶段教育普职协调发展

一、问题的提出

初中生毕业后将面临对中职学校与普通高中的分流选择问题，这不仅仅是学生（家长）对不同类型教育的选择的问题、权利的保障与实现的问题，更是事关国家经济社会发展的职业技能人才的充足供给问题，就需要确保高中阶段教育中普通高中与中等职业学校在招生数（在校生数）上的比例协调问题，即普职协调发展问题。而招生上的比例协调问题就产生了职普比"大体相当"问题。要不由于面子问题，要不由于担心其接受普通教育与学术训练路径被限制的问题，目前，初中毕业生及其家长对中职教育的需求普遍不足，而国家的职业技能人才需求却持续保持旺盛，以至于近些年制造业、服务业的"用工荒"问题未得到缓解。而随着老一代农民工回流家乡创业就业，新生代农民工又不愿进车间、流水线，再加上目前中职学校毕业生正越来越多地选择继续升学，而流向就业市场的有效供给不足，造成中等职业技能人才的供需矛盾进一步恶化。

据教育部、人力资源社会保障部、工业和信息化部于2017年联合印发的《制造业人才发展规划指南》的预测显示，到2025年我国制造业对新一代信息技术产业、高档数控机床和机器人、节能与新能源汽车等十大重点领域的人才需求缺口将达2985.7万人，缺口率高达48%[1]。而近年来，我国职普比问题频繁引发关注，部分地区尤其是经济欠发达地区职普比下滑趋势严重，2010年我国职普比为4.8：5.2，随后若干年，中职学校数和在校生数出现双下降，虽然"职教20条"印发后有所改善，但是目前4.2：5.8的水平与10年前的水平相比差距还较大。随着产业升级及老龄化社会的加速，我国服务业的缺口更大，目前仅家政、养老等领域至少需要4000万人，而2020年我国中职、高职相关专业毕业生只有100万人左右，职业技术人才的缺口很大[2]。

---

① 樊未晨，张含琼．一半上中职？普职比到底是多少［N］．中国青年报，2021-06-07（7）.
② 本刊编辑部．学习宣传贯彻全国职业教育大会精神加快构建现代职业教育体系：专访教育部职业教育与成人教育司司长陈子季［J］．国家教育行政学院学报，2021（5）：3-10.

　　高中阶段教育职普比，顾名思义即为高中阶段教育的中职学生数与普通高中学生数的比值，具体可以用在校生数来比，也可以用招生数来比。2010 年 7 月 29 日，国务院出台的《国家中长期教育改革和发展规划纲要（2010—2020 年）》提出了到 2020 年我国要实现高中阶段教育的完全普及，以及高中阶段教育结构比例调整的职普比"大体相当"政策，要求高中阶段教育招生要提高中职学校招生所占的比例，要实现高中阶段教育的中职学校与普通高中在招生数（在校生数）在比例结构上要达到"大体相当"（《发展规划纲要》中的 2015 年及 2020 年的发展目标值均明确指明为 1∶1）。

　　近年来高中阶段教育职普比连续下降，部分学生及家长认为职普比"大体相当"限制了他们接受普通高中的权利。而随着中职毕业生绝大多数选择了继续升学，流入就业市场的供给明显减少，但社会对中等职业技能人才的需求仍然强劲，这种社会用工需求增加而毕业端的有效供给下降，再叠加以整个中职教育入口端的个人需求的下降，两两叠加效应，使得中职学校向社会提供的有效供给明显不能满足经济社会发展对职业技能人才的需求，造成中职技能人才的供需矛盾突出。而近年来高中阶段教育的职普比整体呈下降趋势（2009—2018 年间），于是贯彻并提高国家规定的高中阶段教育职普比"大体相当"的政策要求显得尤为必要。

二、高中阶段教育职普比"大体相当"政策的前世今生

　　高中阶段教育职普比"大体相当"政策，大家多认为是从 2010 年颁发的《国家中长期教育改革和发展规划纲要（2010—2020 年）》中提出的，其实早在 1978 年就已开启了高中阶段教育职普比例结构的调整工作。1978 年，中等职业教育招生数为 70.4 万，普通高中招生数为 692.91 万，职普比约为 1∶10，单一化的中等教育结构，职普比调整势在必行。1978 年，邓小平同志在全国教育工作会议上讲话要求扩大职业技术学校的比例，扩大职业技术教育的比例[①]。1983 年，《教育部、劳动人事部、财政部、国家计委关于改革城市中等教育结构、发展职业技术教育的意见》中就明确提出，"力争到 1990 年，使各类职业技术学校在

[①] 李红卫 . 教育分流与职普比政策变迁研究［J］. 职教论坛，2012（27）：14-19.

校生与普通高中在校生的比例大体相当"。这是国家政策文件首次明确提出职普比大体相当问题①。在 1985 年颁发的《中共中央关于教育体制改革的决定》②、1991 年出台的《国务院关于大力发展职业技术教育的决定（国发〔1991〕55 号）》③、2002 年颁布的《国务院关于大力推进职业教育改革与发展的决定（国发〔2002〕16 号）》④、2005 年颁发的《国务院关于大力发展职业教育的决定（国发〔2005〕35 号）》⑤以及 2010 年颁发的《国家中长期教育改革和发展规划纲要（2010—2020 年）》⑥等国家重要政策文件中均明确提出了要坚持高中阶段教育职普比"大体相当"，提高中职学校的招生比例。至此，职普比"大体相当"作为一项长期政策持续规定了我国高中阶段教育结构调整和发展的重要政策为公众所熟知，相关研究也热络起来。

三、高中阶段教育职普比"大体相当"确定的依据

有专家认为高中阶段职普比"大体相当"，是在总结我国职业教育发展历史经验与教训的同时，并借鉴了发达国家的成功经验基础之上才提出的，是为了防止职普比受外界的影响而出现较大波动状况，为国家经济社会发展提供充足的技术技能人才，才提出今后一个时期要总体保持在大体相当水平上⑦。从国际来看，

---

① 徐桂庭.我国中等教育职普比结构问题的政策发展轨迹及理性思考[J].职教论坛,2016(19):20-26.
② 中共中央.中共中央关于教育体制改革的决定[EB/OL].中华人民共和国教育部门户网站,（1985-05-27）.http://www.moe.edu.cn/jyb_sjzl/moe_177/tnull_2482.html.
③ 国务院关于大力发展职业技术教育的决定（国发〔1991〕55 号）[EB/OL].中华人民共和国教育部门户网站,（1991-10-17）.http://www.moe.gov.cn/s78/A07/s8347/moe_732/tnull_816.html.
④ 国务院关于大力推进职业教育改革与发展的决定（国发〔2002〕16 号）[EB/OL].中华人民共和国中央人民政府门户网站,（2002-08-24）.http://www.gov.cn/gongbao/content/2002/content_61755.htm.
⑤ 国务院关于大力发展职业教育的决定（国发〔2005〕35 号）[EB/OL].中华人民共和国中央人民政府门户网站,（2005-10-28）.http://www.gov.cn/zhengce/content/2008-03/28/content_5549.htm.
⑥ 国家中长期教育改革和发展规划纲要（2010—2020 年）[EB/OL].中华人民共和国教育部门户网站,（2010-07-29）.http://old.moe.gov.cn/publicfiles/business/htmlfiles/moe/info_list/201407/xxgk_171904.html？authkey=gwbux.
⑦ 李剑平.普高与中职招生比 1∶1 是行政强制？起草专家细说[N].中国青年报,2010-03-08（5）.

大多数发达国家职普比保持在1∶1，德国、澳大利亚等国中等职业教育的比例略高于普通高中，瑞士、奥地利、比利时、捷克等国初中毕业生中有七成甚至以上的人选择职业教育①。欧盟国家多年来中学阶段平均职普比一直保持1∶1。欧盟国家目前的生产力和生活水平远高于我国，但丝毫没有放松甚或压缩中等职业教育，更没有让职普比随意自由地大起大落，特别是目前失业率居高不下的情况下，它们开始把职业教育与培训看成是重中之重②。在高中阶段教育毛入学率达到90%以上的情况下，大多数发达国家仍旧守住了高中阶段教育职普1∶1的比例底线。2012年，世界经合组织各国的平均职普比为普高比例占到54.3%，中职比例占到45.7%；其中，欧盟各国的平均职普比为普高比例占到47.3%，中职比例占到52.7%③。高中阶段教育需要保持普职协调发展，坚持职普比"大体相当"，根本还是要满足经济发展对中等职业技术技能人才的需求，要求高中阶段教育必须打破普高一统天下的局面，为产业制造、社会服务及其升级换代培养足够多的职业技能人才④。

而经济社会发展对中等职业技术技能人才的需求为职普比"大体相当"提供了市场基础，"中国制造"乃至"中国创造"高素质职业技术技能人才的培养也需要中等职业教育奠定坚实的基础，为职普比"大体相当"提供了技能型人才的培养基础与战略基础。中等职业学校为工业制造培养技能型操作人才，以及为服务业培养充足的服务型人才，对经济进步、社会发展来说是不可缺少的，客观上要有雄厚的生源基础，由此也就形成"职普比"存在的市场基础。而更高层次的职业技术技能人才的培养需要中职教育在基本功训练方面打下坚实的基础，通过5—6年的反复训练，方能培养成熟练的高素质技能人才，否则仅凭普通高中后的三年学习，很难进入技术的熟练程度。由此也就形成了职普比"大体相当"存在的技能型人才的培养基础。而在战略层面上，为保持国家产业链完整与安全性，

① 佛朝晖.促进普职协调发展，地方政府重任在肩［J］.中国教育报，2017-11-28（5）.
② 赵长兴.部分西方国家高中阶段职普比现状分析［J］.中国职业技术教育，2017（30）：60-66.
③ 石伟平，郝天聪.普及高中阶段教育，中等职业教育需要发力［J］.中国职业技术教育，2017（34）：39-44.
④ 刘丽群，周立芳.我国高中阶段普职规模"大体相当"政策分析［J］.中国教育学刊，2017（8）：25-30.

为未来技能型操作人才的培养准备必备的生源，否则就会影响经济社会的可持续发展与安全，为职普比"大体相当"提供了战略基础①。此外，中等职业教育是职业教育中的一个层次，无论社会多么先进依然需要职业教育，因为它不仅为了满足经济社会发展的需要，也是为满足一类人才成长成功的需要，需要坚持中等职业教育在职业教育中的基础地位，且在高中阶段教育普及中中等职业学校享有与普通高中同等重要的地位，实现高中阶段教育的普职协调发展②。

四、当下各地坚守高中阶段教育职普比"大体相当"的重要意义

作为世界体系最全的制造业大国及服务业在国民经济中的比重不断提升都仍然需要大量的中等职业技能与服务人才，而据人社部的调查数据发现，我国技能劳动人才数量不足与结构上配置不均衡，劳动技能人员占总就业人员的20%，而近年来技能劳动者求人倍率甚至达到2以上，中高级职业技能人才供给明显不足③。坚持高中阶段教育普职协调发展，大力发展中等职业教育，可以提高中西部贫困地区、民族地区、边远地区、革命老区和农村地区高中阶段教育毛入学率，还可以提高家庭经济困难学生、残疾学生和进城务工人员随迁子女等群体的高中阶段教育毛入学率④。此外，职业教育尤其是中等职业教育具有重要的扶贫功能，通过职业教育帮助困难家庭、困难群体用知识和技能改变自己的命运，有助于打赢国家脱贫攻坚战，到2020年实现全面脱贫具有重要的政策工具价值⑤。而农村、民族地区，加快发展中职教育与技能培训可为当地贫困家庭提供强有力的智力支持，为当地教育脱贫提供造血机制，阻断贫困的代际传递⑥。可见，无论是经济发达地区还是贫困地区保持今后一个时期高中阶段教育职普比"大体相当"仍具有重要现实意义。而在国家政策层面，目前来看，对这一政策不存在松动的问题。

① 周俊.科学认知"普职比"的六个视角［N］.中国教育报，2016-09-27（5）.
②④ 姜大源，石伟平，邬宪伟，等."中等职业教育发展问题"专家笔谈（一）［J］.中国职业技术教育，2018（25）：5-15.
③ 姜大源.再议中等职业教育的基础地位问题［J］.中国职业技术教育，2018（25）：5-9.
⑤ 张德江.全国人民代表大会常务委员会执法检查组关于检查《中华人民共和国职业教育法》实施情况的报告：2015年6月29日在第十二届全国人民代表大会常务委员会第十五次会议上［EB/OL］.全国人民代表大会门户网站，（2015-06-29）.http://www.npc.gov.cn/npc/xinwen/2015-06/29/content_1939891.htm.
⑥ 沈有禄.普及高中阶段教育，为精准扶贫提供造血机制［N］.光明日报，2018-01-20（6）.

2017 年 4 月，在成都召开的全国高中阶段教育普及攻坚工作会议上，时任教育部陈宝生部长指出："要牢牢把握高中阶段教育普及和发展的正确方向，要抓结构优化，优化布局结构、优化普职结构，提高中等职业教育招生比例，切实落实普职'大体相当'的要求"①。

五、普职协调发展，保持职普比"大体相当"是国家高中阶段教育普及攻坚核心要义与要求

2017 年 3 月，教育部等四部委出台了《高中阶段教育普及攻坚计划（2017—2020 年）》要求"牢固确立职业教育在国家人才培养体系中的重要位置，巩固中等职业教育的发展水平，实现普通高中教育与中等职业教育的协调发展，提高中等职业教育招生比例"，到 2020 年，"普通高中与中等职业教育结构更加合理，招生规模大体相当"。可见"攻坚计划"反复强调和要求的"保持和落实职普比大体相当""普通高中教育与中等职业教育协调发展"，是文件的核心精神和关键愿景②。2022 年新修订通过实施的《中华人民共和国职业教育法》第三条明确提出："职业教育是与普通教育具有同等重要地位的教育类型，是国民教育体系和人力资源开发的重要组成部分，是培养多样化人才、传承技术技能、促进就业创业的重要途径。"第十四条提出："国家建立健全适应经济社会发展需要，产教深度融合，职业学校教育和职业培训并重，职业教育与普通教育相互融通，不同层次职业教育有效贯通，服务全民终身学习的现代职业教育体系。国家优化教育结构，科学配置教育资源，在义务教育后的不同阶段因地制宜、统筹推进职业教育与普通教育协调发展。"③自此，高中阶段教育中普通高中与中等职业学校的结构关系与比例协调发展上，国家政策话语从过去更强调比例协调的"大体相当"，强调两类教育间的比例、规模的均衡发展，到新法的"统筹推进职业教育

---

① 全面实施普及攻坚计划，努力办好公平优质多样的高中阶段教育［EB/OL］.中华人民共和国教育部门户网站，（2017-04-24）.http：//www.moe.edu.cn/jyb_xwfb/gzdt_gzdt/moe_1485/201704/t20170424_303167.html.
② 张健.普及攻坚计划的核心是落实"职普比大体相当"［J］.江苏教育，2017（9）：17-19.
③ 中华人民共和国职业教育法［EB/OL］.中华人民共和国中央人民政府门户网站，（2022-04-21）.https：//www.gov.cn/xinwen/2022-04/21/content_5686375.htm.

与普通教育协调发展",其实质还是强调两类教育的比例、规模的均衡与协调发展问题,除此之外还强调"职业教育与普通教育相互融通,不同层次职业教育有效贯通",即也强调"普职融合"与职业教育升学"立交桥"的建设。

六、当下各地高中阶段教育职普比变化情况及改进

(一)各地高中阶段教育职普比近年来的变化情况

全国中等职业学校数和在校生数近年来占比呈逐年下降趋势,超过一大半的省份低于45%。中等职业教育是高中阶段教育的跛腿[1]。全国高中阶段教育职普比(在校生数计算)从2000年的高位值0.869逐年下降到2002年峰谷值0.616,之后又上升至2010年的峰顶值0.922,从2011年起又逐年下降,至2015年及之后已经下降至0.6—0.7之间,至2018年职普比仅为0.655,相当于高中阶段每5个在校生中只有两个中职学生,即职普比略低于2∶3,这与高中阶段教育职普比大体相当的要求相差较大。中西部地区有更多省份的职普比从0.60以上区间跌落到0.60以下区间,且以中部及西北省份居多,各地职普比值如表2-2所示[2]。

由表2-2可知,高中阶段教育职普比从2000年的高位值0.869逐年下降到2002年的0.616,2003又回升至0.640,到2004年又下降至0.635,从2005年起再逐年增加至2010年的0.922,而从2011年起又逐年下降至2018年的0.655,这19年间共下降了24.63%,中间有升有降,但总体呈下降趋势。职普比2010年最高,2009年第二高,这两年均超过0.9。2011年第三高,为0.898;其下为2000年、2012年及2008年,这4年均在0.8—0.9之间。2006—2007年及2013—2014年在0.7—0.8之间。其余9年均在0.6—0.7之间。这19年间高中阶段教育职普比高于各年全国均值的省份数2009年最多为18个,2006、2011、2015、2016年这4年均为15个,2003、2007、2008、2010年及2012—2014年这7年均为14个,2001、2002、2004、2005年及2018年这5年均为12个,

---

① 邬跃.普及高中阶段教育,中职不能继续跛腿[N].中国教育报,2016-06-14(5).
② 沈有禄.高中阶段教育职普比"大体相当":地区差异与问题分析:基于2000—2018年历史数据回顾[EB/OL].中国社会科学网(网络刊发),(2020-05-14).https://www.cssn.cn/jyx/jyx_jyqg/202209/t20220913_5492752_4.shtml.

表 2-2 2000~2018 年以在校生数计算的全国高中阶段教育职普比变化情况

地区	2000 职普比	2000 排名	2001 职普比	2002 职普比	2003 职普比	2004 职普比	2005 职普比	2006 职普比	2007 职普比	2008 职普比	2009 职普比	2010 职普比	2010 排名	2011 职普比	2012 职普比	2013 职普比	2014 职普比	2015 职普比	2016 职普比	2017 职普比	2018 职普比	2018 排名	2018比2000增加比例
全国	0.869		0.695	0.616	0.640	0.635	0.664	0.720	0.788	0.842	0.901	0.922		0.898	0.856	0.789	0.731	0.698	0.676	0.671	0.655		-24.63
北京	1.628	2	1.322	1.160	1.148	1.010	0.986	1.068	1.060	1.077	1.062	1.070	3	1.116	1.205	1.109	0.941	0.792	0.742	0.650	0.594	19	-63.51
天津	1.746	1	1.369	1.188	1.064	0.916	0.840	0.854	0.891	0.974	0.906	0.789	23	0.710	0.701	0.675	0.670	0.719	0.749	0.738	0.702	8	-59.79
河北	0.948	8	0.727	0.589	0.589	0.552	0.658	0.719	0.838	0.910	0.973	1.003	8	0.985	0.917	0.812	0.695	0.617	0.625	0.632	0.633	16	-33.23
山西	0.984	6	0.803	0.704	0.647	0.622	0.638	0.726	0.799	0.814	0.843	0.834	19	0.725	0.702	0.648	0.616	0.596	0.582	0.596	0.577	20	-41.36
内蒙古	0.776	20	0.579	0.508	0.460	0.415	0.421	0.436	0.527	0.544	0.687	0.719	27	0.660	0.587	0.534	0.518	0.503	0.489	0.480	0.468	27	-39.69
辽宁	0.839	15	0.733	0.695	0.727	0.715	0.700	0.738	0.750	0.790	0.770	0.743	25	0.717	0.670	0.635	0.610	0.611	0.610	0.601	0.575	21	-31.47
吉林	0.828	16	0.607	0.505	0.417	0.433	0.456	0.539	0.571	0.640	0.781	0.721	26	0.649	0.571	0.522	0.458	0.399	0.394	0.402	0.396	30	-52.17
黑龙江	0.657	26	0.567	0.530	0.519	0.483	0.549	0.549	0.630	0.699	0.808	0.814	21	0.832	0.847	0.710	0.598	0.528	0.495	0.467	0.430	28	-34.55
上海	1.066	5	0.955	0.896	0.908	0.805	0.751	0.738	0.825	0.976	0.994	0.970	12	0.956	0.992	0.978	0.832	0.757	0.710	0.668	0.648	14	-39.21
江苏	0.866	12	0.742	0.702	0.721	0.815	0.899	0.972	0.996	0.977	0.975	0.984	11	0.958	0.964	0.950	0.945	0.941	0.941	0.959	0.906	1	4.62
浙江	0.904	10	0.872	0.874	0.974	0.950	0.923	0.895	0.878	0.859	0.855	0.853	18	0.852	0.827	0.830	0.828	0.836	0.860	0.871	0.884	2	-2.21
安徽	0.720	25	0.530	0.464	0.522	0.556	0.616	0.672	0.692	0.734	0.732	0.749	24	0.797	0.819	0.810	0.799	0.776	0.757	0.784	0.819	4	13.75
福建	0.956	7	0.828	0.750	0.772	0.724	0.719	0.733	0.747	0.785	0.866	0.878	16	1.042	1.072	0.907	0.818	0.720	0.692	0.652	0.657	12	-31.28
江西	0.783	19	0.602	0.520	0.539	0.603	0.757	0.791	0.865	0.921	1.060	1.065	5	0.931	0.836	0.712	0.640	0.596	0.518	0.496	0.490	26	-37.42
山东	0.824	17	0.658	0.610	0.659	0.699	0.722	0.777	0.872	0.969	0.991	1.003	9	0.996	0.941	0.822	0.746	0.695	0.688	0.680	0.658	11	-20.15
河南	1.165	3	0.806	0.650	0.686	0.666	0.663	0.696	0.746	0.835	0.942	0.997	10	0.976	0.901	0.774	0.727	0.673	0.643	0.647	0.652	13	-44.03
湖北	0.634	28	0.441	0.424	0.430	0.475	0.573	0.727	0.895	0.970	0.987	0.878	17	0.759	0.594	0.521	0.507	0.519	0.538	0.548	0.546	23	-13.88
湖南	0.820	18	0.654	0.560	0.621	0.633	0.628	0.670	0.757	0.773	0.914	0.920	15	0.939	0.889	0.779	0.710	0.712	0.718	0.727	0.669	10	-18.41

续表

地区	2000 职普比	2000 排名	2001 职普比	2002 职普比	2003 职普比	2004 职普比	2005 职普比	2006 职普比	2007 职普比	2008 职普比	2009 职普比	2010 职普比	2010 排名	2011 职普比	2012 职普比	2013 职普比	2014 职普比	2015 职普比	2016 职普比	2017 职普比	2018 职普比	2018 排名	2018比2000增加 增加比例
广东	0.856	13	0.734	0.641	0.765	0.713	0.697	0.728	0.792	0.845	0.959	1.102	2	1.076	1.054	1.037	0.890	0.857	0.810	0.818	0.767	6	-10.40
广西	0.763	21	0.634	0.603	0.653	0.632	0.637	0.742	0.843	0.911	0.971	1.217	1	1.237	1.212	1.131	1.070	0.977	0.882	0.829	0.772	5	1.18
海南	0.725	24	0.634	0.587	0.589	0.597	0.593	0.573	0.726	0.769	0.978	1.067	4	1.054	0.982	0.906	0.850	0.808	0.806	0.823	0.843	3	16.28
重庆	0.867	11	0.692	0.673	0.807	0.837	0.766	0.871	0.954	0.978	0.930	0.823	20	0.771	0.767	0.776	0.762	0.728	0.674	0.674	0.640	15	-26.18
四川	0.754	23	0.588	0.485	0.512	0.529	0.639	0.768	0.785	0.868	0.951	0.943	13	0.928	0.903	0.863	0.802	0.753	0.706	0.689	0.678	9	-10.08
贵州	0.905	9	0.645	0.513	0.464	0.407	0.459	0.588	0.681	0.702	0.726	0.660	30	0.605	0.545	0.603	0.643	0.690	0.640	0.583	0.538	25	-40.55
云南	1.132	4	0.973	0.873	0.828	0.725	0.687	0.680	0.749	0.828	0.915	1.057	6	1.024	0.950	0.807	0.767	0.764	0.767	0.769	0.752	7	-33.57
西藏	0.567	30	0.444	0.349	0.304	0.320	0.211	0.392	0.429	0.476	0.556	0.555	31	0.442	0.382	0.329	0.305	0.273	0.319	0.328	0.370	31	-34.74
陕西	0.843	14	0.629	0.587	0.608	0.605	0.613	0.658	0.793	0.898	0.952	0.941	14	0.874	0.779	0.673	0.591	0.543	0.526	0.549	0.553	22	-34.40
甘肃	0.655	27	0.579	0.478	0.430	0.389	0.388	0.433	0.520	0.594	0.652	0.678	28	0.650	0.638	0.554	0.482	0.432	0.415	0.401	0.405	29	-38.17
青海	0.466	31	0.353	0.285	0.250	0.248	0.301	0.444	0.636	0.798	0.935	1.046	7	0.959	0.924	0.912	0.859	0.822	0.755	0.746	0.627	17	34.55
宁夏	0.587	29	0.505	0.437	0.482	0.472	0.537	0.545	0.595	0.699	0.826	0.800	22	0.832	0.717	0.604	0.509	0.529	0.541	0.547	0.543	24	-7.50
新疆	0.761	22	0.576	0.432	0.363	0.341	0.367	0.452	0.566	0.616	0.639	0.675	29	0.662	0.650	0.630	0.600	0.583	0.599	0.570	0.616	18	-19.05
标准差	0.268		0.222	0.206	0.213	0.189	0.177	0.162	0.146	0.144	0.129	0.158		0.177	0.194	0.184	0.168	0.158	0.147	0.147	0.139		-48.13
差异系数	0.308		0.320	0.335	0.333	0.298	0.267	0.225	0.186	0.171	0.143	0.171		0.197	0.227	0.234	0.229	0.227	0.218	0.219	0.212		-31.17
极大值	1.746		1.369	1.188	1.148	1.010	0.986	1.068	1.060	1.077	1.062	1.217		1.237	1.212	1.131	1.070	0.977	0.941	0.959	0.906		-48.11
极小值	0.466		0.353	0.285	0.250	0.248	0.211	0.392	0.429	0.476	0.556	0.555		0.442	0.382	0.329	0.305	0.273	0.319	0.328	0.370		-20.60
极差	1.280		1.016	0.903	0.899	0.762	0.775	0.676	0.631	0.601	0.505	0.662		0.795	0.830	0.802	0.764	0.705	0.622	0.631	0.536		-58.13
极差率	3.745		3.877	4.175	4.601	4.079	4.677	2.723	2.472	2.262	1.908	2.192		2.796	3.169	3.433	3.505	3.586	2.950	2.920	2.449		-34.61

续表

省份	2000 职普比	2000 排名	2001 职普比	2002 职普比	2003 职普比	2004 职普比	2005 职普比	2006 职普比	2007 职普比	2008 职普比	2009 职普比	2010 职普比	2010 排名	2011 职普比	2012 职普比	2013 职普比	2014 职普比	2015 职普比	2016 职普比	2017 职普比	2018 职普比	2018 排名	2018比2000增加 增加比例
京津沪三市	1.406		1.176	1.056	1.029	0.905	0.856	0.886	0.929	1.012	0.989	0.945		0.929	0.971	0.923	0.816	0.756	0.734	0.685	0.648		-53.91
东部八省	0.874		0.738	0.675	0.723	0.726	0.754	0.793	0.850	0.892	0.936	0.978		0.976	0.948	0.888	0.806	0.766	0.752	0.751	0.729		-16.59
中部八省	0.837		0.628	0.547	0.566	0.578	0.624	0.686	0.760	0.817	0.895	0.890		0.851	0.794	0.710	0.664	0.634	0.614	0.618	0.610		-27.12
西部十二省	0.802		0.634	0.554	0.560	0.541	0.566	0.644	0.726	0.794	0.857	0.886		0.853	0.807	0.754	0.713	0.686	0.654	0.639	0.623		-22.32
高于全国省数	10		12	12	14	12	12	15	14	14	18	14		15	14	14	14	15	15	13	12		18
高于1.0省数	5		2	2	2	1	0	1	1	1	2	9		6	4	3	1	0	0	0	0		
高于0.8省数	18		8	5	6	6	4	5	11	17	23	22		19	18	14	10	6	5	5	4		
高于0.75省数	23		8	6	8	6	7	8	17	22	25	23		22	20	17	13	11	8	7	7		
高于0.7省数	25		12	8	10	10	10	16	21	24	27	27		25	23	19	16	15	13	10	8		
低于0.6省数	3		10	17	15	14	11	10	6	3	1	1		5	5	5	8	11	11	12	13		
低于0.5省数	1		3	8	9	10	7	5	1	1	0	0						3	5	6	6		
最高省份	天津		天津	天津	北京	北京	北京	北京	北京	北京	北京	广西		广西	广西	广西	广西	广西	江苏	江苏	江苏		
最低省份	西藏		青海	青海	青海	青海	西藏	西藏	西藏	西藏	西藏	西藏		西藏	西藏	西藏	西藏	西藏	西藏	西藏	西藏		

注：表中增加比例的单位为"%"，"高于全国省数"为具体的职普比高于全国均值的省份的个数，增加比例高于全国数为职普比降幅高于全国降幅均值的省份个数，表格中其他数据无单位。
资料来源：根据各年《中国教育统计年鉴》及《中国劳动统计年鉴》中的相关原始数据计算分析整理而得。

2017 年为 13 个，2000 年为 10 个。

如果按打八折来算职普比高于等于 0.8 的省份算是满足职普比大体相当的要求的话，也只有 6 年有超过全国一半以上的省份能达到该水平，有 3 年在 10—14 个省份之间，其余 10 年有 4—8 个省份。高中阶段教育职普比高于 0.8 的省份数在 2005—2009 年呈逐年增加趋势，从 2010 年起呈逐年下降趋势，至 2014 年已下降至 10 个及以下水平，2016、2017 年均只有 5 个，到 2018 年仅有 4 个。再退一步，如果说高中阶段教育职普比大体相当可以进一步降低至职普比为 0.7 及以上水平的话，仅在 2006—2014 年以及 2000 年是有全国一半以上的省份数（在 16—27 个之间）达到这个标准的，而从 2015—2018 年分别只有 15、13、10、8 个省份达到 0.7 及以上水平的职普比大体相当，而 2001—2005 年只有 8—12 个省份达到 0.7 及以上水平。

由表 2-2 可知，在 2000—2018 年间，高中阶段教育职普比从京津沪三市到东部八省、西部十二省、中部八省呈现出梯度递减趋势（其中 2010—2011 年及 2015—2018 年京津沪三市比东部八省低除外，2000 年及 2003—2010 年中部八省比西部十二省高除外），即在 2001—2002 年及 2011—2018 年呈中部塌陷现象。高中阶段教育职普比京津沪三市（在 0.648—1.406 之间）是东部八省（在 0.675—0.978 之间）的 0.89—1.61 倍（高出 -0.066—0.532），是西部十二省（在 0.554—0.886 之间）的 1.04—1.91 倍（高出 0.025—0.604），是中部八省（在 0.547—0.895 之间）的 1.06—1.93 倍（高出 0.038—0.569）；西部十二省为中部八省的 0.91—1.08 倍（高出 -0.058—0.052）。高中阶段教育职普比各地均总体呈下降趋势（中间有几年有所回升后又连续下降至更低值），京津沪三市降幅最大（53.91%），中部八省次之（27.12%），东部八省降幅最小（16.59%），全国平均降幅为 24.63%。

反映高中阶段教育职普比各省份与全国均值的离差情况的标准差，从 2000 年的 0.268 减小至 2018 年的 0.147（其中 2009 年最低为 0.129、2000 年为最高），下降了 45.15%。反映各省份与全国均值间的差异情况的差异系数从 2000 年的 0.308 减小到 2018 年的 0.219（其中 2009 年最低为 0.143、2002 年最高为 0.335），下降了 28.90%，差异水平不大。

（二）各地高中阶段教育职普比下降的原因

从政策执行层面讲，造成高中阶段教育职普比地区间差异较大的原因，根本在于很多地方政府领导没有深入考虑经济发展需要和劳动力市场需要，没有在做大做强中职、增强中职吸引力上下功夫，而把中职排在第二位、第三位，甚至是可有可无的位置上，从而造成了中等职业教育的缓慢发展甚至是倒退，成为高中阶段教育中最薄弱的一环 [①]。

从对职业教育的需求与重视程度来看，在当下人们还普遍歧视职业教育、缺乏对技术的敬畏和尊重的背景下，显然不利于职普比的稳定和保持 [②]。如对怒江州 239 位少数民族学生家长的调查发现，有 82.85% 的家长希望自己孩子去读普通高中，而仅有 7.95% 希望孩子去读中职学校，希望孩子初中毕业就外出打工的比例占到 8.79%，少数民族学生家庭对职业教育的极度不认可，导致贫困地区职业教育发展艰难 [③]。经济社会发展需求与人民群众满意度之间未能实现和谐一致，在绝大多数民众看来只有通过上普通高中考上大学才是他们眼中的成才，而中职教育要低人一等，成为落实职普比"大体相当"最大的思想顾虑和政策障碍 [④]。

而家长不重视职业教育，不太愿意让孩子接受中等职业教育，职普比连年"失守"，与职校毕业生的薪酬待遇及社会地位得不到保障关系甚大 [⑤]。20 世纪 90 年代中后期，中职毕业生不再享受干部身份待遇，不再包分配，不再享有昔日的诸多利好，不再享有较高的教育与社会经济收益，同时高校扩招，从收益的角度讲，家长及学生自然更多地选择了升入普通高中，中职学校逐渐被冷落。

（三）经济发展职普比就一定要下降吗？

为了解高中阶段教育职普比为什么连年下降，以及是不是经济发展水平高必

---

① 杨进.把中职摆在普及高中阶段教育的突出位置 [J].中国农村教育，2017（5）：15.

② 张健.基于社会心理的职普比博弈和对策建议 [J].中国职业技术教育，2017（24）：22-25.

③ 刘苏荣."三区三州"深度贫困地区职业教育的困境与出路：以云南省怒江州为例 [J].职业技术教育，2019（15）：56-61.

④ 周俊."普职比大体相当"难落实，尴尬如何化解 [N].中国教育报，2016-10-11（5）.

⑤ 王寿斌.普职比"大体相当"本无过错，职教吸引力不足应归于制度缺失 [N].中国青年报，2016-12-12（11）.

然导致高中阶段教育职普比的下降，可将各省份的人均 GDP 作为自变量，各省份的高中阶段教育职普比作为因变量，对其进行一元线性回归分析，可预测各省份高中阶段教育职普比随着各省份的人均 GDP 的变化而变化的情况。其一元线性回归分析如表 2-3 所示。

由表 2-3 可知，北京、天津、山西、辽宁、上海、浙江、重庆、江苏、安徽、广西、海南、青海、新疆这 13 个省份的回归系数显著，其中北京、天津、山西、辽宁、上海、浙江、重庆高中阶段教育职普比与其经济发展水平呈显著负向关系（0.1 差异水平上），即这 7 个省份的职普比随着其经济发展水平的增加而相应有所下降，其边际降幅从高到低排序依次为天津、北京、山西、辽宁、重庆、上海、浙江。而江苏、安徽、广西、海南、青海、新疆的高中阶段教育职普比与其经济发展水平呈显著正向关系，即这 6 个省份的职普比随着其经济发展水平的增加而相应有所增加，其边际增幅从高到低排序依次为青海、安徽、海南、新疆、广西、江苏，所以这也部分解释了为什么这 6 个省份的高中阶段教育职普比在最近几年能保持在较高水平。其他 18 个省份的回归系数则不显著。

可见，高中阶段教育职普比并不是必然就随着经济发展水平的提升而显著下降，京津沪三市下降显著主要是由于其在城市功能定位上的去制造业化等（不再以制造业及普通中低端服务业为主）导致对中职技能人才需求的降低，从而其高中阶段教育职普比显著下降。而部分发达地区如江苏、广东随着其经济发展水平的提升其高中阶段教育职普比并未下降反而上升，这主要得益于这些省份制造业及普通服务业发达对中职技能人才的强劲需求导致了其在坚守职普比"大体相当"时政策不放松，故其职普比不仅没有下降而且还有所回升，保持在较高的大体相当水平上。而青海、安徽、海南、新疆、广西尽管其经济不够发达，但这 5 个省份能较好地贯彻国家有关高中阶段教育普及发展，应重点发展中等职业教育的政策要求，较好地调整了高中教育结构，而保证了职普比未下降并保持在大体相当且上升的水平上，培养和储备了充足的中等职业技能人才，在国家整体产业的梯度转移中这几个省份在近些年也较好地实现了经济赶超发展。其他职普比下降的省份，基本属于对国家政策执行不到位，根源在于对中等职业教育的重要性认识不足、重视不够造成的。

表2-3　各省（自治区、直辖市）的高中阶段教育职普比与其人均 GDP 的一元线性回归分析

地区	常数项	回归系数	回归系数 t 检验			回归系数是否显著
			T 检验的 t 值	P 值	方差分析 P 值	
全国	0.757	−2.144E-7	−0.161	0.874	0.874a	否
北京	1.382	−4.892E-6	−5.304	0.000	0.000a	是
天津	1.276	−5.558E-6	−4.866	0.000	0.000a	是
河北	0.759	−2.018E-7	0.000	0.999	0.999a	否
山西	0.809	−4.388E-6	−2.544	0.021	0.021a	是
内蒙古	0.542	1.860E-7	0.020	0.984	0.984a	否
辽宁	0.795	−2.660E-6	−4.480	0.000	0.000a	是
吉林	0.624	−2.769E-6	−1.710	0.105	0.105a	否
黑龙江	0.608	3.482E-7	0.137	0.893	0.893a	否
上海	1.014	−2.016E-6	−2.528	0.022	0.022a	是
江苏	0.830	1.460E-6	2.587	0.019	0.019a	是
浙江	0.916	−8.207E-7	−2.814	0.012	0.012a	是
安徽	0.574	6.115E-6	5.239	0.000	0.000a	是
福建	0.841	−8.425E-7	−0.757	0.459	0.459a	否
江西	0.798	−3.518E-6	−1.152	0.265	0.265a	否
山东	0.784	1.656E-7	0.117	0.909	0.909a	否
河南	0.838	−2.392E-6	−1.004	0.329	0.329a	否
湖北	0.664	−1.183E-6	−0.533	0.601	0.601a	否
湖南	0.704	1.561E-6	0.975	0.343	0.343a	否
广东	0.758	2.111E-6	1.636	0.120	0.120a	否
广西	0.700	9.014E-6	2.740	0.014	0.014a	是
海南	0.639	6.051E-6	2.891	0.010	0.010a	是
重庆	0.859	−2.452E-6	−2.547	0.021	0.021a	是
四川	0.674	3.253E-6	1.419	0.174	0.174a	否
贵州	0.610	4.450E-8	0.021	0.984	0.984a	否
云南	0.895	−3.004E-6	−1.079	0.296	0.296a	否
西藏	0.432	−2.410E-6	−1.267	0.222	0.222a	否
陕西	0.755	−2.187E-6	−1.286	0.216	0.216	否
甘肃	0.534	−1.288E-6	−0.459	0.652	0.652a	否
青海	0.367	1.212E-5	3.806	0.001	0.001a	是
宁夏	0.565	1.177E-6	0.705	0.490	0.490a	否
新疆	0.479	3.402E-6	1.866	0.079	0.079a	否
京津沪三市	1.208	−3.937E-6	−5.506	0.000	0.000a	是
东部八省	0.800	4.465E-7	0.461	0.651	0.651a	否
中部八省	0.707	2.428E-7	−0.136	0.894	0.894a	否
西部十二省	0.670	1.343E-6	0.771	0.451	0.451a	否

资料来源：根据各年《中国教育统计年鉴》《中国劳动统计年鉴》《中国统计年鉴》中的相关数据计算出相关数据并回归分析而得。

（四）主要结论

其一，全国高中阶段教育职普比（以下均指以在校生数计算的职普比）从2000年的高位值0.869逐年下降到2002年峰谷值0.616，之后又上升至2010年的峰顶值0.922，从2011年起又逐年下降，至2015年及之后已经下降至0.6—0.7之间，至2018年职普比仅为0.655，相当于高中阶段每5个在校生中只有两个中职学生，即职普比约为2∶3，这与高中阶段教育职普比大体相当的要求相差较大。中西部地区有更多省份的职普比从0.60以上区间跌落到0.60以下区间，且以中部及西北省份居多。这19年间高中阶段教育职普比降幅大于全国均值的省份有18个（其中有5个为中部省份、7个为西部省份），只有5个省份有所增加，各年有12—18个省份（其中有7年为14个、5年为12个、4年为15个，各有1年为10、13、18个）的高中阶段教育职普比要高于全国均值。

高中阶段教育职普比高于1.0的省份仅在2010年最多达9个、2011年为6个，其他年份均在0—5个之间；而职普比低于0.6的省份在2015—2018年上升至11—13个，到2016—2018年职普比低于0.5的省份数就分别达到5、6、6个，可见相当多省份的职普比都下降较多。

其二，在这19年间，浙江、江苏、北京、天津、上海、广西、广东、重庆有较多年份处于高中阶段教育职普比最高5个省份之列，而西藏、甘肃、内蒙古、新疆、吉林、湖北、青海则有较多年份处于职普比最低5个省份之列。天津在2000—2002年、北京在2003—2009年、广西在2010—2015年、江苏在2016—2018年始终为全国高中阶段教育职普比最高的省份，而青海在2000—2004年、西藏在2005—2018年始终为职普比最低的省份。高中阶段教育职普比的极大值与极小值及其相对差距与绝对差距都在下降。

与2010年峰顶值时的各省职普比的排位相比，至2018年高中阶段教育职普比的排名位次后移的省份有17个，后移大于等于10位的有青海、北京、江西，其职普比从较高值较快跌落至较低值；排名位次前移的省份有12个，其中前移超过（含等于）10位的有江苏、新疆、天津、浙江、安徽，其职普比从相对较低值迅速爬升至较高值。与2000年时的各省职普比的排位相比，至2018年高中阶段教育职普比的排名位次后移的省份有18个，后移大于等于10位的有河南、吉林、山西、贵州、北京，其职普比从较高值较快跌落至较低值；排名位次前移的省份有 13 个，其中前移超过 10 位的有江苏、四川、青海、广西、安徽、海南，其职普比从相对较低值迅速爬升至较高值。

其三，全国高中阶段教育职普比从京津沪、东部、西部、中部呈梯度递减趋势（其中 2010—2011 年及 2015—2018 年京津沪三市比东部八省低除外，2000 年及 2003—2010 年中部八省比西部十二省高除外），即在 2001—2002 年及 2011—2018 年呈中部塌陷现象。京津沪三市高于其他地区，且与其他地区的绝对差距与相对差距均在减小，各地均呈波浪形变化趋势，但总体在下降。反映各省份与全国均值间的差异情况的差异系数在 0.143—0.335 之间，差异不大。

其四，天津、北京、山西、辽宁、重庆、上海、浙江（本段内降序排列）这 7 个省份的高中阶段教育职普比与其经济发展水平（人均 GDP）呈显著负相关关系，即随着其经济发展水平的增加，其高中阶段教育职普比却有所下降，其职普比的边际减幅按前述 7 个省份的排序依次递减。但青海、安徽、海南、新疆、广西、江苏这 6 个省份的高中阶段教育职普比与其经济发展水平却呈显著正相关关系，即随着其经济发展水平的增加，其高中阶段教育职普比也有所增加，其职普比的边际增幅按前述 6 个省份的排序依次递减。其他 17 个省份则关系不明确，但其职普比均有所下降。

其五，职普比并不必然就存在一直下降的情况，只要国家及时出台重视职业教育发展和加强对执行职普比"大体相当"政策的要求，职普比波动的幅度就会减小，甚至出现回升的情况。如在 2002 年出台《国务院关于大力推进职业教育改革与发展的决定》（国发〔2002〕16 号）对职普比大体相当提出具体要求后，经过 4 年的滞后期，从 2006 年起职普比就止跌回升，而在 2005 年《国务院关于大力发展职业教育的决定》（国发〔2005〕35 号）这一国家重大政策的出台，对职业教育发展的重视上升到了更加紧迫的重要战略地位，职普比经过 1 年后就开始回升了，到 2010 年达到最高值。之后虽然有《国家中长期教育改革和发展规划纲要》（2010—2020 年）、《国务院关于加快发展现代职业教育的决定》（国发〔2014〕19 号）等后续重要政策文件，但限于整个高中阶段生源数开始下降，加上不少省份对职普比"大体相当"政策贯彻执行效果不是很理想，职普比又开始持续下降，但下降幅度比 2000—2005 年间的下降幅度要小了很多，说明高中阶段教育职普比大体相当在坚持执行了 30 多年后已经取得了一定的抗跌性，逐渐出现企稳现象。个人研判等职普比再次下降到比较低位时，如像到 2002 年的 0.616 水平时（而依据最近几年的平均下降幅度来看，2020—2021 年估计职普比将再次下降至 2002 年的历史低位水平），届时国家应该会再次出台更加重视职业教育发展的政策文件，职普比估计会在 2021—2022 年再次出现止跌回升的现象。

其六，尽管经济不发达省份职普比多呈随着经济水平发展提升而下降的情况，但也有逆袭的省份，在贯彻执行好国家职普比"大体相当"政策中，反而出现经济发展提升了其职普比也提高了，如安徽、广西、海南、青海、新疆，在承接发达地区产业转移中，因其高中阶段教育职普比得以提升，从而培养和储备充足的中等职业技能人才，较好地服务了地方经济快速发展。

（五）近年来高中阶段教育职普比值逐步下降的改进建议

第一，未来高中阶段教育职普比"大体相当"政策的执行底线应确定在职普比为 0.7 及以上水平。至于高中阶段教育职普比大体相当的具体比值是 1∶1，还是 0.8∶1，抑或 0.75∶1 或 0.7∶1，首先要看全国各行各业对中等职业技能人才的需求量，这个可以做一个全国范围内的调查，并科学预测出未来 5—10 年的中职人才需求量，再来确定具体高中阶段教育职普比大体相当的具体比例。从发展的历史回顾来看，全国各省份平均的高中阶段教育职普比大体相当的底线目前应定位于职普比在 0.7 及以上水平，这个标准绝大多数省份通过努力是可以在 5 年内实现的。从历史情况来看，在 2000—2018 这 19 年间，有 10 年是全国有一半以上的省份数（在 16—27 个之间）达到这个标准的。

第二，当前，一定要坚定信念，坚守高中阶段教育职普比"大体相当"政策这一定海神针绝对不能倒。职普比"大体相当"在基层有很高的支持度，有学者对 100 余所职业院校及 40 个地市教育局的调查发现，对国家职普比"大体相当"政策持支持同意意见的校长占 80.95%，教育局占 60%，教师占 52.98%。可见，职业教育内部对国家的保障性政策怀有强烈期待与支持①。如果没有国家硬性规定的高中阶段教育职普比"大体相当"这一定海神针的镇海作用，职普比可能出现地动山摇的状况，到时又回到普通高中占绝大多数的单一结构状况，如果没有职普比"大体相当"的要求，那么学生及家长几乎百分之七八十会毫不犹豫地选择上普通高中（众多学者的研究及调研中的访谈情况均表明目前如果没有职普比"大体相当"政策的硬性规定的话，初中毕业生选择上中职学校的比例大致在25%左右），那么社会需求的中初等职业技能人才就会面临严重缺乏的问题。

第三，要把发展中等职业教育上升到维护国家就业稳定、民族团结、减贫扶贫的重要战略高度上来，加快发展中等职业教育，实现高中阶段教育职普比大体相当。中等职业教育是离市场最近的教育，其高就业率使中等职业教育成为"稳就业"天平的主砝码，而"稳就业"被列为"六稳"之首，因此，当前更应该强调中等职业教育在高中普及中的重要基础作用②。

第四，转变观念，尤其是地方主要党政领导要切实树立职教普教同等重要的观念，为协调地方经费及发展，在高中阶段教育新增投入上应向中职教育倾斜。完善和优化职普比"大体相当"所需的现代职业教育体系，必须打破以普教为中心的传统理念，真正从思想上认可职业教育，将职业教育置于与普通教育同等重要的位置③。十二届全国人大常委会委员长张德江指出："要切实转变观念，从思想上行动上真正重视职业教育，破除鄙薄职业技术教育偏见，树立普教职教同等重要的观念"④。

第五，合理引导民众教育需求预期，适合的教育、能成才的教育就是最好的教育，提升中职教育质量，增强中职吸引力，同时应加强中小学职业启蒙教育，提升职业教育的认同感。如果盲目满足学生上普高的需求，学生考不上称心如意

① 陈清.高中阶段职普比问题实证调查与分析［J］.中国职业技术教育，2017（21）：39-44.
② 姜大源.再议中等职业教育的基础地位问题［J］.中国职业技术教育，2018（25）：5-9.
③ 周俊."普职比大体相当"难落实，尴尬如何化解［N］.中国教育报，2016-10-11（5）.
④ 张德江.全国人民代表大会常务委员会执法检查组关于检查《中华人民共和国职业教育法》实施情况的报告：2015年6月29日在第十二届全国人民代表大会常务委员会第十五次会议上［EB/OL］.全国人民代表大会门户网站，（2015-06-29）.http://www.npc.gov.cn/npc/xinwen/2015-06/29/content_1939891.htm.

的大学，就业又无职业技能，无异于空头支票，于社会于考生个人都无益①。当前，完备的职业教育升学体系已具备，从中职、高职到职业技术大学(或应用型本科)，乃至到专业硕士、博士，已建立了较完备的职业教育体系，那些在普通高中因成绩差、跟不上，也不太适合普通教育的这批学生，与其备受歧视，还不如更早地接受更加适合自己的教育，培养自己的动手操作技能，增加职业适应性，总之适合的教育才是最好的教育②。另外，从中小学开始培养学生初步的职业认知、职业信念、职业情感和职业态度③，积极引导广大青少年学生学习领会劳模精神和工匠精神，鼓励中小学联合中等职业学校开展职业启蒙教育，培养和增强中小学生对职业教育的认同感、亲近感及荣誉感，提早在中小学消除学生及家长对职业教育的歧视观念④。

第六，确保就业并切实提高中职中专毕业生的待遇。中职毕业能否就业及待遇高低从根本上决定了能否吸引更多学生报读中职学校。有学者认为，普职比连年失守，与职校毕业生的薪酬待遇及社会地位得不到保障关系甚大，对此，制度引导的效应往往优于人为规定⑤。扩大就业渠道、提升就业质量，解决学生、家长关心的就业问题，切实落实党中央、国务院要求的提高职业技能人才待遇的政策，让更多的初中毕业生看到上中职有较大的收益率，进而吸引更多的人来上中职学校，则可改变目前这种高中阶段教育职普比下降的趋势。

第七，针对目前高中阶段教育职普比中西部地区相当低的状况，针对职普比已跌破0.6区间，进入0.5区间，甚至下降至0.4、0.3区间的省份，有必要要求这些省份将中职招生占比不低于50%列入各地学校、教育主管部门及地方政府的年度考核指标，且严格切实督导执行。尤其是山西、新疆、宁夏、湖北、江西、陕西、黑龙江、内蒙古、甘肃、吉林、西藏（这些省份中，排在越后面的省份其

① 张健.普职大体相当剥夺了学生上普高的权利吗［N］.中国教育报，2015-07-02（9）.
② 石伟平.新时代我国中等职业教育发展若干重大问题再思考［J］.中国职业技术教育，2018（25）：9-10.
③ 陈鹏.职业启蒙教育，现代职业教育体系之根［N］.中国教育报，2015-06-25（9）.
④ 沈有禄.职业学校联合中小学开展劳动和职业启蒙教育：天时、地利、人和［J］.中国职业技术教育，2019（7）：112-113.
⑤ 王寿斌.普职比"大体相当"本无过错，职教吸引力不足应归于制度缺失［N］.中国青年报，2016-12-12（11）.

职普比越低）这 11 个在 2014 年起其职普比就进入 0.5 区间的省份（上述省份中 2014 年仅有山西、新疆未进入 0.5 区间，但从 2015 年起均进入 0.5 区间），这些省份（尤其是前述 11 个省份中排在后面的几个省份）需要下大力气扩大中职招生比例才能从根本上扭转这种职普比下降到 0.5、0.4 甚至 0.3 区间的状况。

第八，要提高职普比，关键要看各级政府领导（尤其是"一把手"）对中职教育的态度及职普比"大体相当"政策执行的魄力和监督保障机制。笔者在浙江省宁波市及江苏省南京市的调研中发现，当地把职普比"大体相当"纳入了市教育局一级或学校一级的领导考核指标，使得当地高中阶段教育职普比"大体相当"政策得到了很好的贯彻执行，取得了良好效果，与当地社会经济发展对中等职业技能人才的需求保持了良好的匹配与适应。

七、实现高中阶段教育普职协调发展的主要路径

要保持高中阶段教育普职协调发展应提高职业教育质量，提高职业技能人才待遇，树立正确的成才观，建立健全国家资历框架，在中小学开启职业启蒙教育，实现高中课程普职融通。

中等职业教育是社会稳定的"压舱石"，巩固中等职业教育的基础地位，保持与经济社会发展需求相适应的比例，当下继续实施职普比"大体相当"的政策，依然是符合国情和规律的理性选择[1]。为此，我们既不能因产业结构的升级换代和高等教育的普及化而放弃维系职普比"大体相当"的信心，进而取消中等职业教育，也不能因区域经济社会发展的一时需要，而不切实际地盲目扩张中等职业教育的办学规模[2]。对职普比"大体相当"我们迫切需要从以往对规模的过度关注中解脱出来，转向关注中职教育与普高教育在育人质量、社会地位、师资配备等方面的"大体相当"，从根本上保证职教人才培养既有量又有质，较好地满足社会需求，彻底扭转职业教育在人们心目中的弱势地位[3]。为此，我们应通过提升职业教育的

---

① 姜大源，石伟平，邬宪伟，等."中等职业教育发展问题"专家笔谈（一）[J].中国职业技术教育，2018（25）：5-15.
② 周俊."普职比大体相当"难落实，尴尬如何化解[N].中国教育报，2016-10-11（5）.
③ 王寿斌."普职比大体相当"不应限于"体量"对等[J].江苏教育，2019（20）：40-41.

内部质量，来吸引更多学生接受职业教育①。要提高职业教育的接受度，除了提高教育质量外，还需提高职业技术技能人才的待遇与社会地位，比如技能人才队伍建设上，《关于提高技术工人待遇的意见》等文件精神的全面和有效落地，切实增强职业教育的吸引力和认可度，还需要地方政府和众多职能部门的协同发力②。

要保持高中阶段教育的普职协调发展，普职融通是条重要的实现渠道。在国家制度层面而言，若想让普通教育和职业教育真正融通，首先是要提高社会对职业技能和职业教育的认可度，让全社会从根本上承认、接纳和尊重技术。这种接纳表现在制度层面，就是要建立国家资格框架，把职业资格和学历学位等同起来③。而课程体系建设是"普职融通"的载体，义务教育学科教育中要有效地体现与渗透职业预备教育，在中小学开设职业体验及综合劳动实践课程，通过职业启蒙教育提前让中小学生形成正确的职业认知、劳动观，提高对职业教育的接受度④。在中小学生中逐步形成正确的职业价值观，及时破除传统文化中"重道轻器"、"重学轻术"等轻视体力劳动和不利于职业教育的思想⑤。为此，我们应联合职业院校及社会职业体验中心等机构的便利条件与师资，定期开展适合中小学生职业生涯发展的各阶段职业启蒙教育，遵循人才培养规律，铺就学生的职业生涯发展之路。以此使职业教育与普通教育的比例与结构更加趋向合理化，更好服务于学生的发展⑥。

总之，要实现高中阶段教育普职协调发展与普职融通发展，我们应切实树立"三破三立"的观念，即破除鄙薄职业技术教育偏见，树立普教职教同等重要的观念；破除轻视职业技能的思想，树立尊重劳动、尊重技能的观念；破除狭隘的

① 徐国庆.是否还要提"普职比大体相当"[J].职教论坛，2017（21）：1.
② 吴一鸣.与其纠结"职普比"，不如集中精力办出高质量的职业教育[J].职业教育，2018（16）：71-72.
③ 吕丹.普职融通，让普通教育更普通：专访教育部职业技术教育中心研究所所长杨进[J].中国教师，2016（9）：23-26.
④ 金毅伟.普职融通是现代职业教育体系的重要维度[J].中国职业技术教育，2014（21）：72-76.
⑤ 朱新卓，陈俊一.我国中等教育阶段普职关系面临的问题与变革的方向：德国中等教育阶段普职关系对我国的启示[J].教育研究与实验，2013（4）：11-15.
⑥ 王坤，杨正文.对维持职普比例大体相当的学理性思考[J].职教论坛，2018（11）：29-32.

成才意识，树立行行出状元的观念[①]。只有做到"适合的教育"才是"最好的教育"，且"因材施教"的原则永远大于其他教育原则，让学生及家长意识到接受职业教育同样可以是人生出彩、成人成才的重要教育途径[②]。

① 张德江.全国人民代表大会常务委员会执法检查组关于检查《中华人民共和国职业教育法》实施情况的报告：2015 年 6 月 29 日在第十二届全国人民代表大会常务委员会第十五次会议上［EB/OL］.全国人民代表大会门户网站，（2015-06-29）.http：//www.npc.gov.cn/npc/xinwen/2015-06/29/content_1939891.htm.
② 姜大源，石伟平，邹宪伟，等."中等职业教育发展问题"专家笔谈（一）［J］.中国职业技术教育，2018（25）：5-15.

第三章

走进"三州"地区

第一节   "三州"地区基本概况

一、"三区三州"基本概况

"三州"地区是我国原集中连片深度贫困地区"三区三州"之一。"三区"地区即为西藏自治区全区、新疆南疆四地州、四省（云南、四川、甘肃、青海）藏区，"三州"地区即为云南省怒江傈僳族自治州、四川省凉山彝族自治州、甘肃省临夏回族自治州。

"三区三州"是中国脱贫攻坚史上创造的特有名词，是为解决深度贫困问题而提出的政策性概念。其作为国家层面的深度贫困地区，多为民族地区、革命老区、边疆地区，长期以来经济发展落后，致贫原因复杂，是决战脱贫攻坚最难啃的硬骨头。受区位特征、自然禀赋、发展基础等因素制约，"三区三州"贫困人口多、贫困发生率高、贫困程度深、脱贫成本高，成为全面打赢脱贫攻坚战的"贫中之贫、困中之困、难中之难、坚中之坚"①。从地理区位来看，"三区三州"大多基本是位于"胡焕庸线"左右及其西北侧为主体的高原山区（注：胡焕庸线，又称为"瑷

---

① 左停.西部欠发达地区乡村振兴的路径探索：耿新著《从深度贫困迈向乡村振兴："三区三州"样本》评介［J］.青海民族研究，2023（2）：2，229.

珲—腾冲线",我国著名人口地理学家胡焕庸先生(1901—1998)于1935年提出的划分我国人口密度的对比基准线)。这些地区现在自然人口分布密度偏低,气候环境多样且地质结构差异很大。自然生态供给不足导致粮食产量很低,生态环境可以供养的自然人口和牲畜数量极其有限[1]。

从空间分布来看,"三区三州"主要位于我国西北、西南一带最险峻和最高寒区域,是我国面积最大的深度贫困地区,以"老、少、边、山"为主[2]。"三区三州"在政治地理上呈现边缘性,基本都位于省际接合部或周边环境复杂的边境地区。四省涉藏州县位于四川、云南、西藏、甘肃和青海五省区的交界地区,临夏州位于黄河上游的甘青两省交界地区;怒江州位于滇藏的接合部,边境线长达449.5千米。西藏、怒江州、南疆四地州毗邻南亚和中亚十多个国家和地区,与周边国家在宗教习俗上相近,周边邻国间的冲突可能影响我国边境地区的稳定。此外,"三区三州"相毗邻的国家(地区)也是民族分裂主义、宗教极端主义和恐怖主义的密集地,一些民族宗教极端分子可能利用宗教进行渗透和分裂,影响国家安全,导致了特殊的顽固性贫困[3]。

"三区三州"是全国典型的深度贫困地区,少数民族占比高,贫困发生率高,当地民众普遍文化素质较低。"三区三州"共有212个县,其中199个为贫困县[4]。"三区三州"地区的总面积约312.85万平方公里,总人口数2531.23万人,是国家层面的深度贫困地区。其中,"三区"地区总面积约304.56万平方公里,截至2017年总人口数1780.69万人,"三州"地区总面积约8.3万平方公里,总人口数750.54万人[5];根据2020年第七次全国人口普查数据,"三区三州"常住人口为2676.45万人,较2010年第六次全国人口普查时的2418.20万人增加258.26万人,增长10.68%。占全国人口的比例由2010年的1.81%增加至

---

① 李钢.运用信息技术加强现代职业教育助力"三区三州"精准扶贫攻坚 [J].中国成人教育,2020(24):93-96.

② 耿新.从深度贫困迈向乡村振兴:"三区三州"样本 [M].北京:科学出版社,2022:42.

③ 耿新.从深度贫困迈向乡村振兴:"三区三州"样本 [M].北京:科学出版社,2022:43.

④ 国家深度贫困地区县名单(三区三州)[EB/OL]中国社会工作教育协会网站,(2018-11-13).http://caswe.pku.edu.cn/info/1036/1013.htm.

⑤ 注:参见教育部内部资料《关于落实整改中央扶贫专项巡视反馈意见"'三区三州'共有212个贫困县,129个县没有中等职业学校"的调研报告》(教育部职业教育与成人教育司,2019年3月)。

2020 年的 1.90%。其中"三区"地区人口 1936.67 万人，占"三区三州"地区总人口的 72.36%；"三州"地区人口 739.79 万人，占"三区三州"地区总人口的 27.64%[①]。

"三区三州"地区少数民族人口占比很高，少数民族人口占总人口的 75.88%，大部分少数民族群众有宗教信仰。截至 2020 年 5 月，"三区三州"中仍为贫困县的 21 个县中少数民族居民的占比较大，最低的越西县的少数民族占比为 79.2%，而大部分县的少数民族占比都接近 100%。在"三区三州"135 个深度贫困县中，平均少数民族占比为 85%，而在截至 2020 年 5 月 21 个仍未脱贫的县当中有 17 个县的少数民族占比超过平均值，即这 21 个县的少数民族占比比其他贫困县的少数民族人口的比重更高，人口结构更加复杂[②]。

"三区三州"地区贫困发生率高，截至 2016 年年底，"三区三州"贫困人口占全国贫困人口总量的 8.2%，贫困发生率约为 16.69%，相当于全国平均水平的 3.7 倍。如玉树州称多县 2016 年贫困发生率高达 30.2%，人口文化素质普遍不高，2016 年西藏贫困人口中文盲半文盲占比高达 40%[③]。截至 2015 年年底，怒江州福贡县的贫困发生率高达 34.8%，是"三区三州"中最高的，而怒江州的贫困发生率为 30.02%，也是全国最高的[④]。

从人均 GDP 来看，"三区三州"地区均属于所在省份的最不发达地区。2019 年"三区三州"人均 GDP 为 3.62 万元，同期全国人均 GDP 为 7.08 万元。从市州来看，2016 年"三区三州"的 25 个市州的人均 GDP 远低于全国平均水平，仅四分之一的市州人均 GDP 达到全国平均水平的一半，有将近 10 个市州的人均 GDP 不足 2 万元，如和田地区仅为 9000 元 / 人，不足全国平均水平的 20%。2019 年，怒江州人均 GDP 为 34686 元，还不到全国平均水平（7.08 万元）的一半；农村居民人均可支配收入为 7165 元，仅为云南省平均水平的 60.20% 和全国平均

① 耿新. 从深度贫困迈向乡村振兴："三区三州"样本［M］. 北京：科学出版社，2022：44-45.
② 郭思亮. "三区三州"深度贫困县教育统计分析［D］. 北京：中央民族大学，2021：60.
③ 黄康生：加大力度推进"三区三州"深度贫困地区脱贫攻坚［EB/OL］. 人民政协网，（2017-08-29）. http://www.rmzxb.com.cn/c/2017-08-29/1755433.shtml？n2m=1.
④ 耿新. 从深度贫困迈向乡村振兴："三区三州"样本［M］. 北京：科学出版社，2022：57.

水平的 44.72%①。

二、"三区三州"高中阶段教育情况概览

截至 2018 年,"三区三州"各级各类教育学校数(不含机构数)共有 1.74 万所,专任教师共有 38.6 万人,各级学历教育学生共有 670.9 万人。

高中阶段教育共有学校 445 所,其中普通高中 313 所、中等职业学校 132 所。高中阶段教育共招生 25.27 万人,其中普通高中 16.76 万人、中等职业教育 8.51 万人。中等职业教育招生占高中阶段教育招生的比例为 33.69%。

高中阶段教育在校生 73.51 万人,其中普通高中 52.11 万人、中等职业教育 21.4 万人。中等职业教育在校生占高中阶段教育在校生的比例为 29.11%。普通高中专任教师 4.14 万人,专任教师合格率为 96.78%;中等职业学校专任教师 1.08 万人,其中"双师型"教师比例(未含技工学校)为 21.89%,专任教师合格率(未含技工学校)为 87.06%;普通高中生师比为 12.58:1,中等职业学校生师比(未含技工学校)为 19.74:1;普通高中校均规模为 1665 人,中等职业学校校均规模为 1621 人。

普通高中生均校舍建筑面积为 22.05 平方米,生均教学及辅助用房面积为 8.32 平方米,生均教学仪器设备值为 3026.79 元,生均图书为 31.02 册。中等职业学校(未含技工学校)生均校舍建筑面积为 20.13 平方米,生均教学及辅助用房面积为 9.32 平方米,生均教学仪器设备值为 5887.91 元,生均图书为 14.06 册②。

"三区三州"基础教育的短板凸显于高中阶段,高中阶段硬件设备存在明显短板。与义务教育资源相比,尤其是生均教学设备明显偏低。如四川省内的"三区三州"区域的高中阶段生均仪器设备值为 3233.8 元,低于四川省内其他地区的 3792.1 元,也低于四川省平均的 3645.7 元;云南省怒江州的高中阶段生均仪器设备值仅仅为 920.4 元,远低于云南省内其他地区的 2081.8 元,也远低于云南省平均的 2054.7 元;甘肃省临夏州的高中阶段生均仪器设备值为 1807.6 元,低

---

① 耿新.从深度贫困迈向乡村振兴:"三区三州"样本[M].北京:科学出版社,2022:50–51.
② 注:参见教育部内部资料《三区三州教育情况概览2018年》之"三区三州整体教育及相关情况"(教育部发展规划司,2019年10月)。

于甘肃省内其他地区的 2386.3 元，也低于甘肃省平均的 2333.1 元。

"三区三州"的数据及调研结果显示当地存在高中教师资源匮乏的现实问题。首先"三区三州"地区高中大班额状况明显。以 2016 年甘肃、云南、四川三省的高中阶段生师比数据显示，四川省内的"三区三州"区域、云南省怒江州教师资源紧张，生师比明显高于平均水平，大班额状况明显，如四川省内的"三区三州"地区的高中阶段生师比为 26.7，四川省全省平均为 24.2，云南省怒江州的高中阶段生师比为 31.1，云南省全省平均为 21.5。特别是怒江州高中教育阶段教师资源明显不足，生师比严重高于全省平均水平。"三区三州"地区普遍存在县城办不起高中、办不好高中的现象，其根源就在于缺乏合格的师资。根据 2017 年国家教育检查督导组对西藏和新疆的督查，发现各受检县教师数量不足，尤其是音、体、美、英语、科学、信息技术等学科教师结构短缺问题普遍存在。师资问题在四川凉山州、云南怒江州也普遍存在。据课题组调研发现，在凉山州昭觉县等凉山州东部的五个县，高中教师严重匮乏[1]。

三、"三州"地区基本概览

（一）怒江傈僳族自治州简况

怒江傈僳族自治州是全国深度贫困地区"三区三州"之一，是我国唯一的傈僳族自治州，因纵贯境内 300 多公里、奔腾咆哮、一泻千里的怒江而得名，因特殊的自然地理环境、雄壮伟岸的高山峡谷、罕见富集的人文资源和风光旖旎的自然奇观闻名于世[2]。怒江傈僳族自治州位于云南省西北部，地处东经 98° 30′ —99° 39′、北纬 25° 33′ —28° 23′ 之间，北靠西藏自治区察隅县，东连迪庆藏族自治州、大理白族自治州、丽江市，南连保山市，西与缅甸接壤，国境线长 449.467 公里。南北最大纵距 320.4 公里，东西最大横距 153 公里，总面积 14703 平方公里。全州除兰坪县的通甸、金顶有较为开阔的山间槽地和独龙江、怒江、澜沧江河谷一些冲积扇、冲积滩外，多为高山陡坡地，可耕地面积少，垦

---

[1] 潘昆峰，李宛豫，陈慧娟.易地教育扶贫：破解"三区三州"深度贫困的非常之策［J］.中国人民大学教育学刊，2018（3）：5-16.

[2] 宋媛，宋林武.决不让一个兄弟民族掉队：图说怒江扶贫与跨越 50 年［M］.昆明：云南人民出版社，2018：1.

殖系数不足 4%，耕地呈垂直分布，可耕面积中高山地占 28.91%，山区半山区占 63.47%，河谷地占 7.62%，76.6% 的耕地坡度均在 25 度以上。由于处于印度板块和欧亚板块接合部，加之受新构造运动、第四纪冰川和河流深切等多重影响，造就了境内绵延千里的担当力卡山、高黎贡山、碧罗雪山、云岭与由北向南奔腾倾泻的独龙江、怒江、澜沧江相间纵列、闻名于世的高山峡谷地貌景观[①]。海拔 4000 多米的山峰约 30 座，沿江多为悬崖绝壁，荆棘密布，江中险滩横流。"看天一条缝、看地一道沟，出门靠溜索、种地像攀岩"是这里的真实写照[②]。

怒江州不同于内地的一般地区，这一地区紧邻缅甸，山高谷深，民族杂居，人户分散，多种宗教并存。新中国成立前，当地除泸水县南部的汉、白、彝族地区为土司封建领主制以外，其他各地基本上还处于原始社会末期的社会发展阶段，经济文化十分贫困落后。新中国成立前这个地区除了国民党统治势力外，还受外国传教士 30 多年的传教活动影响，造成了很深的民族隔阂，民族和社会情况复杂[③]。云南沿边居住的少数民族地区，在 20 世纪前期大多处于土司的管辖之下，但也有既不受流官管辖，也不受土司节制的"化外之地"。19 世纪末 20 世纪初，怒江峡谷中游的大部分村寨，就是不受流官和土司管辖的"化外之地"。因此，也可以说此时的怒江峡谷中游傈僳族社会实际上是一个名副其实的"化外之地"，这一地域及建立于其上的社会类型在 1949 年以后又被称为"氏族残余""原始生产关系残余"与"原始社会残余"等[④]。

怒江州是一个集边疆、民族、山区、贫困为一体的民族自治州，是云南省省情的集中体现，是全国边疆民族地区贫困问题最突出的缩影。地处滇缅、滇印、滇藏接合部，国境线长达 450 公里。下辖泸水市、福贡县、贡山独龙族怒族自治县和兰坪白族普米族自治县，共四县市 29 个乡镇 260 个村办事处。基督教、天主教、藏传佛教、原始自然宗教"四教"并存，信教群众占总人口的 20% 以上。全州

---

① 李道生．怒江史话［M］．昆明：云南人民出版社，2017：1–3.
② 宋媛，宋林武．决不让一个兄弟民族掉队：图说怒江扶贫与跨越 50 年［M］．昆明：云南人民出版社，2018：2.
③ 李道生．怒江史话［M］．昆明：云南人民出版社，2017：185.
④ 卢成仁．"道中生活"：怒江傈僳人的日常生活与信仰研究［M］．北京：人民出版社，2014：11–12.

四县市都是国家扶贫开发重点县和滇西边境山区集中连片贫困地区片区县，72%的乡镇是贫困乡镇，70%的行政村是扶贫开发重点村[①]。全州总人口53万多人，少数民族人口占全州总人口的92.19%，其中傈僳族占51.01%、白族占28.1%、怒族占5.65%、普米族占2.97%、独龙族占1.15%。境内还分布着汉族、彝族、纳西族、藏族、傣族、景颇族等，共22个民族[②]。怒江州成立以前，各地分属相邻政区建置，建置时间不统一。兰坪始于西汉建县；泸水则在明末清初才推行土司制；碧江、福贡、贡山等地，到了民国方正式设治。1954年成立怒江傈僳族自治区，1957年改为怒江傈僳族自治州[③]。

新中国成立前的怒江被称为"蛮荒之地""瘴疠之乡""野人山"等等，没有一公里公路，仅有600公里人马驿道，主要是连接兰坪县啦井—剑川—云龙以及云龙—泸水六库、六库—保山、维西—贡山—西藏察瓦龙等地。全州境内绝大多数地区还是"只有鸟路鼠道，以百接天梯、独木栈道、竹篾溜索、猪槽独木舟为交通工具的荒僻之地"。怒江地区山水阻隔，道路崎岖，常需攀藤附葛，翻越绝险，尤其是处于雪山深谷的独龙江地区，交通非常艰难[④]。2020年以前，怒江仍是云南省唯一无高速公路、无机场、无铁路、无航运、无管道运输的"五无"地州，对内对外互联互通的道路等级低，80%为四级和等外路，270个建制村通畅率为88%，2236个自然村公路通达率仅为35%、通畅率仅为8%，农村交通建设任务依然非常重。商贸物流基础设施不配套，物流成本居高不下。水利基础设施建设滞后，全州没有一项重大水利设施，水利化程度低于全省20个百分点。交通、水利、能源、城镇、通信等基础设施依然是制约全州经济社会发展的主要瓶颈[⑤]。

"十二五"以来，全州经济社会保持了较好的发展势头，但是与全省和其他州市相比还有较大的差距，各项主要经济指标在全省的比重没有一项超过1%，

① 怒江州人民政府办公室关于印发怒江州教育事业发展"十三五"规划的通知［EB/OL］. 怒江傈僳族自治州人民政府门户网站，（2018-01-09）.https://www.nujiang.gov.cn/xxgk/015279139/info/2018-154704.html.
② 李道生.怒江史话［M］.昆明：云南人民出版社，2017：30.
③④ 宋媛，宋林武.决不让一个兄弟民族掉队：图说怒江扶贫与跨越50年［M］.昆明：云南人民出版社，2018：1，20-21.
⑤ 李道生.怒江史话［M］.昆明：云南人民出版社，2017：203-204.

绝对量处于全省末位。人均生产总值为全省的 68%，人均地方公共财政一般预算收入为全省的 48%，人均固定资产投资为全省的 79%，人均社会消费品零售总额为全省的 50%，农村常住居民人均可支配收入为全省的 71%。全州 29 个乡镇中有 21 个列入贫困乡（镇），占乡镇总数的 72%；255 个行政村中有 181 个被列为贫困村，占行政村总数的 70%。全州农村常住居民人均可支配收入仅为云南省的一半，全国的三分之一，贫困人口 14.93 万人，贫困发生率为 33.1%，居云南省之首。白族支系那马人、勒墨人及景颇族支系茶山人整体处于深度贫困状态。住房差、饮水难、就学难、就医难的情况普遍存在，因灾、因病、因学返贫现象突出。脱贫前还有 524 个深度贫困自然村，5.89 万深度贫困人口，有 4 万农户 18 万人需要实施易地搬迁，扶贫成本高、脱贫难度大[①]。

傈僳族是怒江州的主体民族，也是一个历史悠久、淳朴善良、英勇无畏的民族。"傈僳"既有"刀耕火种获取五谷"的含义，也有"为正义和真理而奋斗"之意。傈僳族源于远古时代的氐羌部落，经过历史上几次大迁徙，进入怒江澜沧江峡谷和怒江峡谷已有 300 多年，逐渐发展成为怒江州人口最多、分布最广的民族，并形成了小聚居、大分散的特点[②]。怒江傈僳族信仰基督教的比例很高，怒江大峡谷又被称为"福音谷"就是对怒江傈僳族信教状况的最好诠释，如福贡县信仰基督教的人口比例达到 70.7%。西方传教士先期派遣到福贡的传教士全是傈僳族，传教士还利用傈僳语和傈僳文在傈僳族、怒族地区传播基督教[③]。从宗教角度看，怒江各民族信奉多神，"万物有灵"的原始宗教为州内各民族的信仰主流，本祖崇拜占主导地位。但藏传佛教落脚怒江北部的丙中洛，融儒家思想的佛教、道教从东南方向进入怒江，上座部佛教有北上怒江之势，天主教进入贡山怒族、藏族地区，基督教由内地传入澜沧江傈僳族聚居区为先导，迅速在傈僳族、怒族、独龙族聚居的怒江河谷和独龙江流域传播开来，对傈僳族、怒族、独龙族等世居民族的原始宗教信仰形成了变革式的冲击。从这一角度讲，怒江既是一个多宗教多

---

① 李道生.怒江史话［M］.昆明：云南人民出版社，2017：202–203.
② 宋媛，宋林武.决不让一个兄弟民族掉队：图说怒江扶贫与跨越 50 年［M］.昆明：云南人民出版社，2018：12.
③ 陈业强.怒江傈僳族妇女跨省婚姻迁移研究［M］.北京：中国社会科学出版社，2015：158–159.

信仰的接合部，又是多种宗教势力的缓冲区。怒江在这一特定的地理环境、人文背景、社会关系和宗教势力的影响下，积淀起来的民族文化具有了文化的多元性和丰富性[1]。

（二）凉山彝族自治州简况

凉山彝族自治州位于四川省西南部，地处青藏高原、云贵高原与四川盆地三地交接处的大西南横断山脉地区，北起大渡河，南临金沙江，面积6.04万平方公里，下辖17个县（市），分别是西昌市、盐源县、德昌县、会理县、会东县、宁南县、普格县、布拖县、金阳县、昭觉县、喜德县、冕宁县、越西县、甘洛县、美姑县、雷波县、木里藏族自治县，总人口512万，其中彝族占51.7%，是全国最大的彝族聚居区和四川民族类别、少数民族人口最多的地区。凉山彝区，地形地貌以山地为主，约占总面积70%以上，山原次之，丘陵、平坝、盆地共占5%—6%。山地和山原均被河谷分割为条状，金沙江、雅砻江、大渡河等水系深嵌在山地和山原之中，相对高度大多在1000—2500米以上。一方面境内高山耸立，峡谷纵深，四周群山环绕，另一方面既处在古代滇越文化中心的边缘，又处在巴蜀文化中心的边缘，既是汉文化西进的边远地带，又是藏文化东进的边远地带，构成了一个区域性相对封闭的自然地理整体[2]。

凉山又可分作大凉山与小凉山两个区域，二者以大凉山山脉南北走向的山脊为界（这条山脊的最高峰，大道由之通过的地点，称为黄茅埂）。四川境内部分，即山脊或黄茅埂以东，称为"小凉山"区域，山脊或黄茅埂以西，为以前的西康省境，则称为"大凉山"区域[3]。就地势而言，大凉山地区海拔较高，但山势舒缓，多绵延起伏的山峦，河谷两岸多有一些面积不大的坝子。如昭觉坝、布拖坝、越西坝、新市坝、普格坝等等。小凉山地区海拔高度虽不及大凉山地区，但群峰耸峙，山势陡峭险峻，河谷幽深，其山脚与山巅的相对高度比大凉山地区高，故有"大凉山，山不大；小凉山，山不小"之说。大小凉山平均海拔在2000—2500米之间[4]。

凉山彝区主要地形地貌特征是"山高石头多，出门就爬坡"，山地和山原

① 普利颜.怒江文化记忆［M］.北京：民族出版社，2017：11.
② 尚培霖，胡澜.凉山彝区农村社会问题研究［M］.成都：四川大学出版社，2017：1-2.
③ 曾昭抡.大凉山夷区考察记［M］.北京：中国青年出版社，2012：63-64.
④《凉山彝族自治州概况》编写组.四川凉山彝族自治州概况［M］.北京：民族出版社，2009：2.

占全州总面积的 90% 以上 ①。大凉山地区海拔高而山势舒缓，其河谷一般海拔一千二三百米到两千三四百米，在布拖、昭觉、甘洛等县境内有些冲积小平坝；小凉山地区海拔低，但山势陡峻，其河谷一般海拔只有六百米到一千三四百米，只有极少数地区有更小面积的平坝。全州最高海拔的龙头山则达 4000 米以上。全州除高山地带外，气候不太寒冷，年平均温度为 11℃。大凉山地区的年平均温度略低，且气温变化大，最高达 36℃，最低为 -14℃；年降雨量为 1000 毫米以上，但集中在 6、7、8 三个月。小凉山地区的年平均温度较高，气温变化较小，最高为 36℃，最低为 -7℃；年降雨量为 900 毫米，但不如大凉山的集中。由于平坝面积很小（估计平坝只占全州耕地总面积的 5% 以下），耕地一般分布在中山地区的坡地上，这些坡地的坡度比大凉山大。如雷波县的马颈子区，一般耕地的坡度达 30 度，个别达 50 度。同时，由于缺乏水利设施，更多只靠雨水灌溉，全州的河流并未利用作水利工作 ②。

彝族先民选择这样的聚居地，因素复杂，其中一个重要原因是为了屏蔽外界干扰欺压。在历史上，彝族作为一个比较弱小、发展相对滞后的民族，为寻求安全、稳定、适宜的民族生存条件，先民们选择了这种具有天然隔绝性的自然环境，凭借高山、河流、密林等自然障碍，避开了外界对自身生存和发展的侵扰。"你有千军万马，我有深山老林。"这句彝族先民针对中央王朝的谚语，便是他们内心的表白。一个由于封闭式发展而缺乏外部交往的族群和社会，其内部分工协作必然是极其低下和滞缓的，因而在极大程度上限制了内部交往的发展，造成内部动力因素的呆滞和缺乏振荡的活跃性，导致了长期的落后和贫穷 ③。

彝族是具有悠久历史、人口众多且分布较广的少数民族之一，居全国各少数民族人口第五位。凉山彝族自称"诺苏"。20 世纪 50 年代初，党和政府根据广大彝族人民的意愿，以鼎彝之"彝"作为统一的民族名称。凉山彝族民间普遍传说，凉山彝族的直系祖先，为古侯、曲涅两个原始部落，居住在兹兹浦武，即今天的云南昭通一带。凉山彝族的直系祖先古侯、曲涅进入凉山约在东晋康帝时，

---

① 尚培霖，胡澜 . 凉山彝区农村社会问题研究［M］. 成都：四川大学出版社，2017：15.
②《中国少数民族社会历史调查资料丛刊》修订编辑委员会 . 四川省凉山彝族社会历史调查：综合报告［M］. 北京：民族出版社，2009：1.
③ 尚培霖，胡澜 . 凉山彝区农村社会问题研究［M］. 成都：四川大学出版社，2017：4.

距今大约有 1600 多年，或许更长，有人则认为距今有 2000 年左右①。新中国成立前，凉山各地基本上存在着四个等级，即：黑彝（彝语称"诺"，包括土司、土目）、曲诺、阿加和呷西。如在雷波地区，黑彝（包括土目）的户数占比在 4.25%—14.84% 之间，一般是 10% 左右，人数的比重要更低一些，在各地总人口中的比重很小。曲诺的人户比重一般约占 40%—50%，曲诺在凉山大部分地区都是人户众多的等级。阿加的人户除个别地区，一般比曲诺为少，也占到 20%—40%，在布拖有少部分其地位已经和曲诺相近。呷西的人数大致在 10% 左右，凉山解放之初及民改中解放出来的部分呷西转回汉区，也有部分转入凉山他处和命运相同的家人团聚，因而不少是没能统计进去的②。黑彝和曲诺都自认为是真正的"纯粹"的彝人。关于他们的来历有着多种传说，但是可以征信的却不多，有待进一步作历史调查研究。阿加，全称当是"瓦土阿加"，意思是在主子门前门后居住的娃子。呷西，全称是"呷西呷洛"，意为在主子锅庄前后转的人。构成这一等级的基本上是掠来的或转买来的当地汉人、主子抽来的阿加子女、曲诺或其他等级下降的彝人③。

大凉山彝区是从奴隶社会"一步跨千年"进入社会主义社会的"直过区"，社会发育程度较低，贫困劳动力文化程度低、综合素质较差，群众受教育平均年限不足 6 年，农村青壮年中还有相当一部分人不懂汉语。据统计，小学文化程度的人口占农村总人口的 19%，初中仅占 6.5%，高中仅占 1.5%。群众就业能力弱、创业意识差，因循守旧、贫困代际传递现象依然存在。受自然、历史、社会等诸多因素制约，全州集中连片贫困地区达 4.16 万平方公里，占全州总面积的 68.9%。有 11 个国家扶贫开发工作重点县，占全州县域的 64.7%、全省扶贫开发工作重点县的 30.6%。其中，木里县为藏族自治县，属高原藏区，其余 10 个县即美姑、昭觉、布拖、金阳、雷波、喜德、越西、甘洛、普格、盐源为彝族聚居县。

---

① 《凉山彝族自治州概况》编写组. 四川凉山彝族自治州概况［M］. 北京：民族出版社，2009：13-14.
② 《中国少数民族社会历史调查资料丛刊》修订编辑委员会. 四川省凉山彝族社会历史调查：综合报告［M］. 北京：民族出版社，2009：17-19.
③ 《中国少数民族社会历史调查资料丛刊》修订编辑委员会. 四川省凉山彝族社会历史调查：综合报告［M］. 北京：民族出版社，2009：19-20.

2015 年年底尚有 2072 个贫困村,占全州行政村总数的 55.33%。按每年农民人均纯收入不低于 2736 元贫困标准划线,尚有贫困人口 50.6 万,是全省贫困人口最多地区;贫困发生率高于全省 3.1 个百分点,因病因灾致贫、返贫问题较为严重,常年返贫率在 25% 以上。贫困人口年均纯收入只有 1500 元左右。在居住条件上,不少高山彝民仍然住的是木板房、石板房、茅草房,十分简陋、矮小。不开窗户,不配院坝、厕所和畜圈,人畜混居,卫生条件极差。在生活起居上,由于居住分散、贫穷底薄、生活粗放、缺水或用水不便,彝民普遍不注重卫生洗漱。饮食起居都以"三锅庄"为中心,日为炊饮之所,夜为卧歇之地;食物以洋芋坨坨、苦荞粑粑、苞谷面面为主食,遇上节庆或婚丧嫁娶则宰牛杀猪暴食一顿。不少家庭仍然是家徒四壁、一贫如洗,处于极度贫困状态。多数群众处于不稳定、低层次的"酸菜土豆型"温饱状态 [①]。

凉山州贫困面大、贫困人口多、贫困程度深;劳动力综合素质低、自我发展能力弱;基础设施薄弱、生产方式落后、群众增收困难;文教卫生发展滞后,基本公共服务亟待完善;毒品、艾滋病与贫困问题交织,严重影响经济社会发展;发展不足、发展水平不高、区域发展不平衡。而受特殊的地理位置及贫困等诸多因素影响,凉山成为"金三角"等境外毒品进入内地的重要通道,深受毒品、艾滋病危害,是全国毒品和艾滋病重灾区,毒品、艾滋病已成为危害群众身体健康、阻碍群众脱贫致富、影响社会和谐稳定的重大社会问题,甚至对彝族的生存和发展构成了越来越严重的威胁 [②]。

（三）临夏回族自治州简况

临夏回族自治州于 1956 年成立 [③],位于黄河上游,甘肃省中部西南面。地处北纬 34°54′—36°12′、东经 102°41′—103°40′ 之间。东临洮河与定西市相望,西倚巍峨的积石山与青海省毗连,南靠险峻的太子山与甘南藏族自治州为邻,北濒黄河、湟水与甘肃省会兰州市接壤。自治州处于青藏高原与黄土高原的过渡地带,东西宽 136 公里,南北长 183.6 公里,总面积 8169 平方公里,下辖 8 个县

---

①②尚培霖,胡澜.凉山彝区农村社会问题研究［M］.成都:四川大学出版社,2017:14-17.
③《临夏回族自治州概况》编写组.临夏回族自治州概况［M］.北京:民族出版社,2008:
　78.

（市），分别是临夏市、临夏县、永靖县、广河县、和政县、康乐县、东乡族自治县、积石山保安族东乡族撒拉族自治县。地势西南部高、东北部低，由西南向东北递减，呈倾斜盆地状态。属高原浅山丘陵区，平均海拔高度 2000 米。境内较大山岭 163 座，大、中沟壑 8150 条，大川 14 道，大塬 15 处[①]。从兰州向西行 150 公里，就进入被称为"河湟雄镇"的临夏回族自治州境内。太子山峙于西，洮河水环于东，黄河、夏水穿境而过，山川交错，人口众多，道路通畅，田陌相连。8000 平方公里的土地上生活着近 200 万人，其中回族有三分之一[②]。全州总面积为 8169 平方公里，其中农用地面积 1001.47 万亩、建设用地 58.29 万亩、未利用土地面积 165.59 万亩。在耕地面积中，水浇地 66.05 万亩，旱地 281.44 万亩。按自然条件的不同，全州耕地可分为川塬、山阴、干旱三类地区。川塬地区有耕地 60 多万亩，土地平坦，灌溉便利；山阴地区有耕地近 70 万亩，雨量充沛，土地肥沃；干旱地区有耕地 90 多万亩，缺水干旱，保水力弱，但随着水利设施的建设，对发展农业生产具有较大的潜在优势[③]。自治州内河流纵横，由西向东，由南向北，横贯全境。除黄河外，有洮河、大夏河、湟水、牛津河、广通河、三岔河、冶木河等 30 多条河流。自治区属内陆温带性气候，雨量充沛，气候温和，但分布不均匀，冬无严寒，夏无酷暑。四季分明，气候宜人。年平均气温为 7.7℃，最高气温 32.3℃，最低气温 –22.3℃，平均最高气温 13.2℃，平均最低气温 1.3℃。降水量 515.5 毫米，最多降水量 934.1 毫米，年蒸发量 1332.2 毫米[④]。

临夏回族自治州，地处中国地理中心，大夏河与黄河之滨，地处青藏高原与黄土高原的过渡地带，是中原农区与西部牧区的接合部。临夏历史悠久，1.5 万年以前就有人类繁衍生息。历史上曾设立过州、郡、县、路、府、司、卫等建制。上古时期，相传大禹导河治水始自临夏积石。春秋时期，这里为羌、戎之地。战国末属古雍州之城。秦汉时置枹罕县，属陇西郡。早在秦汉时期设县置州，古称枹罕，后改河州、导河。汉献帝建安十九年（214），曹操遣夏侯渊讨平，屠枹罕城。西晋初属秦州陇西郡。十六国时期，相继为前赵、前凉、后赵、前秦、后秦、西

---

①③④《临夏回族自治州概况》编写组.临夏回族自治州概况［M］.北京：民族出版社，2008：1，3，1–2.

②马志勇.临夏史话［M］.兰州：甘肃文化出版社，2007：99.

秦、后凉、南凉诸割据政权辖地。曾是古丝绸之路南道要冲、唐蕃古道重镇、茶马互市中心，素有西部"旱码头"的美誉，是黄河流域文明的发祥地之一①。

历史上，临夏是个多民族聚居的地方，古代就有羌、戎、匈奴、鲜卑、吐谷浑、吐蕃等民族，现在有汉、回、东乡、保安、撒拉等民族。宗教上伊斯兰教、佛教、道教、基督教并存。历史上这里是一个多元文化荟萃之地，是中原地区与边远少数民族地区的过渡地带，是黄土高原与青藏高原的接壤之地，以及农业文化与草原文化的交汇之地。在漫长的历史过程中，各民族互相交融、互相磨合，互相学习、取长补短，共同创造了灿烂的中华文明。在临夏，信仰伊斯兰教的回族、东乡族、保安族、撒拉族占总人口的56%，统称为穆斯林。民间称临夏为"中国的小麦加"，具有浓郁的民族特点和色彩斑斓的民族风情，形成了鲜明的穆斯林特点，信教群众集中，清真寺星罗棋布，虔诚的信仰成为穆斯林的精神支柱②。

临夏回族以善于经商、巧于工艺、长于饮食服务业而著称。常言道："回回手中两把刀，一把切羊肉，一把切年糕。"在长期的生产生活中，回族人民形成了能适应各种艰苦生活环境、吃苦耐劳、精明务实、勤于创业的民族秉性③。穆斯林民族善于经商的特点，形成了穆斯林民族生产经营活动特长。明清以后，穆斯林的脚户、商贩、店铺、摊点十分活跃。新中国成立后，尤其是在改革开放中，临夏穆斯林走南闯北，长短途贩运，上北京、下云南，进西藏、出新疆，在改革开放的大潮中，率先冲出中国多少年来自然经济中"重农轻商"观念的羁绊，充当了商品经济的先锋，担当了商品交换这一历史使命，为本地的经济发展起了重要作用④。

经商是临夏州各族穆斯林在经济生活的历史长河中很重要的一环，这与临夏处于黄土高原向青藏高原过渡带，干旱阴湿、人多地少有关。此外，伊斯兰教提倡穆斯林经商做买卖。加之，青藏高原上的藏族不善于从事商业活动，藏族一向在青藏高原上经营畜牧业。在唐朝时曾扩张到平原地区，但是很少能适应海拔低地区生活，久住不下来。汉族自古以农为本，擅长精耕细作，尽管有些汉人上了高原而且生存下来，但为数不多，更谈不上大规模移民。这条陇西走廊可以说是

①②③④马志勇.临夏史话［M］.兰州：甘肃文化出版社，2007：1，111，99，112-113.

汉、藏两族的分界，也是农、牧两大经济区的桥梁。藏族牧民历史上很少有商品意识，汉族人又大多不习惯上青藏高原去活动。而两者之间的商品流通，是由生长在陇西走廊里的回族来完成的。因此，临夏穆斯林从事往藏区商贸活动就不足为奇了。早在明朝洪武年间，穆斯林集聚的河州就是茶马互市的中心地带，是西北地区茶叶的交易中心，有些穆斯林家庭还成为茶马交易的世家。除茶马交易外，临夏的粮食和牲畜类交易也很发达。费孝通先生曾指出，临夏地处青藏高原与黄土高原之间的陇西走廊上，经济角度上介于青藏高原与内地农区之间，在古丝绸之路的交叉点上。从民族方面看正处在藏、汉两大民族之间，而两者之间的商品流通，是由生长在陇西走廊里的回族来完成的。费孝通先生指出："他们（临夏回族）上两藏，下江南，钻帐房，足迹遍及大江南北，7天一趟广州，10天一趟拉萨已成为常事了。他们中的许多人终年活跃在青藏高原，把各种工业品送到牧民手中，又从一座座帐篷中收购农牧产品运往临夏市场，形成了收购、运输、销售一条龙的流通体系，正在西部少数民族中开辟着一条新的'丝绸之路'①。"

第二节 "三州"地区教育基本概况

一、"三州"地区学前及义务教育基本概况

（一）怒江州学前及义务教育简况

截至 2020 年年底，怒江州全州共办有各级各类学校 587 所。其中，幼儿园 387 所（含民办幼儿园 6 所），小学 163 所（含教学点 86 个），初级中学 18 所（不含九年一贯制学校），九年一贯制学校 4 所。全州幼儿园在园儿童 23665 人，学前教育专任教师 805 人，学前教育三年毛入园率 89.96%。全州义务教育阶段学校 185 所，九年义务教育巩固率 92.76%。全州小学校（教学点）在校学生 53239人，全州小学专任教师 3495 人，小学生师比 15.23∶1。全州共办有初级中学 22所（含九年一贯制学校），在校生 21847 人，全州初中专任教师 1809 人，生师

---

① 李占魁.临夏回族自治州特色经济研究：寒旱地区经济发展探索［M］.北京：民族出版社，2016：138-141.

比 12.08∶1[①]。

（二）凉山州学前及义务教育简况

截至 2020 年年末，凉山州全州"一村一幼"发展到 2894 个，在读幼儿达到 12.57 万人，村级幼教点辅导员 8322 名。凉山州共有各级各类学校 914 所，在校学生 98.4 万人，其中少数民族学生 73.0 万人。学校专任教师 5.75 万人，比上年增加 0.94 万人。年末共有小学学校 741 所，招生 10.22 万人，在校学生 62.39 万人；初中 133 所，招生 9.00 万人，在校学生 25.59 万人。学龄儿童入学率 99.72%，其中少数民族学龄儿童入学率 99.78%[②]。义务教育巩固率从 2015 年 60.40% 上升至 2020 年的 82.85%[③]。

（三）临夏州学前及义务教育简况

截至 2020 年年底，临夏州全州各级各类学校达到 2538 所，在校生达 49.21 万人，教职工达 32281 人，学前三年毛入园率达到 95.42%，九年义务教育巩固率达到 97.92%[④]。据临夏州教育局提供的《临夏州 2019—2020 学年全州教育基本情况》显示：截至 2019 年，全州人均受教育年限 8.3 年，全州共有各级各类学校 2403 所。其中，幼儿园 1167 所，小学 1121 所（其中教学点 331 所），九年一贯制学校 19 所，初级中学 64 所，完全中学 7 所。各级各类在校生 460590 人，其中在园幼儿 111335 人、义务教育阶段学生 304240 人（小学生 227261 人、初中生 76979 人）。全州有教职工 30639 人，其中幼儿园 5304 人、小学 14183 人、中学 10018 人。其中专任教师 27582 人，其中幼儿园 3816 人、小学 13805 人、中学 9076 人（初中 5972 人、普通高中 3104 人），专任教师学历合格率：小学

---

① 怒江州 2020/2021 学年初全州教育事业发展统计公报［EB/OL］.怒江傈僳族自治州人民政府门户网站，（2021-05-25）.https://www.nujiang.gov.cn/xxgk/015279331/info/2021-163646. html.

② 凉山州 2020 年国民经济和社会发展统计公报［EB/OL］.凉山彝族自治州统计局官网，（2021-05-06）.http://tjj.lsz.gov.cn/sjfb/lstjgb/202105/t20210506_1899812.html.

③ 蝶变的教育力量：凉山推进教育高质量跨越发展纪实［EB/OL］.凉山彝族自治州人民政府门户网站，（2022-11-04）.http://www.lsz.gov.cn/xxgk/zdlyxxgk/jy/202211/t20221104_2360839. html.

④ 临夏州振兴教育事业新闻发布会实录［EB/OL］网易网，（2021-04-14）.https://www.163. com/dy/article/G7I6KEJS0534697A.html.

100%、初中 99.73%[①]。

二、"三州"地区高中阶段教育基本概况

（一）怒江州高中阶段教育简况

截至 2020 年年底，怒江州高中阶段教育毛入学率为 84.06%，比上年提高 10.71 个百分点，增加幅度非常大，其中每万人口高中阶段在校学生 238 人。怒江州全州共有高完中 9 所（民办 2 所）。招生 4703 人，在校学生 11861 人。普通高中专任教师 953 人，专任教师学历合格率 98.53%，生师比 12.45：1。全州共办有中等职业技术学校 1 所、职业高中 2 所。中等职业技术学校在校学生 2537 人，教职工 266 人，专任教师 227 人，专任教师学历合格率 89.87%，生师比 6.01：1[②]。

（二）凉山州高中阶段教育简况

截至 2020 年年末，全州共有普通高中 40 所，招生 2.56 万人，在校学生 7.32 万人。中等专业和技术职业学校 5 所，在校学生 8903 人；职业高中 11 所，在校学生 2.21 万人；中等职业教育在校生占高中阶段教育总在校生的 29.75%[③]。大力实施彝（藏）区 9+3 免费职业教育计划，全州累计招收彝（藏区）学生 3.2 万名到省内 30 余所中职学校就读，实现所有初中毕业生"应读尽读、应招尽招"；大力落实中职学生就业优惠政策，就业率达 97%，努力实现"就业一人、脱贫一户"目标[④]。据调研回收的数据显示，全州截至 2020 年，高中阶段教育毛入学率为 84.12%，毛入学率比 2019 年提升了 7.91 个百分点，提升幅度非常大。

---

① 注：参见临夏州教育局内部资料《临夏州 2019—2020 学年全州教育基本情况》（临夏州教育局，2020 年 8 月）。

② 怒江州 2020/2021 学年初全州教育事业发展统计公报［EB/OL］.怒江傈僳族自治州人民政府门户网站，（2021-05-25）.https：//www.nujiang.gov.cn/xxgk/015279331/info/2021-163646.html.

③ 凉山州 2020 年国民经济和社会发展统计公报［EB/OL］.凉山彝族自治州统计局官网，（2021-05-06）.http：//tjj.lsz.gov.cn/sjfb/lstjgb/202105/t20210506_1899812.html.

④ 凉山州人民政府关于履行教育职责自评情况的报告（凉府函〔2021〕147 号）［EB/OL］.凉山彝族自治州人民政府门户网站，（2021-10-15）.http：//www.lsz.gov.cn/xxgk/zcwj/zzffw/202110/t20211015_2049089.html.

（三）临夏州高中阶段教育简况

截至 2020 年年底，临夏州高中阶段毛入学率达到 81.24%[1]。据临夏州教育局提供的《临夏州 2019—2020 学年全州教育基本情况》显示：截至 2019 年，全州有完全中学 7 所、高级中学 13 所、中等职业学校 9 所。高中阶段在校学生40716 人（普通高中学生 35533 人、中职生 5183 人），高职学生 4089 人。其中普通高中寄宿学校 13 所、完全中学 7 所、中等职业学校 6 所，寄宿普通高中学生 22049 人、中职生 4362 人。高中阶段少数民族学生中普通高中学生 17859人，占普通高中学生总数的 50.26%；少数民族中职生 2804 人，占中职生总数的54.09%。普通高中专任教师 3104 人，中职专任教师 601 人[2]。据调研回收的数据显示，全州截至 2020 年，高中阶段教育毛入学率为 81.24%，毛入学率比 2019年提升了 0.38 个百分点。

第三节 "三州"地区在经济与教育上与全国的差距

一、"三州"地区经济发展简况

截至 2020 年年底，怒江州完成地区生产总值 210.73 亿元，增长 7.1%，增幅居全省第二位；固定资产投资 204.64 亿元，增长 11%；地方财政一般公共预算收入 15.08 亿元，增长 15.3%，增幅居全省第一位；社会消费品零售总额 36.62 亿元，下降 14.4%；城镇常住居民人均可支配收入 27506 元，增长 3.2%；农村常住居民人均可支配收入 7810 元，增长 9.0%，增幅居全省第一位。2016—2020 年的 5 年间，区域性贫困问题基本解决，26.96 万贫困人口全部脱贫，249 个贫困村全部退出，4 个贫困县市全部摘帽，啃下了"贫中之贫、艰中之艰"的"硬骨头"，创造了全国脱贫攻坚的怒江模式。千百年来压在怒江各族人民头上的贫困大山被彻底挖

---

[1] 临夏州振兴教育事业新闻发布会实录［EB/OL］网易网，（2021-04-14）.https：//www.163.com/dy/article/G7I6KEJS0534697A.html.
[2] 注：参见临夏州教育局内部资料《临夏州 2019—2020 学年全州教育基本情况》（临夏州教育局，2020 年 8 月）。

掉，历史性消除了绝对贫困，创造了人类减贫史上"一步跨千年"的怒江奇迹①。

截至 2020 年年底，凉山州实现地区生产总值 1733.15 亿元，增长 3.9%，增幅分别比全国、全省高 1.6 个和 0.1 个百分点。一般公共预算收入 160.3 亿元，同口径增长 7.5%，自然增长 4.4%，总量全省第四；一般公共预算支出 707.8 亿元，规模全省第二。城乡居民人均可支配收入分别达 34636 元、15232 元，增长 4.8%、9.5%，其中农村居民人均可支配收入增速全省第一。历经 5 年艰苦奋斗，凉山贫困面貌发生历史性巨变。解决绝对贫困和区域性整体贫困问题取得历史性成就，累计减贫 105.2 万人，11 个贫困县全部摘帽，2072 个贫困村全部出列，完成 35 万余人易地扶贫搬迁工程，100 万余人住进安全新居，"一步跨千年"的凉山旧貌换新颜，实现了从贫穷落后到全面小康的第二次历史性跨越②。

截至 2020 年年底，临夏州全州地区生产总值 331.3 亿元，比上年增长 5.2%。其中，第一产业增加值 53.7 亿元，增长 5.4%；第二产业增加值 61.3 亿元，增长 4.1%；第三产业增加值 216.3 亿元，增长 5.5%。三类产业结构比为 16.2 ：18.5 ：65.3。脱贫攻坚取得巨大成就。贫困县（市）全部摘帽，649 个贫困村全部退出，累计减贫 56.32 万人，现行标准下农村贫困人口实现全部脱贫，绝对贫困问题得到历史性解决。全年全州城镇居民人均可支配收入 23338 元，比上年增长 4.3%。农村居民人均可支配收入 8113 元，比上年增长 8.0%。城乡居民人均可支配收入比值为 2.88，比上年缩小 0.1。全年全州城镇居民人均消费支出 16971 元，增长 4.7%；农村居民人均消费支出 7252 元，增长 7.1%③。

二、个人相关调查中显示的"三州"地区在教育及经济上与全国的差距

本人在课题调研期间对"三州"地区的初三学生及家长进行了有关问卷调查，

---

① 李文辉 . 怒江州 2021 年政府工作报告［EB/OL］. 怒江傈僳族自治州人民政府门户网站，（2021-02-23）.https：//www.nujiang.gov.cn/xxgk/015279139/info/2021-156813.html.

② 苏嘎尔布 .2021 年凉山州人民政府工作报告［EB/OL］. 凉山彝族新闻网，（2021-04-01）. http：//www.lszxc.cn/html/2021/lsxw_0401/15357.html.

③ 临夏回族自治州 2020 年国民经济和社会发展统计公报［EB/OL］. 临夏回族自治州人民政府门户网站，（2021-12-02）.https：//www.linxia.gov.cn/lxz/zwgk/bmxxgkpt/lxztjj/fdzdgknr/tjsj/tjgb/art/2022/art_0c4ecf822344415299e620e9afae6411.html.

其中有受教育水平及经济收入方面的数据。同时，在疫情刚开始不久，本人也对全国 46169 名中小学生家长进行了有关问卷调查，也有其受教育水平及经济收入的数据，相关调查均在 2020 年 3 月至 4 月间进行。如果以初三学生家长来代表"三州"地区的家长的话，则通过对"三州"地区 15428 名初三学生家长及全国 46149 名家长的调查，发现其受教育水平差距如表 3-1 所示。

表 3-1 "三州"地区家长与全国家长间的受教育水平差距情况

学历	"三州"地区		全国		"三州"地区比全国低多少个百分点
	频数	比例	频数	比例	
文盲	2688	17.42%	1752	3.80%	-13.62
小学	6052	39.23%	6422	13.92%	-25.31
初中	4461	28.91%	13638	29.55%	0.64
高中/中专	1015	6.58%	10868	23.55%	16.97
专科/高职	576	3.73%	6302	13.66%	9.93
本科	604	3.91%	7167	15.53%	11.62
研究生	32	0.21%	1752	3.80%	3.59

注：如出现"-"表示该学历水平的占比"三州"地区要高于全国水平。

由表 3-1 可知，"三州"地区家长学历与全国相比，其文盲占比高达 17.42%，比全国的 3.80% 要远高出 13.62 个百分点，其文盲占比是全国的 4.58 倍；"三州"地区家长学历为小学的占 39.23%，比全国的 13.92% 也要远远高出 25.31 个百分点，其小学学历占比为全国的 2.82 倍。合计的小学及文盲占比高达 56.65%，即"三州"地区家长中学历主要以小学及文盲为主，尤其是以小学学历为主，占比高达近四成，合计的小学学历及文盲的占比超过 56%，比全国的 17.72% 要远远高出 38.93 个百分点，是全国的 3.20 倍。"三州"地区家长学历为初中的占比为 28.91%，比全国的 29.55% 要低 0.64 个百分点；"三州"地区家长学历为高中（中专）的占比仅为 6.58%，比全国的 23.55% 要远低 16.97 个百分点，其占比仅为全国的 27.94%；"三州"地区家长学历为专科（高职）的占比仅仅为 3.73%，比全国的 13.66% 也要低 9.93 个百分点，其占比仅为全国的 27.73%；"三州"地区家长学历为本科的占比仅仅为 3.91%，比全国的 15.53% 也要远低出 11.62 个百分点，其占比仅为全国的 25.18%；"三州"地区家长学历为研究生的占比仅仅为 0.21%，比全国的 3.80% 也要低 3.59 个百分点，其占比仅为全国的 5.53%。

可见，"三州"地区家长的学历高度集中在小学、初中及文盲水平上，初中及以下水平占比高达 85.56%，比全国同层次学历的占比（47.27%）要远远高出 38.29 个百分点，为全国的 1.81 倍；"三州"地区家长学历在高中及以上到研究生的仅占 14.43%，而全国同层次学历的占比高达 56.54%，"三州"地区比全国要远远低出 42.11 个百分点，仅为全国的 25.48%。

通过对"三州"地区 15428 名初三学生家长及全国 46149 名家长的调查发现其家庭年收入水平差距如表 3-2 所示（收入值均是 2019 年的）。

表 3-2　"三州"地区家庭与全国家庭间的年收入水平差距情况

家庭年收入	"三州"地区		全国		"三州"地区比全国低多少个百分点
	频数	比例	频数	比例	
10000 元以下	6302	40.85%	10503	22.76%	−18.09
10001—30000 元	5549	35.97%	10408	22.55%	−13.42
30001—50000 元	1749	11.34%	6203	13.44%	2.10
50001—80000 元	1037	6.72%	6482	14.05%	7.33
80001—100000 元	399	2.59%	3729	8.08%	5.49
100001—120000 元	174	1.13%	2620	5.68%	4.55
12 万元以上	218	1.41%	6204	13.44%	12.03

注：如出现"−"表示该收入水平的占比"三州"地区要高于全国水平。

由表 3-2 可知，"三州"地区家庭年收入与全国相比，其年收入 1 万元以下的占比高达 40.85%，比全国的 22.76% 要远远高出 18.09 个百分点，其家庭年收入低于 1 万元的占比是全国同等收入水平占比的 1.79 倍。"三州"地区家庭年收入在 10001—30000 元的占 35.97%，比全国的 22.55% 也要远高出 13.42 个百分点，其家庭年收入在 10001—30000 元的占比为全国的 1.60 倍。"三州"地区家庭年收入在 30001—50000 元的占比为 11.34%，比全国的 13.44% 要低 2.10 个百分点。合计的家庭年收入在 5 万元以下的占比高达 88.16%，尤其是以低于 3 万元的为主，家庭年收入低于 3 万元的占比高达 76.82%，比全国的 45.31% 要远远高出 31.51 个百分点，是全国的 1.70 倍。"三州"地区家庭年收入在 50001—80000 元的占比仅为 6.72%，比全国的 14.05% 要低 7.33 个百分点，其占比仅为全国的 47.83%。"三州" 地区家庭年收入在 80001—100000 元的占比仅仅为 2.59%，比全国的 8.08% 要低 5.49 个百分点，其占比仅为全国的 32.05%。"三州"地区家庭年收入在 100001— 120000 元的占比仅仅为 1.13%，比全国的 5.68% 要低 4.55 个百分点，其占比仅为 全国的 19.89%。"三州"地区家庭年收入在 12 万元以上的占比仅仅为 1.41%，比 全国的 13.44% 要远低出 12.03 个百分点，其占比仅仅为全国的 10.49%。

可见，"三州"地区家庭年收入高度集中在 1 万元以下、10001—30000 元及 30001—50000 元水平上，3 万元以下水平占比是全国同等收入水平的 1.70 倍，5 万 元以下水平占比是全国同等收入水平的 1.50 倍；而"三州"地区家庭年收入在 5 万元以上的仅占 11.85%，而全国家庭年收入在 5 万元以上的占比高达 41.25%，"三 州"地区比全国要远远低出 29.40 个百分点，仅为全国的 28.73%，且随着收入的增加，"三州"地区与全国的差距增加得越大。调查时还没有实现完全脱贫，收入方面 的数据显示的是 2019 年的情况，此时，"三州"地区与全国的差距还是比较大的。

第四章

"三州"地区高中阶段教育普及攻坚

第一节　"三州"地区高中阶段教育普及情况

一、"三州"地区高中阶段教育毛入学率变化情况

国家于 2017 年 3 月 24 日印发《高中阶段教育普及攻坚计划（2017—2020 年）》以后，"三州"地区未专门针对国家该项政策要求制定本州的高中普及攻坚计划专项政策，而主要是执行国家及省级层面的有关政策。三省相继出台了本省高中阶段教育普及攻坚的专门政策，《甘肃省高中阶段教育普及攻坚计划（2017-2020 年）》《四川省高中阶段教育普及攻坚计划（2017—2020 年）》《云南省高中阶段教育普及攻坚行动计划（2018—2020 年）》。教育部、国务院扶贫办于 2018 年 1 月 15 日印发的《深度贫困地区教育脱贫攻坚实施方案（2018-2020 年）》也指出："以'三区三州'为重点，以补齐教育短板为突破口，新增举措进一步向'三区三州'倾斜[①]。"

国家有关的高中阶段教育普及攻坚计划政策 2017 年颁布实施以后，恰逢国

[①] 教育部、国务院扶贫办关于印发《深度贫困地区教育脱贫攻坚实施方案（2018—2020 年）》的通知［EB/OL］.中华人民共和国教育部门户网站，（2018-02-26）.http：//www.moe.gov.cn/srcsite/A03/moe_1892/moe_630/201802/t20180226_327800.html？ authkey=mm7ie3.

家贫困地区脱贫攻坚的关键年份，脱贫攻坚进入了真正的攻坚阶段。2018 年 6 月 15 日，中共中央、国务院又发布了《中共中央、国务院关于打赢脱贫攻坚战三年行动的指导意见》，指出未来三年，"三区三州"等深度贫困地区，是国家脱贫攻坚的难中之难、坚中之坚，脱贫困难度更大，各地必须切实增强责任感和紧迫感，如期打赢脱贫攻坚战，在 2020 年年底实现全面脱贫①。

作为集中连片深度贫困的"三州"地区，这几年的工作重点始终是围绕脱贫攻坚在展开，高中阶段教育普及攻坚作为日常工作在开展，虽也取得了较大进步，但离国家要求的在 2020 年全面普及，即毛入学率达到 90% 及以上，还是有一定的距离。"三州"地区在 2015—2020 年间的高中阶段教育毛入学率变化情况如表 4-1 所示。

表 4-1　"三州"地区高中阶段教育毛入学率变化情况（2015—2020 年）

地区	2015 年	2016 年	2017 年	2018 年	2019 年	2020 年
全国	87.00%	87.50%	88.30%	88.80%	89.50%	91.20%
云南省	80.10%	82.60%	76.05%	78.43%	84.33%	91.00%
四川省	89.20%	90.91%	90.92%	91.00%	92.70%	93.00%
甘肃省	92.00%	93.00%	94.00%	94.00%	95.00%	95.00%
怒江州	46.20%	50.24%	57.00%	70.41%	73.35%	84.06%
凉山州	72.23%	72.28%	73.52%	74.27%	76.21%	84.12%
临夏州	60.00%	65.12%	74.15%	78.75%	80.86%	81.24%

注：全国的数据已公开，各种渠道均方便获得，云南省、四川省、甘肃省的数据通过各省的政府工作报告等可以查到，个别年份的数据需要通过省教育厅相关处室获得，"三州"地区的数据从课题调研获得。

由表 4-1 可知，"三州"地区在 2015—2020 年间，高中普及攻坚还是取得了较大进步，截至 2020 年，高中阶段教育毛入学率均达到 80% 以上，与国家要

---

① 中共中央、国务院关于打赢脱贫攻坚战三年行动的指导意见［EB/OL］. 中华人民共和国中央人民政府门户网站，（2018–08–19）.https://www.gov.cn/zhengce/2018-08/19/content_5314959.htm.

求的毛入学率90%差距在5.88—8.76个百分点之间。尤其是怒江州进步特别大，高中阶段教育毛入学率从2015年的46.20%快速提升到2020年的84.06%，从2015年的最低位晋升到第二位，提升了37.86个百分点，6年间增长了81.95%，高中普及取得了非常显著的成绩。临夏州也取得了显著的进步，高中阶段教育毛入学率从2015年的60.00%提升到2020年的81.24%，提升了21.24个百分点，6年间增长了35.40%。凉山州虽然进步不如怒江州及临夏州那么大，但由于起点比较高，截至2020年也是"三州"地区中最高的，高中阶段教育毛入学率从2015年的72.23%提升到2020年的84.12%，提升了11.89个百分点，6年间增长了16.46%。

可见，"三州"地区中凉山州的高中普及基础是最好的，但由于人口基数大、学龄人口多，所以看似进步不大，但普及攻坚要付出的额外成本却明显要大很多；而怒江州由于人口基数很小，学龄人口也很少，相对来说进步要来得更容易一些。凉山州的高中阶段教育毛入学率每上升1个百分点所需要承担的入学人数要显著高于临夏州及怒江州，如凉山州在2020年有初中在校生25.59万人，而怒江州同年只有21847名初中在校生。临夏州在2019年有76976名初中在校生，即凉山州在高中阶段教育毛入学率每提升1个百分点都要比临夏州及怒江州付出更多的努力。凉山州的初中在校生是怒江州的11.71倍、是临夏州的3.32倍。故，高中普及基础好一些的凉山州经过6年的努力，截至2020年仍然保持住了第一的位置，尤其2020年进步特别大，从2019年的76.21%跃升到2020年的84.12%，一年间提升了7.91个百分点；而怒江州在2020年的进步是最大的，从2019年的73.35%跃升到2020年的84.06%，一年间提升了10.71个百分点；而临夏州则是稳扎稳打地从2019年的80.86%缓慢提升到2020年的81.24%。

二、"三州"地区高中普及与全国及所在省份的差距

由表4-1可知，"三州"地区所在的云南省、四川省、甘肃省，3个省中高中阶段教育普及基础最好的是甘肃省，早在2015年高中阶段教育毛入学率就已达到92%，提前5年就实现了国家要求的于2020年达到90%的目标；其次是四川省，其高中阶段教育毛入学率也在2016年就达到了90.91%，提前4年实现了

高中完全普及；而云南省的基础要差一些，直到2020年才如期实现高中完全普及。三省中的四川省及甘肃省的高中普及进度均高于全国平均水平，只有云南省的普及进度是落后于全国的。

"三州"地区高中阶段教育普及进度与各自所在省份的差距。2015年差距最大的是怒江州，比云南省的高中普及率要低33.90个百分点；其次是临夏州，比甘肃省的高中普及率要低32.00个百分点；差距最小的是凉山州，比四川省的高中普及率要低16.97个百分点。其后年份各地有所波动，但差距呈缩小趋势。截至2020年，差距最大的临夏州，比甘肃省的高中普及率要低13.76个百分点；其次是凉山州，比四川省的高中普及率要低8.88个百分点；差距最小的是怒江州，比云南省的高中普及率要低6.94个百分点。

"三州"地区高中阶段教育普及进度与全国平均水平的差距。2015年差距最大的也是怒江州，高中普及率比全国的要低40.80个百分点；其次是临夏州，比全国的低27.00个百分点；差距最小的是凉山州，比全国的低14.77个百分点。其后年份各地也有所波动，但差距也呈缩小趋势，且差距下降得比较快。截至2020年，差距最大的临夏州，比全国的高中普及率要低9.96个百分点；其次是怒江州，比全国的低7.14个百分点；差距最小的是凉山州，比全国的低7.08个百分点。即凉山州在2015年、2016年与全国高中普及率的差距是最小的，临夏州在2017—2019年这3年间与全国的差距是最小的，而怒江州除了在2020年与全国的差距最小以外，2015—2019年与全国的差距均是"三州"中最大的。

第二节 "三州"地区政府工作重点及教育工作重点优先性排序分析

一、"三州"地区政府工作中各项工作的优先顺序分析

尽管国家及省级层面均出台了高中阶段教育普及攻坚的政策文件，但是"三州"地区在这几年的脱贫攻坚任务特别繁重，教育在政府的各项工作中的优先地位并不突出，唯一突出的是对脱贫攻坚验收具有一票否决作用的"控辍保学"。

本人于 2019 年深入基线的第一次调研中发现，高中阶段教育普及攻坚工作在各州、各县市并未给人一种在攻坚期应有的紧迫感、投入感，并未占据政府各项工作乃至教育工作的优先位置。

2020 年 7 月 16 日晚，本人于海口接待我的高中同学陈福江（当时在纪委部门工作，副处级干部），当时本人问起了他对政府各项工作的优先排序时，他说：

"脱贫攻坚是第一政治任务，第二控辍保学，第三禁毒防艾，振兴乡村与第三差不多（脱贫过了就是振兴乡村），反腐倡廉也差不多排第三（是为所有其他工作保驾护航的），第四人民安全——护林防火、防灾减灾，其他就是日常工作，最后工作都落到乡镇。日常民政救济，各个部门排序不一样。重点是国检（义务教育均衡，控辍保学）。国家今年验收哪个今年重点在哪里，其他也做也在开展，基层就是在忙检查验收，最后只看结果。"

不知陈福江同学的说法是否具有一定的代表性，于是我又通过对教育部门管理干部的访谈来印证政府各项工作的优先性。2020 年 7 月 22 日，我又就同样的问题访谈了怒江州福贡县人民政府时任督学段黎华主任（正科级干部），他说：

"脱贫攻坚是政府的全部行业部门的工作。第一位解决房子问题，易地搬迁，安居房，农危改。第二个，持续发展和经济收入，重点关注林业和农业。第三个，就是教育了，县委常委会一年听取大型控辍保学会议 33 次，不算乡镇学校的。每个地方一把手看房子，房子起来就是经济。第四，交通，福贡是个交通特别落后的典型县。第五，安全饮水工程。第六，社会治安（我认为的，党中央认为的更高，稳定基层政权，从意识形态来说前一二，第一党的组织工作，第二扫黑除恶，但整体第六）。第七，医疗卫生，老百姓期望高，就地解决医疗。"

"教育口的工作部署，第一个核心问题九年义务教育巩固率，就是'控辍保学'了，这个第一。第二，为了实现义务教育巩固率，主抓学前三年毛入园率（幼儿园小班中班大班，学会普通话，进入小学后才能巩固）。第三才是高中普及。我们惯常说就是保中间抓两头。第四个，主抓学生资助。"

"高中普及这块，福贡的角度，近几年必须先解决九年义务教育巩固率，不然怎么解决高中普及率呢。等国家战略提出普及十二年教育的时候，高中就纳入进来了。底数是 5 年以后才可能。还没学会走路就要跑了，不可能的。人大立法角度 16 岁可以务工，如果提高到 18 岁就可以办好些事了。"

后续也陆续有问到部分政府工作人员对政府各项工作任务优先性排序的看法，也基本雷同，结合基线调研中的其他一些发现，编制了"'三州'地区高中普及攻坚与普职协调发展研究"问卷，调查对象为"三州"地区教育行政管理人员、普通高中及中职与初中校长、普通高中及中职教师、政府机关管理人员。共调查 355 人。其中，怒江州 12 人，占 3.38%；凉山州 159 人，占 44.79%；临夏州 184 人，占 51.83%。被调查对象的具体身份为：州教育局局长（副局长）1 人，占 0.28%；州教育局科长、主任（副科长、副主任）3 人，占 0.85%；县、市教育局局长（副局长、督学）7 人，占 1.97%；县、市教育局股长、主任（副股长、副主任）33 人，占 9.30%；州、县（市）教育局科员 13 人，占 3.66%；州、县（市）县处级（副县/副处级）干部 32 人，占 9.01%；州、县（市）教育局以外的科级（副科级）干部 24 人，占 6.76%；普通高中校长（副校长）、中职学校校长（副校长）28 人，占 7.89%；普通高中、中职学校教师 130 人，占 36.62%；初中校长（副校长）84 人，占 23.66%。

（一）对国家高中阶段教育普及攻坚政策的认知情况

当被问及"您知道 2017 年 3 月 24 日教育部、国家发改委、财政部、人社部联合发布的《关于印发〈高中阶段教育普及攻坚计划（2017—2020 年）〉的通知》及其相关内容吗？"，被调查对象表示"非常熟悉"的有 34 人，占 9.58%；表示"熟悉"的有 189 人，占 53.24%；表示"说不清楚"的有 41 人，占 11.55%；表示"不熟悉"的有 83 人，占 23.38%；表示"非常不熟悉"的有 8 人，占 2.25%。即大家还是比较熟悉国家发布的高中普及攻坚方面的文件，合计"熟悉"及"非常熟悉"的占 62.82%，而合计"不熟悉"及"非常不熟悉"的占 25.63%。

当被问及"您知道《高中阶段教育普及攻坚计划（2017—2020 年）》中提出：'到 2020 年，全国各省（区、市）毛入学率均达到 90% 以上，中西部贫困地区毛入学率显著提升'吗？"，被调查对象表示"非常熟悉"的有 45 人，占 12.68%；表示"熟悉"的有 219 人，占 61.69%；表示"说不清楚"的有 40 人，占 11.27%；表示"不熟悉"的有 48 人，占 13.52%；表示"非常不熟悉"的有 3 人，占 0.85%。即大家还是相当熟悉国家发布的高中普及攻坚文件提出的各地在 2020

年高中阶段毛入学率要达到90%及以上的具体要求，合计"熟悉"及"非常熟悉"的占74.37%，而合计"不熟悉"及"非常不熟悉"的仅占14.37%。

当被问及"您知道《高中阶段教育普及攻坚计划（2017—2020年）》中提出的普及攻坚重点是中西部贫困地区、民族地区、边远地区、革命老区等教育基础薄弱、普及程度较低的地区，特别是集中连片特殊困难地区，如'三区三州'等地区吗？"，被调查对象表示"非常熟悉"的有69人，占19.44%；表示"熟悉"的有220人，占61.97%；表示"说不清楚"的有36人，占10.14%；表示"不熟悉"的有28人，占7.89%；表示"非常不熟悉"的有2人，占0.56%。即大家还是相当熟悉国家发布的高中普及攻坚文件提出的普及攻坚的重点地区是深度贫困地区如"三区三州"等，合计"熟悉"及"非常熟悉"的占81.41%，而合计"不熟悉"及"非常不熟悉"的仅占8.45%。

可见，"三州"地区的政府管理人员、校长、教师对国家高中阶段教育普及攻坚政策还是比较熟悉的，如"熟悉"（含"非常熟悉"）的超过60%，达62.8%；有高达74.37%的"熟悉"（含"非常熟悉"）高中普及攻坚要求到2020年全国各省（区、市）毛入学率均达到90%以上，中西部贫困地区毛入学率显著提升的政策内容；也有高达81.41%的"熟悉"（含"非常熟悉"）高中普及攻坚的重点难点是"三区三州"等深度贫困地区。

（二）对当地政府各项工作优先性排序的认知情况

当被问及"您认为目前本地政府在各项工作中，对下列工作您如何对其优先性/重要性排序？"可知大家对本地政府的主要工作重点的优先性排序情况如表4-2所示。

表4-2 基层人员对本地政府主要工作重点的优先性排序情况

本地政府主要工作重点	平均综合得分	排序
脱贫攻坚	9.29	1
控辍保学	7.73	2
发展本县教育，提高教育质量及均衡水平	6.79	3
发展经济	6.72	4

续表

本地政府主要工作重点	平均综合得分	排序
乡村振兴	5.10	5
易地搬迁、安居房、农危改	4.80	6
反腐倡廉、党建工作	4.66	7
禁毒防艾	4.57	8
人民安全——扫黑除恶、社会治安、护林防火、防灾减灾	3.92	9
其他日常工作	0.43	10

注：表格中每个选项的得分计算方法为：选项平均综合得分＝（Σ频数×权值）/本题填写人次，具体权值赋分为如有10个选项参与排序，则排在第一个位置的权值为10，第二个位置权值为9，以此类推，第十个位置权值为1（问卷星在统计排序题各选项分值时的赋值办法）。

由表4-2可知，当被问及"您对本地政府主要工作重点的优先性排序情况"时，大家认为排名第一位的当地政府工作重点是"脱贫攻坚"，得分为9.29分（等同于占总体的92.90%）；排名第二位的政府工作重点是"控辍保学"，得分为7.73分（等同于占总体的77.30%）；排名第三位的政府工作重点是"发展本县教育，提高教育质量及均衡水平"，得分为6.79分（等同于占总体的67.90%）；排名第四位的政府工作重点是"发展经济"，得分为6.72分（等同于占总体的67.20%）；排名第五位的政府工作重点是"乡村振兴"，得分为5.10分（等同于占总体的51.00%）；排名第六位的政府工作重点是"易地搬迁、安居房、农危改"，得分为4.80分（等同于占总体的48.00%）；排名第七位的政府工作重点是"反腐倡廉、党建工作"，得分为4.66分（等同于占总体的46.60%）；排名第八位的政府工作重点是"禁毒防艾"，得分为4.57分（等同于占总体的45.70%）；排名第九位的政府工作重点是"人民安全——扫黑除恶、社会治安、护林防火、防灾减灾"，得分为3.92分（等同于占总体的39.20%）；排名第十位的政府工作重点是"其他日常工作"，得分为0.43分（等同于占总体的4.30%）。

可见，在当地政府的各项工作中，排在绝对优先位置的首要重点工作是"脱贫攻坚",因各地在2020年年底要全面实现脱贫,故很明显贫困地区在工作中都以"脱贫攻坚"为绝对优先的工作重中之重,有92.90%的认同率;而排在当地政府第二优先的工作是"控辍保学",原因是贫困地区在脱贫攻坚中,"控辍保学"具有一票否决的作用,故在贫困地区的工作中占有第二优先位置,有高达77.30%的认同率;排第三优先位置的是"发展本县教育,提高教育质量及均衡水平",之所以能排脱贫地区工作重点的第三位,主要是因为贫困地区在2020年还需要面对义务教育均衡验收的最后时间节点问题,需要在2020年年底全部实现义务教育均衡验收工作,故发展教育提高质量及均衡水平排在了比较优先的位置;而发展经济却只能排在了贫困地区工作重点中第四优先的位置;之后才是"乡村振兴""易地搬迁、安居房、农危改""反腐倡廉、党建工作""禁毒防艾""人民安全""其他日常工作"等。

故在贫困地区的日常工作重点中,"脱贫攻坚"具有绝对优先的位置,而教育中与脱贫攻坚验收有关的"控辍保学"和"发展教育提高质量及均衡水平"分别排在了政府工作重点的第二、第三优先位置,因为脱贫验收中,需要保障"两不愁三保障",而义务教育有保障是"三保障"——"义务教育、基本医疗、住房安全有保障"的重要要求之一,故与此相关的"控辍保学"和"发展教育提高质量及均衡水平"在政府工作重点中也具有相当高级别的优先保障位置。

二、"三州"地区政府教育工作中各项教育工作重点的优先顺序分析

当被问及"目前本地政府在教育各项工作中,对下列工作您如何对其优先性/重要性排序?"可知大家对本地政府主要教育工作重点的优先性排序情况如表4-3所示。

表4-3 基层人员对本地政府主要教育工作重点的优先性排序情况

本地政府主要教育工作重点	平均综合得分	排序
控辍保学	9.22	1
义务教育均衡验收	8.62	2
"一村一幼"、普惠性幼儿园建设	7.40	3
高中普及攻坚	6.72	4
发展中职教育,增加中职学校招生数	6.41	5
引进教师,加强教师队伍建设	5.75	6
学前学普	5.70	7
农民工、"两后生"、下岗工人、复员军人等的职业技能培训	5.29	8
增加助学金及受助面	4.96	9
提高教师工资待遇,鼓励教师提高教育教学质量	4.47	10
其他日常工作	0.47	11

注:表格中每个选项的得分计算方法为:选项平均综合得分=(Σ 频数 × 权值)/本题填写人次,具体权值赋分为如有11个选项参与排序,则排在第一个位置的权值为11,第二个位置权值为10,以此类推,第十一个位置权值为1。

由表4-3可知,当被问及"您对本地政府主要教育工作重点的优先性排序情况"时,大家认为排名第一位的当地政府教育工作重点是"控辍保学",得分为9.22分(等同于占总体的83.82%);排名第二位的政府教育工作重点是"义务教育均衡验收",得分为8.62分(等同于占总体的78.36%);排名第三位的政府教育工作重点是"'一村一幼'、普惠性幼儿园建设",得分为7.40分(等同于占总体的67.27%);排名第四位的政府教育工作重点是"高中普及攻坚",得分为6.72分(等同于占总体的61.09%);排名第五位的政府教育工作重点是"发展中职教育,增加中职学校招生数",得分为6.41分(等同于占总体的58.27%);排名第六位的政府教育工作重点是"引进教师,加强教师队伍建设",得分为5.75分(等同于占总体的52.27%);排名第七位的政府教育工作重点是"学前学普"，得分为 5.70 分（等同于占总体的 51.82%）；排名第八位的政府教育工作重点是"农民工、'两后生'、下岗工人、复员军人等的职业技能培训"，得分为 5.29 分（等同于占总体的 48.09%）；排名第九位的政府教育工作重点是"增加助学金及受助面"，得分为 4.96 分（等同于占总体的 45.09%）；排名第十位的政府教育工作重点是"提高教师工资待遇，鼓励教师提高教育教学质量"，得分为 4.47 分（等同于占总体的 40.64%）；排名第十一位的政府教育工作重点是"其他日常工作"，得分为 0.47 分（等同于占总体的 4.27%）。

可见，在当地政府的各项教育工作中，排在绝对优先位置的首要重点工作是"控辍保学"，因其具有关键否决性的指标意义，故贫困地区政府将其视为绝对优先教育工作重点，有 83.82% 的认同率。而排在当地政府教育工作第二优先位置的是"义务教育均衡验收"，因 2020 年年底是全国所有地区含贫困地区义务教育均衡验收的最后时间节点，有高达 78.36% 的认同率。当地政府教育工作中排第三优先位置的是"'一村一幼'、普惠性幼儿园建设"，这几年国家加大了学前教育普及进度及普惠性幼儿园建设的步伐，要求每个村都要建立一所幼儿园，并鼓励普惠性幼儿园发展，故此项工作位居教育工作中第三优先位置。而"高中普及攻坚"却只能排在了贫困地区教育工作重点中第四优先的位置。"发展中职教育，增加中职学校招生数"也只能排在教育工作重点中第五优先的位置。之后才是"引进教师，加强教师队伍建设""学前学普""农民工、'两后生'、下岗工人、复员军人等的职业技能培训""增加助学金及受助面""提高教师工资待遇，鼓励教师提高教育教学质量""其他日常工作"等。

故在贫困地区的日常教育工作重点中，"控辍保学"具有绝对优先的位置，而"义务教育均衡验收"和"'一村一幼'及普惠性幼儿园建设"分别排在了政府教育工作重点的第二、第三优先位置，而同样是要求在 2020 年年底前要实现的高中阶段教育全面普及（要求全国所有地区含贫困地区高中阶段教育毛入学率都要达到 90% 及以上），以及推进高中普及的同时要求实现的普职协调发展中所提出的职普比"大体相当"要求却仅排在了贫困地区教育工作重点中的第四、第五优先位置。故高中阶段教育普及攻坚及普职协调发展在贫困地区的教育工作重点中并未享有前三位的优先保障，故容易造成高中普及攻坚及普职协调发展在贫困地区推进比较滞后的情况，未能按时达到国家规定的在 2020 年年底的相关数据指标要求。

三、"三州"地区政府在高中普及攻坚中各项政策措施的优先顺序分析

当被问及"您所在地区在推进高中阶段教育普及进程中，如有以下主要攻坚政策举措的话，具体您给各项政策举措的优先性/重要性如何排序"，对当地在高中普及攻坚中采取的主要政策措施的排序如表 4-4 所示。

表 4-4 对当地在推进高中普及攻坚中

当地在推进高中普及攻坚中采取的各项政策措施	平均综合得分	排序
完善扶困助学政策、增加助学金及受助面	5.15	1
加强教师队伍建设，新进、储备、调配增加教师数	5.00	2
完善教育经费投入机制、增加投入	4.86	3
扩大教育资源，新建、改扩建普通高中或中职学校以增加学位数	4.39	4
推动学校多样化有特色发展	3.72	5
改进普通高中与中职学校招生管理办法，统一平台、统一招生、统一录取	3.33	6
其他	0.54	7

注：表格中每个选项的得分计算方法为：选项平均综合得分=（Σ 频数 × 权值）/本题填写人次，具体权值赋分为如有 7 个选项参与排序，则排在第一个位置的权值为 7，第二个位置权值为 6，以此类推，第七个位置权值为 1。

由表 4-4 可知，当地在高中普及攻坚中采取的主要政策措施中排名第一位的主要政策措施是"完善扶困助学政策、增加助学金及受助面"，得分为 5.15 分（等同于占总体的 73.57%）；排名第二位的主要政策措施是"加强教师队伍建设，新进、储备、调配增加教师数"，得分为 5.00 分（等同于占总体的 71.43%）；排名第三位的主要政策措施是"完善教育经费投入机制、增加投入"，得分为 4.86 分（等同于占总体的 69.43%）；排名第四位的主要政策措施是"扩大教育资源，

新建、改扩建普通高中或中职学校以增加学位数",得分为 4.39 分(等同于占总体的 62.71%);排名第五位的主要政策措施是"推动学校多样化有特色发展",得分为 3.72 分(等同于占总体的 53.14%);排名第六位的主要政策措施是"改进普通高中与中职学校招生管理办法,统一平台、统一招生、统一录取",得分为 3.33 分(等同于占总体的 47.57%);排名第七位的主要政策措施是"其他",得分为 0.54 分(等同于占总体的 7.71%)。

可见,在当地政府的高中普及攻坚中,大家认为主要攻坚政策举措的排序中,首先是完善扶困助学政策、增加助学金及受助面;其次才是加强教师队伍建设,新进、储备、调配增加教师数;而完善教育经费投入机制、增加投入仅位居第三位的政策措施;扩大教育资源,新建、改扩建普通高中或中职学校以增加学位数仅排名第四的政策措施。故当地在推进高中普及攻坚中,增加投入及新建学校增加学位数这类明显在普及攻坚中首先应重点采取的政策措施却并未位居优先位置,故可以预见这将拖慢"三州"地区高中普及攻坚的进程与普及力度。

第三节　"三州"地区政府在高中普及攻坚中的主要措施

一、完善扶困助学政策、增加助学金及受助面、推行免费教育

"三州"地区不少家庭在 2020 年前仍未脱贫,家庭经济比较困难,在高中阶段教育(含普通高中及中职学校)免费以前,较高的学杂费及生活费会阻止部分困难学生的高中入学愿望,再加之部分初中毕业生(甚至部分未毕业学生)外出打工可以为贫困家庭增加收入,学杂费、生活费这一显性成本及可观的打工收入这一隐性成本(机会成本)叠加,造成接受高中教育的成本较大,不少贫困家庭因为高额成本会不再继续送其孩子接受高中阶段教育。

但如果高中阶段教育免费,甚至还提供生活补助,则可提高这部分贫困家庭送其子女进一步接受高中阶段教育的意愿。如据凉山州美姑县教育局教育股阿洪文批老师说:"美姑县 2011—2014 年中职在国家每生每年补助 1500 元生活费的

基础上,县财政再每生每年补贴1500元后,上中职学生数猛增。2015年实行'9+3'后县财政困难就没有再补贴了,'9+3'是省财政给予一年3000元生活补助。"但比较遗憾的是当时美姑县增加补贴后增加了多少中职生,由于过去较长时间,阿洪老师也记不清楚了,故未获得更明确的数据。

为促进藏区学生升入中职学校,四川省于2009年启动实施了《藏区免费中等职业教育计划》①,对吸引藏区学生升入中职起到了显著作用。

为促进四川省藏区经济跨越式发展、社会长治久安、民生全面改善,四川省委、省政府于2009年启动实施了藏区免费中等职业教育计划(即藏区"9+3"免费教育计划)。组织省内藏区初中毕业生和未升学的高中毕业生到内地免费接受三年中等职业教育,每年组织1万人左右;同时支持藏区发展职业教育,办好中职学校,使藏区内中职年招生规模发展到4000人。对到内地"9+3"学校就读的藏区学生,全部免除学费并提供生活补助和交通、住宿、书本、一次性冬装等杂费补助及学校工作经费补助,每生每年共7000多元;同时对在藏区内就读中职学校的学生给予免除学费、补助生活费的资助。

毕业后学生可继续升学深造,就业上可选征优秀学生入伍和藏区基层机关事业单位招录(聘)。"9+3"计划实施以来,先后有内地90所中职学校、5所高职院校,共招收藏区"9+3"学生4万余人,再加上州内就读中职享受资助的,两类受益学生合计达到近7万人。"9+3"计划实施以来,各级财政强化以公共财政为支撑的经费投入体系建设,2009—2014年间累计投入"9+3"计划经费24.39亿元,其中中央财政10.41亿元、省财政13.98亿元。

"9+3"计划后来又将凉山州等少数民族地区也纳入进来,如凉山州大力实施彝(藏)区"9+3"免费职业教育计划,全州累计招收彝(藏区)学生3.2万名到省内30余所中职学校就读,实现所有初中毕业生"应读尽读、应招尽招"②。

---

① 四川省藏区"9+3"免费教育计划实施情况[EB/OL].中华人民共和国教育部门户网站,(2015-10-16).http://www.moe.gov.cn/jyb_xwfb/xw_zt/moe_357/jyzt_2015nztzl/2015_zt12/15zt12_fpcx/201510/t20151016_213726.html.
② 凉山州人民政府关于履行教育职责自评情况的报告(凉府函〔2021〕147号)[EB/OL].凉山彝族自治州人民政府门户网站,(2021-10-15).http://www.lsz.gov.cn/xxgk/zcwj/zzffw/202110/t20211015_2049089.html.

2015—2019 年，全州共招收彝区、藏区"9+3"学生 16691 人，其中彝区"9+3"学生 14789 人、藏区"9+3"学生 1902 人①。

较大幅度的免费与资助对提升学生升入高中阶段教育有较大的促进作用，一定程度上提升了中职招生数。如 2019 年凉山州下达给甘洛县的"9+3"招生任务数为 240 人，实际完成 401 人，完成率为 167%。木里县从 2009—2018 年共录取"9+3"免费职业教育学生 5697 人，已毕业学生 4241 人，截至 2018 年底有在校学生 1456 人，其中应征入伍 199 人（含退役军人中招收事业单位人员），公开招考乡镇公务员 116 名，单招升学 326 人。

云南省、怒江州、临夏州也出台了类似的含高中阶段教育在内的免费教育政策，也进一步提高了当地的高中毛入学率。云南省政府也于 2016 年 12 月发布了《关于加快发展民族教育的实施意见》，提出将逐步在人口较少民族和"直过民族"聚居区实行从学前教育到高中阶段的 14 年免费教育②。怒江州自 2016 年秋季学期起全面实施 14 年免费教育（学前二年、义务教育九年、高中三年），切实提高各阶段教育的入学率和巩固率，杜绝因贫辍学现象。全州所有公办和民办普通高中经正式录取的具有怒江州普通高中学籍的学生按照每生每年 1200 元的标准免除学杂费，按照每生每年 160 元的标准免除住宿费，按照当年教科书实际价格的平均数免除教科书费③。此外，还对普通高中的建档立卡户学生按照每生每年 3000 元的标准给予生活费补助④。

2009 年以来，甘肃已经有阿克塞哈萨克族自治县、肃南裕固族自治县和积石山保安族东乡族撒拉族自治县（积石山县属于临夏州管辖）3 个县实现了 15 年免费教育；天祝藏族自治县的 15 年免费教育计划已经通过当地人大常委会决

---

① 注：参见凉山州教育局内部资料《凉山州 2019 年教育工作总结（凉山州教育工作情况）》（凉山州教育局基教科，2020 年 7 月）。
② 云南：人口较少民族与"直过民族"聚居区将实行 14 年免费教育［EB/OL］.中华人民共和国中央人民政府门户网站，（2016-12-24）.https：//www.gov.cn/xinwen/2016-12/24/content_5152444.htm
③ 怒江州人民政府办公室关于印发怒江州 14 年免费教育实施细则的通知［EB/OL］.怒江傈僳族自治州人民政府门户网站，（2017-04-24）.https：//www.nujiang.gov.cn/xxgk/015279139/info/2017-138893.html.
④ 刘苏荣."三区三州"深度贫困地区教育扶贫调查研究［M］.北京：中国社会科学出版社，2021：38.

议，于 2012 年春季开始实施①。临夏州于 2013 年春季起，以自有财力推行 15 年免费教育，即学前三年、小学六年、初中三年和高中三年，每名学生学费、课本费等均由地方财政承担②。

二、加强教师队伍建设，新进、储备、调配增加教师数

"三州"地区在高中普及攻坚中，访谈中当地政府管理人员、校长及教师们表示，缺乏教师是一大掣肘因素。如四川省教育厅发布的标准是按高中生师比 12.5 来配置教师数，凉山州盐源中学高中校本部有学生 3531 人，二校区 1500 人左右，高中教师缺编 100 多人，如按 55 人一个行政班，高中 4500—5000 人，盐源中学高中缺教师 120 人，因编制在县级政府层面解决不了，学校担心 2020 年二校区因没有编制而没法招聘到教师，而在 2019 年因没有编制就没招聘教师。凉山州甘洛中学是甘洛县唯一的高完中，有学生 3840 人，教师 235 人，5 个支教的 3 个编外的，2019 年春季学期编制内的辞职 9 人，全校现在有教师 120 人没有编制，高中部有学生 1844 人，给教师编制 114 人，学校生师比 16.2，离标准 12.5 差距较大。主要受限于师资，其增量赶不上学生的增量。

另一方面，教师招聘也比较困难，大学生找工作都喜欢大城市，很少下到离州府比较远的边远贫困县。"三州"地区地处"老、少、边、穷"地区，交通不便，基础教育质量较低，医疗水平不高，再加之待遇也不够有吸引力，招聘教师困难。如在比较偏远的木里县（坐车到州府西昌市要 6—7 小时），这种情况特别明显，高中已经扩建了，房子、设备都有了，但是没有师资，就是招来学生，也解决不了上普通高中的问题。木里民族中学王建华校长表示："连续几年木里都没有招聘老师，2019 年给了初中、高中 39 个招聘名额，却只招到 17 人，且其中还有的考取选调生，最后能来 10 人都阿弥陀佛了。即使招聘进来了教师，因基础教育质量差、医疗条件落后，也留不住，特别是高中留不住。每年去大中专院校招聘教师，基本没有外地人来应聘的，只有本县的，或者外面的来了做 3—

① 甘肃民族地区逐步实施 15 年免费教育［EB/OL］.中华人民共和国中央人民政府门户网站，（2011-11-22）.https://www.gov.cn/jrzg/2011/11/22/content_1999909.htm.
② 甘肃临夏推 15 年免费教育已 10 年：对教育的期待不止有学上［EB/OL］.人民政协网，（2023-01-17）.http://www.rmzxb.com.cn/c/2023-01-17/3279385.shtml.

5年就走了，辞职的多。"当地教师工资收入较低，如2019年凉山州昭觉中学高级职称教师拿到的税后月工资也就只有5000多元，中级职称税后也只有4000元左右，而刚毕业的大学生税后工资仅有2000多元。同样的，在怒江州福贡县，公务员月工资拿到手的有6000多元，而普通教师只能拿到3000—4000元，高级职称的能有6000多元，待遇和公务员差距比较大，而与附近经济好点的大理相比，要比大理的低1000多元，且教师收入就只有工资，基本没有课外补习市场来增加收入。再加上基础教育落后，牵涉到子女教育等，因此留不住人才。

"三州"地区不少县市的普通高中及中职学校，普遍存在按省里核定的编制数来说超编，但按生师比说又不足的情况，随着升入高中阶段的学生越来越多，教师越发短缺。边远贫困地区难招聘到教师，尤其很难招聘到优质学校的师范毕业生。为此，各县市在高中普及攻坚中，解决教师数量短缺成了重要的人力资源准备工作。如怒江州福贡县在高中普及中就采取了积极引进教师，从人力资源上储备充足的教师来满足高中普及之需。福贡县一中（完中）高中部有教师80人，2019年又招聘了43名高中教师（本来是招聘45个，后来有两个违约了，没有来报到），基本能满足高中近1500名学生的课程配置之需，怒江州规定的高中生师比是15。招聘的教师籍贯主要是大理、保山、怒江、曲靖的，毕业学校也主要是各个地州的院校，如楚雄师范学院、玉溪师范学院，云南师范大学毕业的有一部分，这几年是地方师院的比例大些，而在2010—2012年是云南师范大学的毕业生多一些。

为了推进高中普及攻坚、义务教育均衡验收、"一村一幼"建设，各州均加快了教师队伍建设步伐。如凉山州在2020年通过公费师范生、特岗教师、深度贫困县人才培养工程等补充新教师1万余人，全州公办学校教师达到4.62万余人，增幅达33%[1]。临夏州在2019年一次性招录学科教师2899名，2020年招聘特岗教师848名，引进紧缺学科人才140名，招录力度、规模和人数空前，有效解决

---

[1] 凉山州人民政府关于履行教育职责自评情况的报告（凉府函〔2021〕147号）［EB/OL］.凉山彝族自治州人民政府门户网站，（2021-10-15）.http://www.lsz.gov.cn/xxgk/zcwj/zzffw/202110/t20211015_2049089.html.

了师资总量不足、结构不合理的问题①。在2016—2020年的5年间,临夏州先后投资56亿元,新建和改扩建各类学校1501所,新增学位11.3万个,招录教师近1.1万名②。

三、扩大教育资源,新建、改扩建普通高中或中职学校以增加学位数

"三州"地区各县市在高中普及攻坚中,为了满足高中毛入学率提升新增学生的就读需求,各县市政府均加大了对新建普通高中、中职学校或对已有普通高中、中职学校的改扩建工作,但对普通高中的投入明显要多于对中职学校的投入,因当地学生更多还是愿意升入普通高中就读。

如凉山州美姑中学整体搬迁工程。该项目总用地面积为70268.96平方米(约105.40亩),总建筑面积约64743.06平方米,其中教学及辅助用房22826.03平方米、食堂5453.90平方米、学生宿舍23178.70平方米、教师周转房8627.24平方米、图书馆1847.23平方米、多功能厅710.48平方米、风雨操场1071.68平方米、器材室及公厕190.08平方米、大门68.68平方米、地下设备用房769.04平方米、运动场26384.10平方米,以及配套建设给水、排水、电力、通信、照明等附属设施,项目建成后能满足5000人的办学规模。项目建设周期从2020年1月至9月。项目总投资32776.64万元,资金来源为政府投资,其中,建安工程费用29036.73万元,占总投资的88.59%;工程建设其他费用2193.41万元,占总投资的6.69%;预备费1546.51万元,占总投资的4.72%。

凉山州冕宁中学校迁建工程。为实现冕中跨越式发展,2013年冕宁县委、县政府决定整合县境内办学资源,将冕宁中学整体搬迁到县城东南新区。新的四川省冕宁中学校总占地150亩,建筑面积76409平方米,主体建筑4—6层,设100个教学班,每班50人,在校生5000人,该项目投资19902.18万元。总建筑

---

① 临夏州振兴教育事业新闻发布会实录[EB/OL].网易网,(2021-04-14).https://www.163.com/dy/article/G7I6KEJS0534697A.html.

② 何东.临夏州2021年政府工作报告[EB/OL].临夏回族自治州人民政府门户网站,(2021-12-14).http://www.linxia.gov.cn/Article/Content? ItemID=bb689d64-45e8-42ad-9940-3d02ec441358.

面积 70400 平方米，其中教学楼 17550 平方米、行政图书中心 10400 平方米、实验楼 13070 平方米、食堂 9230 平方米、学生宿舍 16500 平方米、教师宿舍 3850 平方米及附属设施建设等。若按新学校学生 5000 人计，应有教职工 350 人，缺额 153 人。

凉山州盐源县新建盐源中学二校区、扩建盐源县民族中学、新建金河中学工程。盐源中学专门筹建二校区，位置在原盐中果园，110 多亩，县政府在周围征地 98 亩，共 208 亩，分三期建设，在 2020 年 9 月招生。建成后把原盐源中学的高中部剥离到二校区，新校区容量规模为 5000 人。盐源县民族中学，在原学校里面扩容，2018 年征地 10 亩，在原校址扩容。扩容后在校生规模达到 5500 人，扩容的主要目的之一是消除大班额。2019 年又修建了学生寝室、教学楼、运动场，扩容学位主要用于高中扩招，缩小初中规模，截至 2019 年高中部有 2599 名学生，初中部有 1987 名学生。盐源县还规划在金河集镇办一所普通高中，把平川中学搬到金河去，以后再把金河中学扩成高完中，现在的平川中学主要是初中，平川中学现在的地理位置是地质灾害区，自 2017 年起已停止招生，2019 年又恢复招生了，原来有在校生 1100—1200 人，停了两年后，2019 年仍有 1029 人，如果不停招规模能达到 1500 人左右，新建后的金河中学在校生规模为 3000 人，初高中各 1500 人。

临夏州和政县职业技术学校实施了综合实训楼、学生食堂、宿舍建设项目。总建筑面积 10756 平方米，包括综合实训楼、学生食堂、宿舍及附属工程和设施设备。项目建设期限 2020—2022 年，该项目已列入和政县脱贫攻坚项目库。概算总投资 3200 万元，资金来源为县上多渠道筹措解决（包括但不限于扶贫专项资金、涉农整合资金及各类上级补助资金）。

新建临夏州积石山县职业技术学校规划项目。项目建设地点在积石山县吹麻滩镇，项目规划总用地面积 79640 平方米（约 119.46 亩），新建教学设施、公用辅助设施以及体育设施等，建筑面积合计 53711.00 平方米，地上面积 47478.06 平方米，地下面积 6232.94 平方米。其中新建行政办公楼（建筑面积 1404.16 平方米）、辅助及行政设施（建筑面积 3258.48 平方米）、行政管理用房（建筑面积 3058.4 平方米）、1 号实训楼（建筑面积 4176.80 平方米）、2 号实训楼（建筑面积 4176.80 平方米）、3 号实训楼（建筑面积 4176.80 平方米）、教学楼（建筑面积 5174.35 平方米）、图书馆、科研楼（建筑面积 3168.36 平方米）；新建学生宿舍楼 1（建筑面积 5174.35 平方米）、学生宿舍楼 2（建筑面积 5174.35 平方米）、教师周转及学生宿舍（建筑面积 5174.35 平方米）、食堂（建筑面积 3278.06 平方米）、传达室、门卫（建筑面积 82.80 平方米）等；新建体育场、篮球场、网球场、羽毛球场等。项目建成后，计划设置 20 个专业，新增教职工 96 人，计划招生 2000 人，实现年运营收入 1000 万元。项目新增总投资 19995.06 万元，其中工程费用 18576.33 万元（建筑工程费用 16037.80 万元，设备购置费 2538.53 万元），工程建设其他费用 489.92 万元，基本预备费 928.81 万元。该规划项目实际于 2022 年 7 月 15 日开工建设，目前各项施工作业进展顺利[①]。

临夏州积石山县大河家中学建设项目。总占地面积约 107 亩，新建教学楼 1 幢 8129.29 平方米，实验科技综合楼 1 幢 2725.53 平方米，学生宿舍楼 4 幢 12426.48 平方米，食堂及餐厅 1 幢 3922.61 平方米，风雨操场 1 幢 1016.64 平方米，锅炉房、配电室 1 幢 426.56 平方米，门卫、值班室 1 幢 74 平方米，室外公厕 81.84 平方米；同时完成附属配套工程大门 3 座、硬化校园道路 4300 平方米、围墙 1150 米、塑胶活动场地 7660 平方米、绿化校园 18800 平方米。建筑总面积 29102.95 平方米，概算总投资 1.21 亿元，该项目于 2018 年 3 月 23 日开工建设，计划 2019 年 6 月 30 日竣工投入使用。项目建成后设 39 个教学班，可容纳学生 1950 人。其中初中部设 21 个教学班，分 3 个年级，每个年级 7 个教学班；高中部设 18 个教学班，分 3 个年级，每个年级 6 个教学班。

碧桂园集团帮扶支援临夏州东乡族自治县，在达板镇援建投资 3 亿元新建一所职业学校——临夏国强职业技术学校，2019 年开始建设，2020 年 8 月开始招生。为贫困家庭学生免除书本费、住宿费（含主要生活用品）、伙食费、校服费、军训服装费、体检费、保险费，并使每个贫困家庭的孩子不因费用问题而辍学[②]。

类似的各个县市均有不同程度的普通高中或中职学校改扩建或新建项目，但

① 积石山县职业技术学校建设项目火热推进［EB/OL］. 搜狐网，（2023-04-15）.https：//www.sohu.com/a/667137702_121106869.
② 临夏国强职业技术学校招生简章［EB/OL］. 搜狐网，（2020-07-02）.https：//www.sohu.com/a/405378085_120209887.

整体建设时间较晚，等建成时已接近 2019 年、2020 年，甚至有开工更晚，建成时间在 2020 年之后的，但迟做总比不做要强很多，只有改扩建或新建学校，新增足够容量的学位数，才能满足"三州"地区高中普及攻坚之需，如果没有这些项目建设，很难想象"三州"地区能在 2019—2020 年毛入学率取得如此大的进步，尤其是怒江州及凉山州。怒江州因学生基数少、高中阶段学龄人口较少，较容易提升高中阶段教育毛入学率。如调研中也得知福贡县一中是该县唯一的高完中，为了高中普及之需，已将初中部另外单独剥离出去，新建福贡县上帕中学，从而将原福贡一中的校舍全部用作高中教育，而原福贡一中的学位容纳量是 2700—2800 人。

四、推动学校多样化有特色发展，试办综合高中，开办普职融合班

《高中阶段教育普及攻坚计划（2017—2020 年）》提出："推动学校多样化有特色发展，探索发展综合高中，实行普职融通，建立普通高中和中等职业学校合作机制，探索课程互选、学分互认、资源互通[①]。"虽然目前"三州"地区还没有特别成熟的普职融合学校，但都做出了一些尝试。

如凉山州聚焦提质增效，进一步推动普通高中教育特色发展。普通高中教育是帮助莘莘学子成长成才的重要保障。普通高中教育质量不优是凉山教育短板中的短板，全州生源流失量长年居高不下，为把实现规模和质量"双提升"作为普通高中教育的根本性任务，凉山州要求各校立足各自实际，加大艺体类、竞赛、强基计划等课程和班次开设力度，用好国家专项计划招生等政策，拓宽凉山学子进入大学通道，满足更多家庭将孩子送进大学校园的愿望[②]。凉山州甘洛县充分利用现有职业技术学校办学优势，扩充办学规模，整合办学资源，开办试点综合高中。综合高中开办以来，办学效益稳步提升，生源逐年激增。2017 年招收普通高中班学生 130 人，2018 年招收普通高中班学生 208 人，2019 年招收普通高

---

① 教育部，国家发展改革委，财政部，人力资源社会保障部．教育部等四部门关于印发《高中阶段教育普及攻坚计划（2017—2020 年）》的通知［EB/OL］中华人民共和国中央人民政府门户网站，（2017-04-06）．https://www.gov.cn/xinwen/2017-04/06/content_5183767.htm.
② 让教育事业实现高质量发展：凉山州教育发展大会精神解读［EB/OL］．凉山彝族自治州人民政府官网，（2022-04-13）．http://www.lsz.gov.cn/sy/rdtt/202204/t20220413_2199001.html.

中班学生 206 人，2020 年计划招收普通高中班学生 220 人。但这实际上是中等职业学校在办普通高中教学班，将进一步削弱中等职业学校在高中阶段教育中的地位与作用。

西昌市第六中学近些年逐渐发展出自己的特色，走艺体特招，如美术、编导、播音主持，新增书法、体育，每年升入本科的人数在增加，以前升本科的很少。有一年本科升学在西昌市排第三名，仅次于西昌一中、川兴中学。陆陆续续后来不少学校也走上了艺体特招之路。而本人的初中母校——冕宁县泸沽中学，在艺体特长方面也是办得风生水起，且时间悠久，成绩斐然。从 20 世纪 90 年代开始，泸沽中学已经在拳击、田径等方面培养出了很多优秀的运动员，有不少获得全国冠军，还有获得国际奖项的。

类似的，怒江州也计划将怒江州民族中专纳入云南省综合高中试点学校，拟出台《怒江州综合高中试点学校实施方案》，从 2020 年开始实施综合高中试点工作。主要是解决福贡县、贡山县初中毕业生过早流入社会问题。先上普通高中，到高一高二再分流，如果进入普通高中学习困难了再送中职学校，这样两不误。学籍先在普通高中保留一年左右，再转入中职学校。在义务教育巩固率低的县，部分县还在中职学校或初中开办了普职融合班，或单独开设普职融合班，主要是为了解决小学、初中的失学、辍学问题。调研中发现福贡县普职融合班是办得比较成功的，也获得了不少媒体的关注，而云南全省普职融合班学生有 14000 多人，绝大部分是"控辍保学"回来的学生，福贡县普职融合班是全省办得最早的。

福贡县普职教育融合班于 2019 年 9 月 10 日在县委党校开学（即在县委党校内办学），学校占地面积为 7279.16 平方米，其中建筑面积为 5337 平方米，有一栋教学楼共 6 间教室，一栋宿舍楼共 330 张床位，一间食堂，一间餐厅，一块球场和一块科普教育用地。学生总人数 306 人（女生 193 人、男生 113 人）；按年级分：七年级 79 人，八年级 63 人，九年级 164 人，总共 6 个班 12 个小组。教职工 34 人，其中有 19 名专任教师、14 名后勤保障人员。除了让学生掌握基础文化知识，学会一技之长也是普职教育融合班教学中的重要一环。在日常教学中，普职融合班根据学生的文化水平、兴趣爱好、年龄等因素统筹编班，课程设置以义务教育阶段课程为主，技能培训、培养特长生为辅，现已开设专业课程：

电子商务、农村供用电、人工智能编程、美容美发、中餐烹饪、棒球加工、种植养殖、音乐、舞蹈形体[①]。职业技术课程主要是邀请怒江州民族中专的教师过来上课，也有邀请福贡县城的一些师傅。目前学生毕业后一部分升入怒江州民族中专继续就读中职相关专业，一部分则外出打工，另一部分则通过茶艺、餐饮、摩托车维修等训练而在当地就业。2020年7月，福贡县普职教育融合班第一届毕业206人，其中28人到中等专业技工学校就读、64人到珠海务工[②]。

五、省内对口帮扶 + 东西部扶贫协作，内外"两只手"助推脱贫攻坚与高中普及攻坚

《高中阶段教育普及攻坚计划（2017—2020年）》提出："建立省域内优质学校对口帮扶贫困地区薄弱学校的机制，缩小学校之间的差距"[③]。《深度贫困地区教育脱贫攻坚实施方案（2018—2020年）》提出："在'三区三州'率先实施职业教育东西协作行动计划"[④]。

四川省于2016年启动省内七市35个县市区对口帮扶藏区彝区45个深度贫困县市，2017年已落实8.04亿元帮扶资金。广东省佛山市对口支援凉山州，2016年针对凉山州的11个国家级贫困县的帮扶资金达1.1亿元（每个县各1000万元），2017年四川省已落实东西部扶贫协作帮扶资金5.1亿元，其中藏区3.7亿元、彝区1.4亿元[⑤]。

在省内对口的教育帮扶中，如成都市双流棠湖中学对口帮扶凉山州木里中学，从2013年结对帮扶以来，已取得显著成绩。主要是派骨干教师过来帮扶教学带动，

---

① 「大峡谷·小康路」普职融合托起新梦想福贡大山里的少年有了新出路［EB/OL］.云南网，（2020-09-18）.http://society.yunnan.cn/system/2020/09/18/030979577.shtml.

② 沈有禄，段黎华.深山里的控辍保学攻坚战［N］.中国青年报，2020-09-28（6）.

③ 教育部，国家发展改革委，财政部，人力资源社会保障部.教育部等四部门关于印发《高中阶段教育普及攻坚计划（2017—2020年）》的通知［EB/OL］中华人民共和国中央人民政府门户网站，（2017-04-06）.https://www.gov.cn/xinwen/2017-04/06/content_5183767.htm.

④ 教育部、国务院扶贫办关于印发《深度贫困地区教育脱贫攻坚实施方案（2018—2020年）》的通知［EB/OL］.中华人民共和国教育部门户网站，（2018-02-26）.http://www.moe.gov.cn/srcsite/A03/moe_1892/moe_630/201802/t20180226_327800.html？authkey=mm7ie3.

⑤ 省内对口帮扶 + 东西部扶贫协作内外"两只手"助推脱贫攻坚［EB/OL］.四川省人民政府门户网站，（2017-09-12）.https://www.sc.gov.cn/10462/12771/2017/9/12/10433395.shtml.

也派了一名副校长过来负责高中部，平时木里中学的教师也到棠湖中学去跟岗学习。截至 2018 年，木里中学高考本科硬上线 82 人，其中重本 8 人，加上艺体本科硬上线 26 人，本科共硬上线 108 人，上线率达 20%，而在 2015 年本科硬上线仅 7 人[①]。这几年木里中学的高考成绩越来越好，2023 年本科硬上线 164 人，其中文科上线 40 人、理科上线 124 人。

在项目建设、师资培训帮扶上，如绵阳市涪城区对口支援昭觉县，绵阳七中对口帮扶昭觉民族中学，省委综合帮扶队派骨干，绵阳实验高中、绵阳中学、广安一中学骨干教师到昭觉中学支援帮扶期 3 年，挂职一个帮扶副校长，派过来的帮扶骨干教师每人都挂职学校学科教研副组长，昭觉中学教师跟着他们学习。而四川大学、浙江大学每年还会派研究生支教团到昭觉县支教（一般是每年 9 月到校，次年 6 月离校），这样可以解决一些教师请假或外出学习时的缺课代课问题，一般每次支教派出十几人。另外，如成都市浦江县寿安中学对口帮扶凉山州布拖中学，派了高中年级主任到布拖中学挂职副校长，另外也每年派几名帮扶指导教师。据 2019 年基线调研的数据显示，整个全省教育系统支援布拖县的教师有 85 人。

省内外的帮扶对提升贫困地区的教育质量起到了一定的作用，通过校长（副校长）挂职，骨干教师交流，对教师的培训、学习与成长起到了重要的助推作用，弥补了部分公共教育资源的不足。如凉山州依托省级、宁波（对口支援凉山州）线上基础教育、职业教育教学资源一流课程，支持面向农村、边远、民族地区开发英语、数学和音、体、美等数字教育资源，补齐教育基本公共服务短板[②]。2020 年 7 月，怒江州民族中学首届"珠海班"50 名学生，高考平均分达到 600 分，一本上线率 100%，近 20 人被南京大学、同济大学、武汉大学等 985 院校录取，三分之二的学生被 211 院校录取，创怒江州历史最好成绩[③]。

自 2013 年起，云南省组织协调了东部职教集团对口滇西帮扶 10 个州市，主

---

① 双流棠湖中学：七年教育扶贫攻坚用心托起大山里的希望［EB/OL］.网易网，（2020–05–12）. https://www.163.com/dy/article/FCF3AAFA0529M3HA.html.

② 凉山州人民政府关于履行教育职责自评情况的报告（凉府函〔2021〕147 号）［EB/OL］. 凉山彝族自治州人民政府门户网站，（2021–10–15）.http://www.lsz.gov.cn/xxgk/zcwj/ zzffw/202110/t20211015_2049089.html.

③ 林曦，杨奇."江海情，携手行"：广东珠海教育扶贫云南怒江［EB/OL］.金羊网， （2020–12–29）.https://wap.ycwb.com/2020/12/29/content_1379280.htm.

要在师资培训、联合培养、对口招生、产业扶贫等方面积极合作。其中天津交通职业学院帮助怒江州民族中等专业学校汽车专业建设实训中心[①]。珠海市9所中职技工学校还开办了"怒江班",目前在读怒江籍初高中毕业生1646人,其中建档立卡户学生1387人、已毕业53人,对于建档立卡贫困学生100%免费接收、100%推荐就业[②]。

但是珠海对口帮扶怒江的中职招生在特别贫困县也面临困难,同时也存在抢夺当地中职生源问题,如福贡县架科底中学(初中)2019年初三毕业161人,普通高中录取120人,当时珠海扶贫给福贡县的中职招生名额分配到架科底中学的有11人,但只有3人报名。帮扶的条件是很优越的,完全免费,从福贡开始上车,一直到返回到家门口全部由他们负责,学费全免,伙食费一年补助6000元,来回车费600元1次,一年补助4次(单程)。同时,如怒江州兰坪县中等职业学校本来就面临招生困难,但因珠海等东西部协作计划,要求以政府的名义组织生源送到对方中职学校去,无形中增加了本地中职学校招生的压力。

同样的,据凉山州农业学校招生办郝朝阳主任介绍,珠海政府当时扶持凉山,珠海技师学院对口帮扶凉山州农业学校,开设了"珠海班",学生第一年在凉山州农业学校学习,第二年再去珠海技师学院学习,对方资助学生来回路费,一年资助100人,每年每人有6000元生活补助,去"珠海班"要经选拔才能送过去。后来佛山也支援,但愿意去的人就少了,要求凉山州送400人过去上中职学校,最后只去了160多人。

有些帮扶则时间过短,起不到明显作用。据临夏州积石山县民族中学陶学乾校长介绍,厦门市海沧实验中学对口帮扶积石山县民族中学,但对方派出的教师支教时间不长,一年只来一周,派出一个团队,路上耗去2—3天,在学校实际只能支教3—4天。且派出教师人数太少,面上是实现帮扶了,但实际上没有取得实际帮扶作用。有一次厦门过来的团队7人到学校就上了一节示范课,开展了一次教研活动,作了一次讲座。

① 东部职教集团对口滇西帮扶10州市[EB.OL].多彩贵州网,(2017-03-27).http://news.gog.cn/system/2017/03/27/015528094.shtml.
② 林曦,杨奇."江海情,携手行":广东珠海教育扶贫云南怒江[EB/OL].金羊网,(2020-12-29).https://wap.ycwb.com/2020-12/29/content_1379280.htm.

六、改进普通高中与中职学校招生管理办法，统一平台、统一招生、统一录取

《高中阶段教育普及攻坚计划（2017—2020年）》提出："改进招生管理办法。健全教育、人力资源社会保障等相关部门招生工作协调机制，建立中等职业学校和普通高中统一招生平台，切实落实普职大体相当的要求。"[①] 提出这一政策要求的最主要动机是通过统一的招生平台，根据当地当年执行的职普比划定的中考不同类型学校的录取分数线来严格招生行为，确保中职学校的招生数，在中职学校招生数较少的地区逐步提高职普比。另外，也是为了防止普通高中的民办高中与公办高中的招生无序竞争问题。

如为了防止州府及省会优质高中"掐尖"，维护县中生存权利，促进中职学校良性发展，急需根治高中阶段招生的各种乱象，促进高中阶段教育普职协调发展，临夏州按照有关程序设立临夏州考试院，规范和理顺教育考试管理体系，严格执行高中阶段招生政策。科学下达普通高中招生计划，每年划定最低控制分数线，合理分流初中毕业生，严格按计划招生。提高普通高中教学质量，扩大职业学校招生规模[②]。类似的，凉山州已于2018年开始全州统一考试、统一招生。而安宁河流域统一招生要早4—5年就开始了。报计划时按普职比来报，确定录取控制分数线后严格按分数线招生，不在统一正规的招生平台录取的就入不了学籍。公办普通高中招生计划由各县市教育行政部门根据本地初中毕业学生规模、普通高中办学水平及学位情况，结合普及高中阶段教育、促进普职协调发展的要求，统筹预计后以学校为单位上报州教育局，经州教育局、州发改委共同审核后以学校为单位下达，并在规定时间向社会统一发布。民办普通高中政府购买学位的招生计划纳入学校所在县市公办普通高中招生计划，自主招生计划由学校根据自身

---

① 教育部，国家发展改革委，财政部，人力资源社会保障部.教育部等四部门关于印发《高中阶段教育普及攻坚计划（2017—2020年）》的通知［EB/OL］中华人民共和国中央人民政府门户网站，（2017-04-06）.https://www.gov.cn/xinwen/2017-04/06/content_5183767.htm.

② 中共临夏州委临夏州人民政府关于振兴教育事业的意见［EB/OL］.临夏回族自治州教育局官网，（2020-11-25）.https://jyj.linxia.gov.cn/jyj/xxgk/fdzdgknr/zcwj/art/2022/art_1e148e2c926f4c95a38e359852948c11.html.

办学能力确定，经所在地县市教育行政部门审核并报州教育局备案后执行，在规定时间向社会公布①。

第四节 "三州"地区高中普及攻坚目标
进展缓慢的主要原因分析

一、义务教育巩固率低，"控辍保学"任务艰巨，限制了升入高中教育的学生基数

基础不牢，地动山摇。同理，在高中普及攻坚进程中，"三州"地区的义务教育巩固率不是很高，是个重要的影响因素，直接导致初中毕业生数减少。在深度贫困地区义务教育"控辍保学"任务非常艰巨，且是2020年全面脱贫验收的一票否决性指标，在脱贫攻坚后几年是"三州"地区教育的重中之重，所花精力之大，是很多未曾亲自参与的人很难体会和感受的。

根据前述"三州"地区学前教育及义务教育简况中的数据可知，截至2020年年底，怒江州九年义务教育巩固率92.76%，义务教育阶段学生75086人；凉山州九年义务教育巩固率82.85%，义务教育阶段学生87.98万人，初中在校生数25.59万人，初中在校生数仅为小学在校生数的41.02%；临夏州九年义务教育巩固率97.92%，义务教育阶段学生304240人，初中在校生76979人，初中在校生数仅为小学在校生数的33.87%（2019年数据）。可见"三州"地区中九年义务教育巩固率最高的是临夏州，接近98%，其次是怒江州的接近93%，最低的是凉山州，仅不到83%。在凉山州的深度贫困县中，九年义务教育巩固率普遍较低，如截至2018年，美姑县的义务教育巩固率只有47%，其他尚未脱贫的县义务教育巩固率同样相对较低，使得凉山彝族自治州的义务教育巩固率与"三区三州"其他地区的差距较大②。

---

① 凉山州人民政府关于印发凉山州普通高中招生工作改革实施意见的通知（凉府发〔2018〕10号）［EB/OL］.四川省甘洛中学官网，（2018-04-24）.http://scsglzx.lszedu.net/p/50/？StId=st_app_news_i_x6366019161397739893.
② 郭思亮."三区三州"深度贫困县教育统计分析［D］.北京：中央民族大学，2021：52.

　　九年义务教育巩固率每提高一个百分点都代表着要减少并找回成百上千的"失学生"（主要是未上过学的学生）和"辍学生"（上过学而未留在学校的学生），而这个任务是非常艰巨的。失学辍学率高了会影响到最终九年义务教育结束后出口的初中毕业生数，这种情况在凉山州显得特别严峻，毕竟九年义务教育巩固率只有82.85%，很多学生未完成初中学业就流出教育系统了，这也是凉山州为什么高中普及率提升缓慢、提升难的重要原因（截至2020年凉山州高中毛入学率只有84.12%）。

　　另外，近年来随着国家脱贫攻坚成效的显现，不少原来因超生缴纳不起社会抚养费而逃到边境地区甚至进入境外"飞地"的边民陆陆续续回流落户（2017年6月国家出台无户籍新的落户政策），如在怒江州三类人员——辖区内没有户口的、边民从缅甸回来的、高黎贡山移民落户后，就多出了很多失学儿童，很多都是高中阶段15—17岁的孩子，落户这么多孩子，落户以后又没有上学，分母增大分子小，所以高中普及率又降下来了。据时任怒江州教育局苏义生副局长介绍，云南有4050公里的边境线，现在落户时除了以前超生的没落户的给落户，以前去缅甸、越南等现在回来的也给落户。近些年国内脱贫攻坚力度大，中国条件好了，很多人会回来吃低保等，以前是20世纪六七十年代有些傈僳族去到高黎贡山缅甸那边种地，土地很肥沃，现在国内好了，又出台了落户政策，很多人愿意回来落户了，但要证明自己是中国人。仅福贡县架科底乡落户的一下子就增加了6000人，其中很多是缅甸回来的，最多的从十四五岁开始生孩子到现在三十五六岁，一共有15个孩子。有的落户孩子多，可能有他们弟弟妹妹亲戚的孩子也落户在他们头上了，不一定每家都有十几个孩子。失学人数较多，尤其是较大年龄的失学生较多，间接拉低了高中阶段教育的毛入学率。而因失学、辍学造成的"控辍保学"问题对"三州"地区义务教育普及、义务教育均衡验收，以及脱贫验收都具有重要的指标意义，也是一票否决的重要指标，"三州"地区的"控辍保学"任务非常艰巨，且具有持久性、复杂性和重复性。

　　本人曾就"控辍保学"进行了专门调研，并参与了一次在福贡县的失学学生的劝返工作，但无功而返。在福贡县的调查发现，孩子失学、辍学的主要原因有：其一，因厌学而辍学。其二，因家庭缺少劳动力而辍学。其三，因上学路途遥远，不知道教育是什么而失学。其四，因超生交不起社会抚养费、上不了户口而失学。其五，因山大沟深、路途遥远，父母担心孩子安全而失学、辍学。其六，因想为家里增收，外出打工而辍学。其七，因长期独居而产生社交恐惧症，或因自由懒散惯了害怕学校管理而辍学。

在失学、辍学学生中，以女童居多。少数民族地区更不易接受外来的先进思想和技术，重男轻女观念根深蒂固，女生在读完初中后辍学的比比皆是。妇女不受到重视，"男主外、女主内"的思想蔓延。与其他投资相比，教育投资周期长、见效慢，无法帮助贫困人口短时间脱贫，使得家长在教育投资上，尤其是义务教育阶段外的积极性严重不足，在更高层次教育上投入或减少或停止。因此，"读书无用论"在贫困地区大有市场，并形成了一种习惯、一种思维定式，使得祖祖辈辈将这种观念流传下来，根深蒂固，最终形成代际传递[1]。"三州"地区受"读书无用论"思想的影响及家庭困难、交通闭塞等影响造成失学、辍学现象严重。

劝返之难，成本之大，是普通人难以想象的。2020年暑假，本人曾参与了福贡县的一次失学学生劝返活动。我们一行五人到小娜（化名）家劝返，从福贡县城坐车一个多小时到了俄科罗村，又走了两个小时山路才到小娜家。刚到她家附近，狗一叫，小娜的父母就带着另外4个孩子跑上山了，留下小娜照顾一个小妹妹。据子里甲乡党委副书记普云春说，有一次来她家劝返时也是如此，刚到附近，孩子的父母就跑了，他还得留下来帮忙照看小孩，给他们煮稀饭和洋芋。普云春去了她家不下10次，但仅见过小娜两三次，家长只见到一次。而劝返次数最多的一家，去了学生家65次，能见到家长并进行有效劝返对话的有32次[2]。

据《福贡县控辍保学推进情况报告》显示，福贡县组建由县委、县政府主要领导任双组长的控辍保学领导小组，领导小组办公室设在县政府办，由分管教育的副县长任办公室主任，抽调5名同志为工作专班，统筹协调全县"控辍保学"相关工作；在教育体育局设立由6人组成的"控辍保学"数据中心，全面收集、汇总、分析数据和完成日报工作，同时完成相关业务指导工作。从责任压实上，

---

① 陈亮. "三区三州"脱贫地区教育阻隔代际贫困的实证研究［D］. 重庆：西南大学，2021：29.

② 沈有禄，段黎华. 深山里的控辍保学攻坚战［N］. 中国青年报，2020-09-28（6）.

2019学年开学至今，由县委、县政府主要领导召集召开的"控辍保学"工作专题会议达32次，由分管副县长召集召开的控辍保学工作会议达33次，会议开到县、乡、村三级，层层压实各级各部门责任。从研究部署上，县委常委会、县政府常务会研究、通报"控辍保学"相关议题达37次，定期研究"控辍保学"工作，定期安排部署阶段性工作任务。研究制订下发《福贡县控辍保学总攻方案》《福贡县控辍保学"N对1"责任包保实施方案》《福贡县义务教育控辍保学工作方案》等控辍保学相关文件达19份，有效指导各级各部门开展工作，全面压实"双线四级"责任制和"七长"负责制度，举全县之力抓实"控辍保学"工作。实行一个孩子由三个人包保负责，即统筹领导、帮扶责任人和帮扶教师，由县委、县政府主要领导带头，全县所有县处级、乡科级全员参与，截至2020年6月底，先后包保三批，涉及辍失学生447人。包保团队到山东、到温州、到陇川、到芒市、到保山、到村组，每周入户劝学，2020年以来，全县包保责任人累计入户3619人次，涉及1932人次，累计劝返回校234人。还组建3支突击队伍，组建由县委常委、组织部部长与分管教育副县长为双组长的"控辍保学"突击队。抽调精通民族语、基层工作经验丰富、能力强的60余人分别组成"党员突击队""巾帼突击队""园丁突击队"，做到驻村驻组驻点，深入到辍失学生家中，采取蹲点式、突击式、集团式的工作方法，吃在一起、住在一起，以"面对面"、"多对一"的工作形式，不达目的不罢休的工作态度与作风强势劝返。

劝返路之艰难难以想象。第一，不少家长及孩子对接受教育抵触情绪比较大，未能意识到接受义务教育既是其基本权利，也是其应该履行的基本义务。据时任福贡县政府督学段黎华主任介绍，一次他们去劝返一个失学孩子时，孩子对工作人员说："我又不是你生的，跟你有什么关系？我去了也没有意思，以后你们再也不要到我家了，我讨厌男人。"这个女孩十二三岁，没有劝回来，她父亲丢下妻子和孩子两年前跑缅甸去了。她家段主任去了10趟，一天一趟，也做不通工作。第二，还有不少家长和孩子对教育的认识比较低，"读书无用论"比较有市场。据段黎华主任介绍，一次他们去劝返一个男孩，无论他父母怎么拉他抱他，他就是不肯走，最后跳猪圈跑了。孩子说："这辈子是不可能读书了，我要去打工挣钱。"几个大人一起拉小孩，把他从他家的木架子那里掰开手（小男孩紧紧抓住架子不放手），几个人也弄不开，最后小孩哭了，他爸爸也哭了，用手和衣角擦眼泪，他爸说："领导，我已经够努力了，到这个地步，我也没办法了，要杀我的脖子也杀了。"家长在脖子上比画一下，意思是要处罚他哪怕就是要杀他他也没办法了，就是抓他去坐牢也不怕了，他也尽力了没有办法。第三，劝返成本大、时间长、工作量大。福贡县子里甲乡郑魏南乡长为了找回辍学生益某华，直飞山东两次，花了3万多元，最终把最后一个辍学生送回学校。在子里甲乡，为找回一名辍学生胡某华，出动了副县长、教体局副局长、乡党委副书记、副乡长、驻村工作队队长和检察院、法院、公安局、司法局、医院、村委会工作人员。级别之高、人数之多，爬山之高、行程之远，让人无法想象。经过做大量思想工作，让孩子先在普职融合班就读，现在在架科底中学就读。第四，劝返路上安全有隐患，有时甚至面临家长的威胁。控辍保学是项长期性、复杂性、艰巨性、反复性的工作，只有常抓不懈才能做好。据段黎华主任介绍，劝返过程中，还有家长、孩子拿鞋子扔入户工作组的人员，甚至有拿刀准备砍人的，工作队怕孩子做出极端行为，就退回来了。所以，有时劝返下乡时两个人是不敢去的，要七八个人才敢去，有的深山里的人私自藏有猎枪等，人多了，要是别人开枪，至少还有人可以报警。有一次去一家，家里人先拿菜刀再拿尖刀（杀猪用的）威胁要砍人，后来跪地上又哭又闹，最后工作组只能撤退了，毕竟生命权大于受教育权。还有的时候拿着大柴火赶人，还有的把猎狗拴家门口，劝返人员也进不去，只能隔空喊话。总之，用段主任的话来说，就是"不容易，这个工作，说起来一嘴话，但干起来都是辛酸泪"。

　　福贡县的"控辍保学"劝返仅仅是"三州"地区劝返学生的一个缩影，但又很有代表性，因福贡县是本人到过的全国最贫困最艰难的县，可以说是全国"三区三州"中脱贫难度最大的县了。其他各州县市也都面临"控辍保学"的艰巨任务，且是持久推进的工作，即便是脱贫攻坚验收后，现在也是学校的日常重点工作之一。每次开学后，在微信朋友圈，都能看到这几年在调研中结识的"三州"地区的校长、教师们又背着行囊上山下乡、走村串户地去劝返学生，那身影既熟悉又痛心，毕竟看到原深度贫困地区的孩子及家长至今还有部分不太重视教育，这对巩固脱贫成效是极其不利的。

二、经济落后，本地政府教育经费投入有限，资金缺口大

"三州"地区在 2020 年年底未能如期实现高中完全普及、毛入学率达到 90%，除了前期底数低，最重要的就是"三州"地区经济发展滞后，财政收入有限，获得的中央专项转移支付又不是很高，加之"控辍保学"、义务教育均衡验收又是脱贫攻坚验收前教育工作的重中之重，高中普及攻坚就稍微落下了一些。

如凉山州普格县虽然义务教育均衡已经通过省级验收，但校舍、宿舍、运动场等基础设施严重不足，资金缺口达 6 亿元以上，计划新建螺髻山中学，缺口资金也很大，而教育信息化数字校园建设也尚缺资金 8600 万余元。凉山州盐源中学二校区建设最大问题是经费短缺，总投资 2.9629 亿元，资金缺口很大，到位的资金不到 1 亿元，工程竣工和设备安装还缺 2.1 亿元。据盐源县教育局安成忠副局长介绍，盐源县普通高中、中职学校扩容的资金都是带帽下达的中央和省里的资金，州上的配套比例很少。同样的，中职学校基础建设资金缺口也很大，学校实训基地普遍不足。据九三学社中央课题组的调查显示，凉山州中职学校建设资金缺口达 11 亿元[①]。

根据 2020 年学生预测增加情况和各县（市）测算情况，凉山州全州需新建学校 37 所（其中小学 23 所、初中 14 所），改扩建学校 884 所（其中小学 776 所、初中 108 所），完成校舍建设 343.49 万平方米，约需资金 103.05 亿元；除去 2018—2020 年可预测能筹集安排资金 66.97 亿元，尚有资金缺口近 30 亿元。全州仅有 7 个县（市）通过国家义务教育基本均衡发展认定，尚有 7 个深度贫困县未接受省级督导评估验收，10 个县未通过国家认定，占全省 17 个未检县的 58.8%。而州财政属于"吃饭型"财政，财力无力承担义务教育均衡发展资金投入，要在 2020 年如期实现县域义务教育基本均衡发展难度极大[②]。

另外，消除义务教育阶段"大班额"难度大、"控辍保学"任务艰巨，资金需求不断增加。而在资金短缺的大背景下，能获得的经费也优先用于义务教育均

---

① 九三学社中央课题组.关于加强"三区三州"职业教育发展的思考［J］.教育与职业，2019（14）：43-44.
② 注：参见凉山州教育局内部资料《凉山州 2019 年教育工作总结（凉山州教育工作情况）》（凉山州教育局基教科，2020 年 7 月）。

衡验收，能给普通高中及中职学校的经费就很少了。这也是这几年"三州"地区高中阶段教育基础设施建设滞后的主要原因。

三、学生入学晚，造成高中毛入学率统计时分子变小、毛入学率变低

学生入学晚、年龄偏大，到了该上高中的年龄却还在初中，造成高中普及率统计时分子变小、高中毛入学率低。据福贡县政府督学段黎华主任介绍，高中普及率低的原因之一是毕业学生基数变小，同一个年龄段少，有的学生应该读高中了，16岁、17岁、18岁应该是读高中的年龄段，但还在读初中。高中阶段毛入学率，是指高中阶段在校生（不考虑年龄）占15—17岁年龄组人口数的百分比[①]。即国家在统计高中阶段毛入学率时，分母是高中学龄人口15—17岁的人口总数，而分子是高中阶段在学人数，不考虑在校生的年龄，可以是低于15岁（如有小学提前入学后提前升入高中阶段的），也可以是大于17岁（如有小学入学晚升入高中时已超过17岁的）。

贫困地区义务教育阶段晚入学的人数不少，以至于到了15—17岁本该上高中的年龄，而人却仍在上初中，这样造成15—17岁的高中阶段学龄人口中，实际上高中的人数就变少了，如此造成了贫困地区高中毛入学率统计时就会出现实际毛入学率低的情况。再加上入户籍政策的变化，也造成户籍15—17岁的高中学龄人口增加，而这其中很大一部分是没有上过学或上过很少学的，这样，分母进一步增大，而实际分子又变小，这样统计的高中毛入学率自然就低了。2017年6月国家出台无户籍落员入户新政策，怒江州三类人员——辖区内没有户口的、边民从缅甸回来的、高黎贡山移民——落户下去后，就落出了很多失学儿童，且不少是高中学龄15—17岁的孩子。福贡县在2017年落户时新增8667人，主要在架科底乡等，义务教育阶段学龄人口落下1860多人，高中阶段学龄人口至少五六百人（600人左右），这样福贡的高中普及率自然又降下去了。

"晚入学"在"三州"地区普遍存在，尤其山区地区。家长不愿意在孩子年

[①] 2021年全国教育事业发展统计公报［EB/OL］中华人民共和国中央人民政府门户网站，（2022-09-15）.https://www.gov.cn/xinwen/2022-09/15/content_5710039.htm.

满 6 周岁就送孩子上小学一年级,主要是因担心孩子小,如果上学路途遥远,遇到雨雪天,很担心孩子的安全,都宁愿等孩子稍微大一点后再上小学一年级。在2005 年普九工作开展以前,有不少农村家庭的孩子因经济贫困、家中劳动力缺乏、上学路途远等原因而晚入学,有不少农村孩子长到八九岁甚至十四五岁才读一年级。早些年,也有不少女孩子小学毕业就嫁人了,年龄大的孩子读到初中毕业的很少,因此这些晚入学的孩子比其他孩子更早地退出现代教育的场域[①]。

四、部分初中生毕业就外出打工或结婚,一定程度上降低了升学基数

因"三州"地区家庭收入普遍较低,部分民众受教育意识观念淡薄,还存在不少学生辍学打工的情况,也存在一些学生早婚早育的现象。

(一)在深度贫困地区还存在部分学生未完成义务教育就辍学打工的情况

上学总是有成本的,尤其非义务教育,不仅有学杂费、住宿费等直接成本,还有因年龄稍大一些后可以外出打工而放弃收入的机会成本,这对于深度贫困地区家庭来说是一笔较重的经济负担。即便在近些年"三州"地区基本普遍实行12 年,甚至 14 年、15 年的免费教育情况下(即从高中到学前全免费),仍有部分学生辍学外出打工,尤其是成绩不太理想又厌学的学生,初中未毕业就外出打工了,近年来"控辍保学"抓得紧以后,仍然有初中毕业后未升学外出打工的。对"三州"地区的不少家长来说,他们认为成才就是通过上普通高中考上大学才叫成才,工作就是只有考上体制内的公务员、事业编或国有企业,即凡是吃国家财政饭的"铁饭碗"才叫工作,其他的都是打工。如果都是打工的话,等中专毕业或高职毕业再打工,还不如早点就外出打工,这样还能多挣几年的钱,少花几年的上学费用,增加家庭收入。

尤其在临夏州,劳务收入占全州地区生产总值的三分之一强,如 2020 年全

---

① 阿呷热哈莫.彝族教育现代化的发展与困境:凉山彝族的个案研究[M].北京:科学出版社,2018:132.

州地区生产总值 331.3 亿元，其中劳务收入 130.4 亿元[①]，劳务收入占了临夏州产值的近四成比例（39.36%）。全年劳务输转人数 55.9 万人，而据第七次全国人口普查数据显示，截至 2020 年年底，临夏州常住人口 210.975 万人[②]。劳务人员占全州总人口的 26.50%，即在临夏常住人口中每四个人中就有超过一个人是在务工的，"打工经济"撑起了临夏小半边天。加之，临夏穆斯林很擅长于经商，不少学生初中未毕业就随父母或亲戚外出经商或打工了。同样的，怒江州农民的经济收入也主要靠种草果、花椒、茶叶、核桃这四大类农业产业，其他就是打工经济，务工为主，经济产值以打工经济为主，基本上没有企业。前几年因脱贫攻坚验收，解决脱贫群众的住房问题，各地修建新房比较多，一些辍学生也就在当地打工了，一年能帮家里挣 2—3 万元。

在 2019 年的调研中，临夏市第二中学马继盛校长介绍，临夏这个地区难度比较大，有些家长观念还没转变过来。比如做生意的家长，孩子成绩差到上高中没有希望，于是连中职也不想让孩子念，就让孩子跟着做生意或打工。而学生初中毕业打工每月能挣 2000—3000 元，可以让孩子承担家庭经济收入的重任。说破了就是挣钱，家长观念难转变，注重短期收益，为了眼前的利益，而不看重长远利益。早些年辍学出去打工的现象更严重，如 2012 年在甘洛县托觉村村小毕业的学生中，参与调查的 69 人中，有 40 人外出打工，其中 38 人在外打工，有 2 人在家照顾年幼的孩子。这 38 人中，22 人小学毕业，5 人念到初一，6 人念到初二，5 人初中毕业[③]。

在东乡县锁南中学调研时，马东升校长介绍，东乡县不少孩子从小不上学的多，大部分是上了小学不上初中，还有小学五六年级就辍学打工的。这几年"控辍保学"抓得严了，辍学外出打工的稍微少了点。根本原因还是贫困，交通不便、

① 临夏回族自治州 2020 年国民经济和社会发展统计公报［EB/OL］.临夏回族自治州人民政府门户网站，（2021-12-02）.https：//www.linxia.gov.cn/lxz/zwgk/bmxxgkpt/lxztjj/fdzdgknr/tjsj/tjgb/art/2022/art_0c4ecf822344415299e620e9afae6411.html.

② 临夏州第七次全国人口普查公报［EB/OL］.临夏回族自治州人民政府门户网站，（2021-06-08）.https：//www.linxia.gov.cn/lxz/zwgk/bmxxgkpt/lxztjj/fdzdgknr/tjsj/tjgb/art/2022/art_99b698a34d534d61909a947e4fc937a3.html.

③ 阿呷热哈莫.彝族教育现代化的发展与困境：凉山彝族的个案研究［M］.北京：科学出版社，2018：83.

居住分散，土地少、气候不好。交通不发达，群众受教育年限短，县城没有一条河流，靠的是其他地方引来的自来水。土地没法浇灌，只能靠天吃饭，而一个人只有 1 亩地，1 亩地收入 1000 元，除掉成本只能剩下三四百元的收入。全县没有产业企业，人均年收入东乡只有 1800 多元，而临夏人均年收入 2100 多元。群众收入主要来自劳务——打些零工，而工程队只有 5 月才能开工，到 10 月就结束了，最多 6 个月打工期。政府也没钱，去年财政收入 6800 万元，而国家给了五六十亿元。

2019 年在临夏州和政县的调研中，本人在一家拉面店吃饭后访谈了在亲戚家拉面店（就是吃面的这家店）打工的杨占林（2001 年出生），得知他因父亲生病，家庭经济困难而不让他继续读书了，并给他定了亲。

我们这里不少学生考不上普通高中就不继续读书了，男孩子还可以上中职学校，女孩子基本上很少有让上中职学校的，传统的思想就是重男轻女。少数民族结婚特别早，十六七岁就结婚了。我考上普通高中，入学手续还没有办完的第二天，就跑去家族面馆打工了。我已经订婚了，未婚妻还在上初三，跟我同龄的有小学毕业就结婚的。我们班结婚的有三四个，打工的有二十来个，班级共 50 人，上普通高中的就二十来个。我们这里女生 18 岁就结婚了，我们村很多都结婚了，都有小孩了。上初中的话回族中女生 10 个中只有七八个，两三个是出去打工或在家族面馆、超市帮忙或在家中干活。什么时候结婚不知道，都是父母做主。我 2017 年（16 岁）初中毕业，2016 年时父母让我看了女孩照片，一个星期之后，他们就给我订婚了。就听父母的吧，父母把定亲弄好了，女方还算亲戚，是我舅的女儿。

为什么来家族面馆打工学习？主要还是觉得中职学校里面的拉面训练不够，一天就十几斤面供训练。中职学校里招的大部分都是贫困户。去年我去厦门企业干了 6 个月，每个月补贴 2100 元，把节假日扣掉、实习期扣掉，最后拿了 3 个月补贴 6300 元。车间干活就要培训一周，我只培训了两天，我不想干了，我是过斋月后回来的，我刚回来 3 个半月，就不再去了，我去的那个企业政府投资 30 万元建立了清真食堂。

未来我不敢想，走一步算一步，我怎么想都不能按我想的去走，我的生活基本被父母给决定了，父母不让读书我就不读了。姐姐 18 岁就结婚，我哥哥上了甘肃民族师范学院，

2018年毕业，今年刚考上小学教师。我主要是家里困难父母不怎么让上学，还有就是父亲病了，但他不肯去医院，我强迫他去，那时我哥还在上学，我去家族拉面馆干活每月挣2000元。父亲看病最后是我掏的钱，只花了2000多元，当时父亲就说不让我再继续读书了。因当时就父亲一个人打工，母亲在家务农，父亲开个农用三轮车，好时候一天100多，更多时候一天只能挣四五十，所以我就不读书了。现在出来两年多了，学习丢了两年多了，再去也不适应了，所以现在自己也不想再上学了。

（二）在深度贫困地区还存在部分学生家长让孩子早婚早育的情况

因家庭贫困，担心被各种因素影响，还有部分家长在孩子未初中毕业就给孩子订婚，甚至结婚了，这种现象在凉山州东五县（美姑、昭觉、金阳、布拖、雷波）及临夏州特别明显。如本人在调研过程中，从临夏州康乐县赶往广河县途中，包车的司机介绍（当时仅仅是在车上聊天，忘了问司机的姓名），他有3个子女，儿子读了初一——个学期，自己不想读书就退学了，在2018年17岁时就结婚了（临夏州的民族单行条例允许男的满20岁、女的满18岁就能结婚）。当地女孩读书的20岁就嫁人了，没读书的十七八岁就嫁人了，以前有十五六岁的，现在不怎么敢了，少了。

2019年在临夏州康乐县虎关中学（初中）调研时，孙良忠校长介绍，在临夏，家长都喜欢将孩子留在身边，特别是女孩，大多数就想着要在跟前，不愿意让出去，现在一些家长观念在转变。临夏女孩子辍学率比较高，原因是不少家长认为女孩识字就好了，等长大了要嫁人成为别家的人，但找对象得家长说了算，而将孩子留在身边好控制，要是出去了就不好控制了。男孩都控制，女孩更控制了。县城里面的慢慢好点，但是农村比较严重。农村里面还有不少孩子辍学了，主要是女孩子上，男孩子辍学的少一些，除非男孩子确实不想上了。

2020年在临夏州调研时，专门就学生的早婚情况向班主任作了较详细了解。积石山县田家炳中学初三班主任左国民老师表示，他们班56人，升普通高中53人、中职学校3人，之前有几个辍学的，2019年辍学了4人，有两个女生结婚了，一个怀孕了就没再回来上学了，否则学校压力大，家庭压力也大。广河三中初三班主任马月霞介绍，班级毕业54人，其中有8人上中职学校、20人上普通高中，流失了26人，流失掉的主要是学习太差的，完成九年义务教育就完成整个教育了。班上共有6个女生结婚，其中1人还是马老师说服之后才读完初中后结婚的，中考完6月24日就结婚了。

2020年在凉山州调研时，布拖中学高二班主任包蓉老师介绍，她班上58人，结了婚的男生有三四个，女生订婚的多，有十几个。初中一年级班主任何政良老师表示，班上学生年龄在12—15岁之间，其中一个还是1999年的，有21岁了，班上学生中有20%—30%的定了亲。初三班主任李敏老师介绍，他们班毕业68人，订婚的学生有3个，1个男生两个女生。男的家庭条件好一点，早点订婚，早点结婚，父亲是布拖修车师傅，家庭条件好，初一下学期就回家订婚了；另外一个女生家庭条件比较困难。好多女生是家里让早点回去订婚，订婚了要给女方家一笔钱，家里就用这个钱来供小的孩子读书。有个19岁初中毕业的彝族男生，在初一时就结婚了，已经有两个孩子了。

深度贫困地区孩子订婚早、结婚早，一个原因是家庭规模经济效益，可以帮助家里增加经济收入，特别困难的家庭还能通过定亲或结婚的彩礼来供家里年龄小的孩子继续读书。另外民族自治州有特殊的单行条例，结婚年龄比国家的一般规定要提前两岁。再就是在一些特殊地方，如凉山州东五县，艾滋病频发，也是家长愿意让孩子早结婚的一个原因，因此女孩结婚比较早。据布拖县时任副县长钟继娟介绍，凉山地区艾滋病发生率较高，害怕孩子感染艾滋病了不好嫁人，所以一些家长希望孩子在十五六岁就结婚，避免以后感染艾滋病。再一个原因是，女孩子早点嫁人，结婚给的彩礼也会更高一些。如凉山州一般的彩礼在十几万到五六十万，农村的一般在十几万至三十万，有工作的高至五六十万，而年龄大了一方面是嫁人比较困难，另一方面彩礼也没有年轻点的给得高了。

五、受落后观念影响，送孩子升入更高一级学校的意愿较弱

怒江州及临夏州思想观念比较保守，有的长期生活在偏僻人少的地方，甚至不愿意与政府打交道，排斥现代社会生活。2020年在怒江州调研时，怒江州教育局基教科和仕春主任认为，怒江州是"直过社会"，直接从新中国成立前的原始社会过渡到社会主义社会，少数民族群众几百年没受过教育，就是没有任何想

接受教育的意识。

据时任怒江州教育局副局长苏义生博士介绍，一次他带着州、县、乡、学校等共 24 人去福贡一个村找回一家从边境搬过来家庭的学生，他们家有 3 个孩子一天都没上过学，苏局长当时还带了 4 个公安干警（带上盾牌），给孩子家长说，限你 3 天把孩子送学校上学，如果还不送，10 天后我们在县上见，意思是接下来会找法院要判决书（孩子父母不送孩子接受义务教育违法的判决书），他们去那次没有带（取得），如果还不送就要抓人了，到时会拿了法院的判决书去抓人（孩子父母），强制带孩子来学校上学，但后来第二天父母就带着孩子逃跑了，又逃回缅甸那边的边境去了。

怒江傈僳族信仰基督教的比例很高，怒江大峡谷又被称为"福音谷"就是对怒江傈僳族信教状况的最好诠释。基督教来怒江传教时的总会就在福贡县城边的木尼玛，意为地球的心脏（木——地球，尼玛——心脏，傈僳语）。福贡县信仰基督教的人口比例达到 70.7%。信教群众平时的宗教活动每周四次，周三晚上、周六晚上、周日上午和晚上都要进行祷告和唱赞美诗[①]。

可以说，边缘性的地理和相对落后的社会生产力在基督教的传播中一直是其内在的因素，也正是存在着少数民族边缘社会这样一个事实，才为基督教的传播准备了相对有利的环境[②]。最初由缅甸基督教会传教士巴托进入怒江传教，同时富能仁与巴托一起合作以拉丁文变体创制了傈僳族文字，用以翻译《圣经》，从而扩大传教的范围[③]。西方传教士先期派遣到福贡的传教士全是傈僳族，接下来，这些傈僳族传教士培养当地的傈僳族教牧人员，传教士与教徒之间的民族认同为宗教认同奠定了基础。传教士还利用傈僳语和傈僳文在傈僳族、怒族地区传播基督教，这同样方便了基督教在傈僳族地区的传播[④]。

以福贡县娃底村为例，1988 年 2 月，全村 80 户总人口 473 人，其中信教户数为 62 户，占全村总户数的 77.5%，信教人数 366 人，占全村总人数的 77.4%；

①④陈业强.怒江傈僳族妇女跨省婚姻迁移研究［M］.北京：中国社会科学出版社，2015：158-159.

② 王坤红.原始之境：怒江大峡谷笔记［M］.昆明：云南人民出版社，2016：216.

③ 卢成仁."道中生活"：怒江傈僳人的日常生活与信仰研究［M］.北京：人民出版社，2014：13.

随着信教人数的增加,截至1996年11月,全村109户总人口548人,其中信教户数高达94户,占全村总户数的86%,信教人数482人,占全村总人数的88%[①]。

2019年笔者在福贡县架科底中学调研时,据字跃芳校长介绍,架科底乡是个宗教很盛行的地方,他刚去时,教堂的广播声音比学校的广播声音大,教堂比学校漂亮,人比学生多。字校长去以后就把学校的广播声音调得比教堂的声音大,把红旗插到教堂顶上去,当地政府也支持字校长的做法。

字校长到架科底中学任职以后,把学生的教学及休息时间更改了,改为1—8日上课,10日晚上从家回来上到18日,又放假到20日回来,再上课到28日,即逢八办学,把学生信教的时间和教学时间错开来。

有时字校长问学生是谁给你饭吃,谁给你面包,有的答是上帝给的,有极少个别答是共产党给的。字校长问面包是哪里来的,有学生说是老天爷、是上帝给的,字校长说你看看天,指指天空,看给你啥了。有学生说是上帝派共产党来给他们吃的。字校长说,今天是上帝给你吃,那明天要是党不给你吃了,你看后天还有吃的吗?不断灌输党的教育,让孩子知道感党恩,少受宗教的影响。

据字校长介绍,架科底中学曾有一个女生在窗户边对着对面人说,把你那个东西给我吃了我就嫁给你。这里很多女孩从十四五岁就生孩子了,一直生到不能生,平均生11个,最多的15个。大街上经常能见到这样的母亲,一个人背着两个孩子(大的在布袋下面,小的在布袋上面),牵着一个孩子,肚子里还怀着一个孩子。架科底乡妇女生育旺盛,人口基数大,这使得斩断父母带动孩子信教变得更难。

国家的脱贫攻坚对贫民政策很好,"五个一批"兜底了全部深度贫困人口,生活有保障、住房有保障、医疗有保障、教育有保障,甚至工作也有保障(一般会给每个贫困家庭安排一个公益岗,一年能有2万元左右的收入)。易地搬迁把楼房修在县城及江边的公路边,当地群众也不愿意搬下山住进新楼房,仍愿意住在山上的千脚落地房。为此,当地政府还给公职人员分派了任务,每人要负责劝

[①] 卢成仁."道中生活"——怒江傈僳人的日常生活与信仰研究[M].北京:人民出版社,2014:72–76.

说几户人家搬进新房，就这任务难度也不小。给得多了，就助长了等靠要的思想，"两不愁三保障"让部分脱贫群众丧失了上进心，甚至丧失了对孩子接受更高水平教育的追求，养成了一部分脱贫群众懒惰的思想，认为"人生已经达到了巅峰，达到了高潮，过着神仙般的生活"。这些懒散家长无形中会给孩子灌输这样的思想——读不读书随你，你看我没怎么读书，照样有的吃有的住，有党和国家养着呢。

六、当地就业困难，发展中职应作为深度贫困地区高中普及攻坚重要途径的作用弱化

"三州"地区中的临夏州、怒江州，地区总产值中劳务的收入占比较大，工矿企业少，怒江州有丰富的水利资源，但又属保护地区未被开发出来，临夏州也主要是"打工经济"，凉山州的企业也不是很多，相对来说水利资源得到了充分开发，农林经济也相对要好一些。但总体而言，"三州"地区都因交通、文化等因素影响，以及基础薄弱，吸引的投资较少，经济发展缓慢。凉山州长期积累的矿电等资源开发独大结构性矛盾凸显，在国家水电开发大项目大投资持续减弱及矿产资源价格下跌，以及淘汰落后产能等因素影响下，经济增长乏力[①]。怒江全州县域经济发展滞后，工业仅有铅锌和硅矿等个别工矿企业，经济结构主要为农业及服务业，投资能力不足等制约了经济快速发展[②]。临夏州经济增长主要依靠旅游业、食品和少数民族特需用品生产加工产业以及劳务输出，几乎各占三分之一。带动县域经济发展的龙头企业不足，经济结构单一、产业层次低、创新能力弱，国有企业短板问题突出等制约了经济的快速发展[③]。

据一项研究显示，"三区三州"所在的六省区每100平方公里的平均企业数分别为西藏4家、青海14家、新疆16家、甘肃62家、云南147家、四川177家，

---

① 苏嘎尔布.政府工作报告：在凉山彝族自治州第十一届人民代表大会第四次会议上［N］.凉山日报，2019-02-14（01）.

② 李文辉.2019年怒江州人民政府工作报告：2019年3月17日在怒江傈僳族自治州第十一届人民代表大会第四次会议上［EB/OL］.怒江傈僳族自治州人民政府门户网站，（2019-04-15）.http：//www.nujiang.gov.cn/xxgk/015279139/info/2019-38998.html.

③ 临夏州2019年政府工作报告［EB/OL］.东乡族自治县人民政府门户网站，（2019-03-20）.https：//www.dxzzzx.gov.cn/dxx/zfxxgk/fdzdgknr/qtfdxx/zfgzbg/art/2022/art_27de920b351c450e88db c408ff4186d2.html.

远低于全国 262 家的平均水平。"三区三州"大部分又位于所在省区相对边远的区域,本地企业数量更少①。"三州"地区经济密度合计只有 240.4153 万元 / 平方公里,仅为全国的 31.15%,单薄的经济支撑不起大中专毕业生的就业②。本地产业基础薄弱不利于通过产教融合提高职业教育质量以提高就业竞争力,企业少了也不利于大中专生的就业,就业少了,老百姓看不到希望,部分群众会因为就业预期不好而放弃让孩子继续升入普通高中或中职学校。

且受狭隘就业观念的影响,当地大中专毕业生就业都喜欢往"铁饭碗"里扎堆,其他的都是"打工",这进一步增加了就业难度。2018 年怒江州近 7000 人报名机关及事业单位公招考试,基本都是专科毕业及以上的,但全州当年公务员仅招录了 70 人,事业单位招录 350 人,还有 6500 人左右处于待业状态,每年能通过公招录用的也就是 500 人左右,每年积累,恶性循环,而本州又没有什么企业解决就业,那么多的大中专毕业生的就业本地都解决不了③。

毕业生未能得到及时就业或就业质量不高、收入不高,将导致教育投资收益下降,将进一步导致部分民众降低接受高中阶段教育的需求,进而衍生"读书无用"观念。据测算,我国农村地区的教育收益率在 8% 左右,而贫困地区农村的收益率仅为 5%—6%。然而,根据对"三区三州"某县贫困户的调查数据显示,教育收益率仅为 1%—2%④。另外部分职业院校对地方产业经济的形势、行业发展的人才需求、岗位技术等的调研、分析比较粗糙,导致优势专业不突出,新兴专业不充足,专业低质化、同质化问题比较突出⑤。专业设置同质化,未能很好地匹配当地经济社会发展需求,也容易造成就业难、收益率低,进一步降低了部分民众对职业教育的升学需求。

在 2019 年的调研中,永靖县教育局成教中心焦天福主任介绍,永靖的家长是比较反对其孩子接受中职教育的,原因一个是当地没有企业,出来没有就业渠

---

①⑤张劲英,陈嵩."后脱贫时代"职业教育如何行稳致远:"三区三州"职业教育发展现状与未来展望〔J〕.教育发展研究,2021(11):1-8.

② 耿新.从深度贫困迈向乡村振兴:"三区三州"样本〔M〕.北京:科学出版社,2022:51.

③ 沈有禄.高中阶段教育职普比提升的助力与路径分析:基于"三州"地区的调查〔J〕.中国教育学刊,2020(7):17-21.

④ 潘昆峰,李宛璘,陈慧娟.易地教育扶贫:破解"三区三州"深度贫困的非常之策〔J〕.中国人民大学教育学刊,2018(3):5-16.

道，而且现在就业难问题突出，大学毕业都找不到工作，中职毕业更找不到了。没办法就业，看不到前途，没出路。如果到外省上中职或就业的话，到沿海南方吃饭很成问题，清真食堂很少。另一方面，如果是女生出去打工的话，家长更不放心了，担心女孩子出去以后谈对象就跟别人走了，或外面见得多以后回来不好控制管理了。

鉴于"三州"地区中的临夏州、怒江州劳务经济、打工经济的占比较高，更应该发展职业教育与培训来增强当地学生及家长的就业能力，但由于当地群众对职业教育普遍持不太接受的态度，升入中职学校的学生比较少，很多家长仍然寄希望于找关系或普通高中降低分数来上普通高中再考大学。但是这些年随着当地大学本专科毕业生的就业难度越来越大，是非常有必要对学生及家长灌输职业教育重要性的观点，这对提升当地民众收入、更好地阻断贫困代际传递、巩固脱贫攻坚成果具有非常重要的作用。

这几年本人在"三州"地区调查时，观察到当地很多大学生毕业后真的很难找到工作，毕业后考公考编考个两三年、三五年也仅仅有很少人能考上。为解决部分学生就业问题，也为了促进学前教育发展，各县市在推进"一村一幼"建设时招聘了部分大学毕业生，且都是临聘人员，工资福利也很低。如凉山州招聘的村幼辅导员大多是这些年成都大学、攀枝花学院、西昌学院等毕业的学生，只有五险，没有一金。每月工资税前 2000 元，有时扣完拿不到 1500 元，月工资直到 2022 年才给涨到税前 3000 元①。这样的情况并不少见，如果大家都一味地追求高学历，却上了不是社会需求较大的、收益率较低的专业，就是大学毕业又能为学生和家庭带来多大收益呢？

当地学生、家长、政府是需要认真思考：什么样的教育才是老百姓需要的？什么样的教育才能更好地促进当地经济发展，为民众持续增收提供智力保障？而现实中，职业教育的收益率一般是比普通教育的收益率要高的，只是很多信息家长不知道，需要及时消除信息不对称造成的一些职业生涯规划的偏颇措施，才能真正做到人人能成才、人尽其才。而国家的高中普及攻坚政策中明确要求在职业

---

① 沈有禄."看见"那群乡村幼教的守护者［J］.教育家，2022（30）：30-31.

教育占比比较低的地区，在推进高中阶段教育普及时应重点提高中职教育的占比，进一步推进高中阶段教育的普职协调发展。这一政策要求在"三州"地区仍然具有重要的经济与教育意义。

第五节 "三州"地区加快高中普及攻坚的建议

一、调查中基层人员对加快高中普及攻坚建议的词频分析

在问卷调查中，当被问及"为加快'三州'地区高中阶段教育的普及攻坚进程，您有什么话要说（您有什么建议）"时，当地基层管理干部、校长、教师所提建议，从词频来看，大家所提意见中涵盖的关键词如表4-5所示。

表4-5 为加快"三州"地区高中阶段教育的
普及攻坚进程所提意见中的关键词

关键词	频数	频率	关键词	频数	频率
无	81	22.82%	中职	8	2.25%
教师	68	19.15%	落实	8	2.25%
教育	56	15.77%	培训	8	2.25%
高中	49	13.80%	教学	6	1.69%
建设	45	12.68%	基础设施	6	1.69%
待遇	29	8.17%	加大投入	5	1.41%
力度	22	6.20%	普高	5	1.41%
教师队伍	20	5.63%	规模	5	1.41%
学校	20	5.63%	机制	5	1.41%
师资	15	4.23%	硬件	5	1.41%
学生	15	4.23%	义务教育	5	1.41%
政府	13	3.66%	教育经费	5	1.41%
政策	13	3.66%	老师	5	1.41%

续表

关键词	频数	频率	关键词	频数	频率
职业	11	3.10%	发展	5	1.41%
师资队伍	11	3.10%	基础教育	5	1.41%
质量	10	2.82%	国家	5	1.41%
普及	10	2.82%	投资	5	1.41%
教学质量	10	2.82%	计划	5	1.41%
阶段	10	2.82%	职教	5	1.41%
力量	9	2.54%	普通高中	5	1.41%
办学	9	2.54%	经费	5	1.41%
没有	8	2.255			

由表4-5可知，355人中显示"没有"或"无"意见的共89人，占25.07%；在所提意见中完整表露出主要观点的选择情况来看，有32人表示应"加大投入"，占9.01%；有28人表示应"提高教师待遇"，占7.89%；有25人表示应"加强教师队伍建设"，占7.04%；有10人表示应"提高教学质量"，占2.82%；有5人表示应"加大宣传力度"，占1.41%；有4人表示应"加快普及"，占1.13%；有4人表示应"充实师资力量"，占1.13%；有4人表示应"引进人才或引进优秀教师"，占1.13%；有3人表示应"提高办学水平"，占0.85%；有3人表示应"加强管理"，占0.85%；有3人表示应"政策落到实处或由纸质转为现实行为"，占0.85%；有2人表示应"扩大教育资源"，占0.56%；有2人表示应"政府重视"，占0.56%。

可见，就大家所提意见中，从关键词来看，关注"教师""教师队伍""师资""师资队伍""老师"的共114人，占33.52%。这其中既有关注教师队伍建设的，也有关注教师待遇的，如关键词中有关"待遇"的共29人，占8.17%。关注"建设"的共45人，占12.68%。这其中既有关注教师队伍建设的，也有关注加快高中建设的。如在关键词中提到"力度"及"加大投入""教育经费""经费"的共37人，占10.42%。关注"高中""普通高中"的共54人，占15.21%。关注"政府""政策"的各有 13 人，分别占 3.66%。这其中主要是关注政府政策落地实行的问题，如有人提到要"出台下一步可行措施"，也有人提到要"尽快实施""加强政府作为""政府应重视高中教育"等。而关注中等职业教育的却并不多，在大家所提意见的关键词中出现"中职""职教"的仅有 13 人，占 3.66%。有提到"从实质上重视职校发展""加强对本地职业学校的师资队伍建设""加大地方对职业教育投入""加快职教发展让家长认同认可职教""重视职教老师的待遇""普及中职教育""加强中职实训""加快职业教育步伐""加大职业技术教育""改变职校升学选拔标准畅通职校学生专升本渠道"。即很少有人关注或提到"职业教育"或"中职教育"。

在当地的高中普及攻坚中，行政人员、校长及教师群体中，大家眼中更关注的是普通高中（在当地人员的观念中"高中"即是"普通高中"），而很少关注中职或职教，对普通高中与中职的关注度分别为 15.21% 和 3.66%。

二、"三州"地区加快高中普及攻坚的建议

虽然国家高中普及攻坚政策提出的要在 2020 年实现高中阶段全面普及（毛入学率达到 90% 以上），但"三州"地区离政策目标值还有一定的差距，普及攻坚的进程仍未结束，仍然可以采取切实有效的措施加快普及进程，实现高中阶段教育全面普及。

（一）"后脱贫"与"乡村振兴"时代高中阶段教育的全面普及应成为"三州"地区教育工作的重中之重，加大投入解决历史欠账问题

从前述调查结论中发现，"三州"地区在 2020 年以前的脱贫攻坚时期，高中普及攻坚在教育中并未享有优先发展地位，高中普及攻坚仅排在了政府教育工作重点的第四位，高中普及攻坚应有之义的发展中职教育，增加中职学生招生数仅排在了政府教育工作重点的第五位，可见其优先级别较低。而从整个教育的各项主要工作来看，2020 年实现脱贫攻坚以前政府教育工作重点中分别排名前三位的"控辍保学"、义务教育均衡验收、"一村一幼"及普惠性幼儿园建设，其中在工作重点中排名最前面两位的"控辍保学"、义务教育均衡验收已完成其历史使命（"控辍保学"虽也是后续日常工作需要跟进保障的，但已经没有在

2020 年脱贫攻坚验收时一票否决的重要意义了），而整体上，在一般地区国家对学前教育整体的战略重视程度并不比高中普及更重要更优先。

只是鉴于"三州"地区历史上义务教育质量较低、辍学率高，与学前教育没有打好基础有很大的关系，如少数民族学生在没有足够时间适应教师的汉语教学时，听不懂、学不进，自然会造成成绩差，成绩差又进一步造成学生的低成就感，因而可能引发学生厌学、辍学，低成就感和厌学又造成家长对教育投资价值的怀疑，甚至影响家长对其孩子应接受教育水平的期望值。随着近些年"一村一幼"及普惠性幼儿园建设的加快，以及"学前学普"所取得的阶段性成绩，"三州"地区学前入园率已有很大幅度的提升，幼儿的普通话水平也提高很快，基本能适应并跟上升入小学后的汉语教学进程，不至于出现前述出现的因少数民族学生听不懂汉语而出现的恶性循环。

而高中阶段教育普及程度的提高对巩固脱贫成效、加快乡村振兴具有重要的人才与技能支撑作用。且高中阶段的家国情怀、民族团结的教育也更容易使学生内化、成长为个人的较稳定的文化性格与情怀，对巩固和维护民族、边疆地区的和谐与稳定，提升农民增收创收的能力具有重要的现实意义（农民工的培训及新型农民的培养可更多通过中职学校来实施与实现）。故从脱贫攻坚的阶段性任务完成后，在"后脱贫"与乡村振兴时代，"三州"地区更应有理由将全面普及高中阶段教育作为新时期教育工作的重点，而加大投入力度是必然之需。只有经费投入增加了，才有财力建设更多的学校、改善实训条件、招聘更多的教师（这方面在生师比和编制的设置上应体现出"三州"地区地广人稀、历史欠账较大的特殊情况给予更多照顾），如此才能尽快全面普及高中阶段教育。

（二）在实现高中全面普及中应将重点发展中等职业教育作为普及的优先工作方向，以此增强中等职业教育服务地方经济建设的能力

国家高中普及攻坚政策中明确提出对中等职业教育在高中阶段教育中占比较低的地区，应要重点扩大中等职业教育资源，以此作为实现高中阶段教育全面普及与普职协调发展的重要方向与关键抓手。

目前"三州"地区的职普比还比较低，虽然面临家长仍然不愿重视中等职业教育、接受度低的情况，但这并不能成为政府不重视中等职业教育的民意基础，

当地政府还应更多考虑到为加快地方经济社会发展需要充足的职业技能人才及众多的职业技能培训作为智力支撑，否则一味只重视普通高中教育，甚至不断扩大普通高中的招生比例，置国家职普比"大体相当"与普职协调发展的政策要求于不顾，则有可能出现教育资源投入的浪费，既有政府投入的浪费——没有更好地培养出地方经济发展所需要的职业技能人才，也造成个人家庭教育投资的浪费——一味追求高学历的普通本专科教育而毕业找不到工作或只能找到低工资的岗位，甚至更严重的还可能因毕业生长期找不到工作而造成社会稳定问题。而身怀一技有时比仅有一本专科学历更重要更有价值，普通专业尤其人文社科类的专业在"三州"地区是没有太多市场需求的，大学毕业可能就成为外卖或快递骑手，而身怀一技即便不能在当地就业，也能到经济发达地区的工矿企业就业，至少保障教育投资的不赔本。而"三州"地区的经济结构比较单一，"打工经济"、"劳务经济"或农业经济占据了较大比例，而这些都需要职业教育与培训提升农村转移劳动力的技能与学历，新型职业农民的培养将有利于进一步壮大农业经济和服务经济占比。

据相关研究显示，中等职业教育的回报率一直高于普通高中教育，这与目前绝大多数关于普职教育回报率的研究结果一致[1]。而中等职业教育在提升劳动者就业能力、缩小城乡居民可支配收入差距方面发挥了积极作用，未来，要进一步提高劳动者平均受教育年限、推进城乡居民人力资本积累，实现城乡居民共同富裕的目标，中等职业教育仍可有作为[2]。故"三州"地区政府应重视中等职业教育在经济社会发展中的重要作用，尤其是巩固脱贫成效和缩小城乡收入差距方面的重要贡献，将发展中等职业教育作为高中阶段教育全面普及的重要方向，提高职普比，实现普职协调发展。

（三）应切实将初中毕业未升学的学生尽量都找（劝）回来接受高中阶段教育

在课题调研中，本人特别收集了"三州"地区的初中毕业生数、高中阶段（含

---

① 郑筱婷，孙志颖，汪鲸.选择普通高中教育还是中等职业教育：高中阶段不同类型教育期望回报率的实证分析［J］.教育研究，2023（1）：103-117.
② 安雪慧，元静.中等职业教育：城乡共同富裕的基础路径：基于省级面板数据的实证研究［J］.教育研究，2023（3）：124-139.

普通高中及中等职业学校）招生数，由初中毕业生数减去高中阶段招生数即可粗略算出当地初中毕业未升学的学生，通过数据分析发现，"三州"地区初中毕业未升学的学生比例还是挺大的。故要提高"三州"地区高中阶段教育毛入学率，还必须狠抓实抓，切实把初中毕业未升学的学生找回、劝回来接受中等职业教育（普通高中升不了的，这部分回来也升不了普通高中）。

粗略统计意义上的"三州"地区初中毕业生未在当地升学的学生数如表 4-6 所示。

表 4-6　"三州"地区初中毕业未升学的学生数变化情况（粗略）
（2015—2020 年）

地区	学生数	2015 年	2016 年	2017 年	2018 年	2019 年	2020 年
怒江州	初中毕业生数	5403	5575	6307	7414	7298	7561
	高中阶段招生数	3925	5212	5750	6236	5304	5426
	初中毕业未升学数	1478	363	557	1178	1994	2135
凉山州	初中毕业生数	54740	55084	56851	55212	61573	70202
	高中阶段招生数	36875	35451	36659	34950	35844	37392
	初中毕业未升学数	17865	19633	20192	20262	25729	32810
临夏州	初中毕业生数	21289	18193	17978	19271	19569	21332
	高中阶段招生数	16050	15589	13785	13982	15395	20748
	初中毕业未升学数	5239	2604	4193	5289	4174	584

注：初中毕业生数、高中阶段招生数从调研中获得。当地在统计时只掌握了在本地升学的情况，如有在省城或其他州（市）升学的则不在掌握中。

由表 4-6 可知，如忽略到省城或其他州（市）升学的学生数，则可粗略得出"三州"地区在 2015—2020 年间初中毕业后未升学的学生数。如 2015 年怒江州初中毕业未升学的占 27.36%，至 2020 年仍高达 28.24%；而凉山州 2015 年初中毕业未升学的占 32.64%，至 2020 年仍高达 46.74%（凉山州其实有不少学生是到成都、绵阳、攀枝花等地读普通高中的，实际未升学的比例没有这么高，只是这部分数据不在当地掌握之中）；临夏州 2015 年初中毕业未升学的占 24.61%，至 2020 年骤降至 2.74%（主要是该州当年统计时是按户籍统计的，这样基本把到外面读普通高中及中等职业学校的这部分学生都纳入进来了，而凉山州、怒江州则是统计的常住学生数，即不是按户籍统计的，如按户籍统计则也可掌握在州外升学的数据）。

"三州"地区要将初中毕业未升学的学生都尽量找回、劝回来接受中等职业教育，如果能做到这点，则能一下子提升很大比例的高中阶段入学人数，凉山州的压力是最大的，截至2020年仍有3万多初中毕业生未升学（不含到州外升学的。尽管这个数据中不含到州外升学的情况，但即便估计这3万多未升学的学生中有一半在州外升学，也仍有一万五六千的初中毕业生未升学）。而怒江州在2020年也仍有2000多名初中毕业生未升学（不含到州外升学的），临夏州这种压力则小很多，截至2020年只有2.74%的初中毕业生未升学。

鉴于中等职业教育在当地家长及学生中的接受度较低，这项任务非常艰巨，但至少应该是"三州"地区未来在高中普及攻坚中应重点努力的方向，即应千方百计努力确保将初中毕业未升学（不含到州外升学的）的学生找回、劝回来在当地或外地接受中等职业教育，则能较大幅度地提升高中阶段教育毛入学率，及时实现高中普及攻坚对完全普及毛入学率（90%）的要求。

第五章

"三州"地区高中阶段教育普职协调发展

第一节　"三州"地区中等职业教育基本概况

一、"三州"地区中等职业学校设置情况

"三州"地区的所有 29 个县（市）中并不是所有县（市）都设置有中等职业学校，且学校的所属层级也不尽相同，总体上是县级主管（主办）学校占绝大多数。具体设置情况如表 5-1 所示。

表 5-1　"三州"地区中等职业学校设置情况

地区	中等职业学校（班）					设有中职学校的县数量	县（县级市）数量	县级教育部门办学学校数占总学校数比例	设有中职学校的县数占总县数比例
	总数	民办	县级教育部门办学	地（州）级教育（其他）部门办学	省级教育（其他）部门办学	其中附设中职班				
怒江州	5	0	4	1	0	0	2	4	80.00%	50.00%
凉山州	17	4	8	5	0	1	11	17	47.06%	64.71%
临夏州	13	2	8	3	0	2	8	8	61.54%	100.00%
合计	35	6	20	9	0	3	21	29	57.14%	72.41%

截至 2018 年，"三州"地区 29 个县（市）中共设有中等职业学校（含附设中职班）35 所（个），其中，附属设置在大中专院校、普通高中及特殊学校的"附设中职班"3 个，独立设置的中等职业学校 32 所。整体上，"三州"未设置中等职业学校的县市共有 8 个，其中怒江州的 4 个县（市）中有两个县未有设置，凉山州的 17 个县市中有 6 个县未有设置，临夏州则 8 个县（市）均设置有中等职业学校。

目前，"三州"地区县属（县办）中等职业学校是主体，办学主体地位过低，有 57.14% 为县级办学，县级政府成为最主要的办学主体，超过全国同期县级主体办学比例 17.7 个百分点；州属学校只有 9 所，仅占全部 32 所学校的 28.13%；"三州"地区没有任何一所中职学校是省属学校，由省级教育（其他）部门办学，而全国同期省属办学的占 10.65%。可见，办学主体责任主要集中在县级教育主管部门，而地级（州级）教育（其他）部门主体办学比例也不是特别高，更没有省级教育（其他）部门主体的办学，在国家级贫困县占 75.86% 的"三州"地区，过低的办学主体不利于中职学校的经费投入保障与改善办学条件及提高教学质量，进而不利于吸引更多的当地人上中职学校[①]。

二、"三州"地区学生及家长对普职协调发展的认知情况

在课题发放的《"三州"地区初三学生家长对其孩子升学意愿调查》《"三州"地区初三学生升学意愿调查》中，本人设置了相关问题来了解当地初三学生及家长对涉及普职协调发展核心要义的职普比"大体相当"政策的了解情况，以及学校有没有对他们宣讲过职普比"大体相当"政策、中等职业教育的免费政策，以及谁对这些政策宣讲得最多的情况。

（一）家长及学生对高中阶段教育职普比"大体相当"政策的了解情况

"三州"地区的初三学生及其家长对高中阶段教育职普比"大体相当"政策的了解情况如表 5-2 所示。

---

① 沈有禄. 高中阶段教育职普比提升的阻力与路径分析：基于"三州"地区的调查［J］. 中国教育学刊，2020（7）：17-21.

表5-2　家长及学生对高中阶段教育职普比"大体相当"政策的了解情况

了解情况	家长（人、%）	学生（人、%）	总体的家长及学生（人、%）
非常了解	491（3.18%）	584（2.71%）	1075（2.91%）
有所了解	4717（30.57%）	6026（27.99%）	10743（29.07%）
不确定	3840（24.89%）	5570（25.87%）	9410（25.46%）
不怎么了解	5402（35.01%）	8257（38.35%）	13659（36.96%）
非常不了解	978（6.34%）	1094（5.08%）	2072（5.61%）
总体了解的	5208（33.76%）	6610（30.70%）	11818（31.98%）
总体不了解的	6380（41.35%）	9351（43.43%）	15731（42.56%）

由表5-2可知，无论是家长还是学生都在较大程度上（超过四成）都不太了解高中阶段教育职普比"大体相当"的相关政策，总体不了解的占42.56%（家长总体认为不了解的占41.35%，学生总体认为不了解的占43.43%，学生总体不了解的比例要比家长的高2.08个百分点）；总体认为了解的占31.98%（家长总体认为了解的占33.76%，学生总体认为了解的占30.70%，家长的了解情况要略高于学生），即总体上有近三分之一的学生及家长认为了解职普比"大体相当"政策，比不了解的要低10.58个百分点。有近三成的家长及学生认为"有所了解"职普比"大体相当"政策，占29.07%（家长认为有所了解的占30.57%，学生认为有所了解的占27.99%，家长有所了解政策的比例要比学生的高2.58个百分点）；无论家长还是学生均只有很低比例的人认为"非常了解"职普比"大体相当"政策，总体的家长及学生中仅有2.91%（家长认为非常了解的占3.18%，学生认为非常了解的占2.71%，学生非常了解的要略低于家长）。但仍有四分之一左右的家长及学生对职普比"大体相当"政策的了解情况表示不确定，总计的家长及学生占25.46%（家长认为不确定的占24.89%，学生认为不确定的占25.87%，学生中不确定的比家长的要高0.98个百分点）。

可见，学生及家长中还有较大比例的人不了解职普比"大体相当"政策（总计的家长及学生表示"不怎么了解"的占36.96%，表示"非常不了解"的占5.61%），亟须在家长及学生当中正确宣传和科普高中阶段职普比"大体相当"与普职协调发展的相关政策，尤其是重点需要通过恰当的形式向学生科普，可能学生平时精力都用在学习上了，不太关注和了解外界政策信息等，而家长则接触此类信息多一些。

（二）学校领导及教师向学生宣讲高中阶段教育职普比"大体相当"政策的情况

在"三州"地区的初三学生及其家长看来，学校校长、副校长，德育处、政教处主任，年级组长，班主任、科任教师等向学生宣讲高中阶段教育职普比"大体相当"政策的情况如表 5-3 所示。

表 5-3 学校领导及教师有向学生讲过高中阶段教育
职普比"大体相当"政策吗？

讲解频次	家长（人、%）	学生（人、%）	总体的家长及学生（人、%）
常讲	1216（7.88%）	2219（10.31%）	3435（9.29%）
有时讲	6110（39.60%）	9039（41.98%）	15149（40.99%）
不确定	4717（30.57%）	5720（26.57%）	10437（28.24%）
少讲	2380（15.43%）	3231（15.01%）	5611（15.18%）
非常少讲	1005（6.51%）	1322（6.14%）	2327（6.30%）
总体常讲的	7326（47.49%）	11258（52.29%）	18584（50.28%）
总体少讲的	3385（21.94%）	4553（21.15%）	7938（21.48%）

由表 5-3 可知，总体的家长及学生有超过一半的认为学校相关领导和教师还是总体常讲（含"常讲"和"有时讲"，下同）职普比"大体相当"政策的，占 50.28%（家长认为总体常讲的占 47.49%，学生认为总体常讲的占 52.29%，学生在学校常接触校领导及教师，听他们总体常讲的比例要高于家长）；总体认为少讲的占 21.48%（家长总体认为少讲的占 21.94%，学生总体认为少讲的占 21.15%，家长认为总体少讲的比例要略高于学生），即总体上有超过一半的学生及家长认为学校领导及教师"常讲"职普比"大体相当"政策，比"不常讲"的要高 28.80 个百分点。认为学校领导及教师"常讲"职普比"大体相当"政策的，总体的家长及学生占 40.99%（家长认为"有时讲"的占 39.60%，学生认为"有

时讲"的占 41.98%，学生认为"有时讲"的比例要比家长的高 2.38 个百分点）；认为学校领导及教师"常讲"职普比"大体相当"政策的，总体的家长及学生占9.29%（家长认为"常讲"的占 7.88%，学生认为"常讲"的占 10.31%，学生认为"常讲"的比例要比家长的高 2.43 个百分点）。但仍有近三成的家长及学生不确定学校领导及教师是否向学生宣讲职普比"大体相当"政策，总计的家长及学生占 28.24%（家长认为不确定的占 30.57%，学生认为不确定的占 26.57%，家长中不确定的比学生的要高 4.00 个百分点）。

可见，总计的学生及家长中虽然有略超过一半的认为学校领导及教师总体上"常讲"职普比"大体相当"的相关政策，但仍有超过五分之一的家长及学生认为学校领导及教师总体上还是"少讲"，还有近三成的表示"不确定"，故学校领导及教师还应继续加大对职普比"大体相当"相关政策的宣讲力度，尤其是要更多地促进学生与家长间更多的沟通了解此类政策。

（三）学校领导及教师向学生宣讲中等职业教育免学费及享受生活补助政策的情况

学校校长、副校长，德育处、政教处主任，年级组长，班主任、科任教师等向学生宣讲中等职业教育免学费及享受生活补助政策的情况如表 5-4 所示。

表 5-4　学校领导及教师有向学生讲过中职免学费及
享受生活补助的政策吗？

讲解频次	家长	学生	家长及学生
常讲	1211（7.85%）	2000（9.29%）	3211（8.69%）
有时讲	6140（39.80%）	8853（41.12%）	14993（40.57%）
不确定	4582（29.70%）	5609（26.05%）	10191（27.57%）
少讲	2447（15.86%）	3475（16.14%）	5922（16.02%）
非常少讲	1048（6.79%）	1594（7.40%）	2642（7.15%）
总体常讲的	7351（47.65%）	10853（50.41%）	18204（49.26%）
总体少讲的	3495（22.65%）	5069（23.54%）	8564（23.17%）

由表5-4可知，总体的家长及学生有接近一半的认为学校相关领导和教师还是总体常讲中职免费及有生活补助的政策的，占49.26%（家长认为总体常讲的占47.65%，学生认为总体常讲的占50.41%，学生在学校常接触校领导及教师，听他们总体常讲的比例要高于家长）；总体认为少讲的占23.17%（家长总体认为少讲的占22.65%，学生总体认为少讲的占23.54%，学生认为总体少讲的比例要略高于家长），即总体上有接近一半的学生及家长认为学校领导及教师常讲中职免费及有生活补助的政策，比不常讲的要高26.09个百分点。认为学校领导及教师"有时讲"中职免费及有生活补助的政策的，总体的家长及学生占40.57%（家长认为"有时讲"的占39.80%，学生认为"有时讲"的占41.12%，学生认为"有时讲"的比例要比家长的高1.32个百分点）；认为学校领导及教师"常讲"中职免费及有生活补助的政策的，总体的家长及学生占8.69%（家长认为"常讲"的占7.85%，学生认为"常讲"的占9.29%，学生认为"常讲"的比例要比家长的高1.44个百分点）。但仍有近三成的家长及学生不确定学校领导及教师是否向学生宣讲中职免费及有生活补助的政策，总计的家长及学生占27.57%（家长认为不确定的占29.70%，学生认为不确定的占26.05%，家长中不确定的比学生的要高3.65个百分点）。

可见，总计的学生及家长中虽然有接近一半的认为学校领导及教师总体上"常讲"中职免费及有生活补助的政策，但仍有接近四分之一的家长及学生认为学校领导及教师总体上还是"少讲"，还有近三成的表示"不确定"，故学校领导及教师还应继续加大对中职免费及有生活补助的政策的宣讲力度，尤其是要让更多的学生将在学校中了解到的此类政策信息传递给家长。

（四）谁经常向学生宣讲中等职业教育免学费及享受生活补助政策

学校校长、副校长、德育处或政教处主任、年级组长、班主任、科任教师等究竟是谁在向学生宣讲中等职业教育免学费及享受生活补助政策？的情况如表5-5所示。

表 5-5　学校领导及教师中谁最经常向学生宣传普职分流、
中职有免学费及享受生活补助的政策？

谁宣传得最多	家长	学生	家长及学生
校长	1797（11.65%）	2429（11.28%）	4226（11.43%）
副校长	331（2.15%）	471（2.19%）	802（2.17%）
德育或政教主任	904（5.86%）	1386（6.44%）	2290（6.20%）
年级长	251（1.63%）	417（1.94%）	668（1.81%）
班主任	7236（46.90%）	10106（46.94%）	17342（46.92%）
科任教师	745（4.83%）	1370（6.36%）	2115（5.72%）
其他	4164（26.99%）	5352（24.86%）	9516（25.75%）

由表 5-5 可知，无论是家长还是学生都认为在宣讲普职分流、中职免费及享受生活补助的政策中，讲得最多的、排第一位的是班主任，有 46.92% 的家长及学生认为是班主任讲此类政策讲得最多（其中有 46.90% 的家长、46.94% 的学生认为是班主任讲此类政策最多）；认为讲此类政策讲得第二多的是其他人，占总计的家长及学生的 25.75%（其中有 26.99% 的家长、24.86% 的学生认为是其他人讲此类政策讲得第二多）；认为讲此类政策讲得第三多的是校长，占总计的家长及学生的 11.43%（其中有 11.65% 的家长、11.28% 的学生认为是校长讲此类政策讲得第三多）；认为讲此类政策讲得第四多的是德育或政教主任，占总计的家长及学生的 6.20%（其中有 5.86% 的家长、6.44% 的学生认为是德育 / 政教主任讲此类政策讲得第四多）；认为讲此类政策讲得第五多的是科任教师，占总计的家长及学生的 5.72%（其中有 4.83% 的家长、6.36% 的学生认为是科任教师讲此类政策讲得第五多）；认为讲此类政策讲得第六多的是副校长，占总计的家长及学生的 2.17%（其中有 2.15% 的家长、2.19% 的学生认为是副校长讲此类政策讲得第六多）；认为讲此类政策讲得最少的是年级长，占总计的家长及学生的 1.81%（其中有 1.63% 的家长、1.94% 的学生认为是年级长讲此类政策讲得最少）。因学生在校与上述领导及教师接触的时间更多，故相比家长而言，在学生中有更高比例的认为学校领导及教师向学生宣讲了普职分流、中职免费及享受生活补助的政策。

第二节 "三州"地区高中阶段教育职普招生情况

一、"三州"地区高中阶段教育职普招生情况

"三州"地区中等职业学校近些年的招生并不稳定,呈波动态势,在2015—2020年间的中等职业学校及普通高中招生数变化情况如表5-6所示。

表5-6 "三州"地区中等职业学校与普通高中招生数变化情况(2015—2020年)

(单位:人)

地区	招生类别	2015年	2016年	2017年	2018年	2019年	2020年
怒江州	中等职业学校	575	928	1131	1367	1024	726
	普通高中	3350	4284	4619	4869	4280	4700
凉山州	中等职业学校	12470	11977	11667	11189	11751	11801
	普通高中	24405	23474	24992	23761	24093	25591
临夏州	中等职业学校	2810	3066	1996	1654	2688	6551
	普通高中	13240	12523	11789	12328	12707	14197

注:表中除了临夏州2020年的普通高中、中等职业学校招生数是户籍学生数外,其他所有数值均为不包含在州外就读的数据,这部分数据当地未能很清楚地掌握。

由表5-6可知,"三州"地区中等职业学校招生数始终小于普通高中招生数,2020年与2015年相比,怒江州及凉山州的普通高中招生比中等职业学校多的绝对差距与相对差距均有所增加,临夏州则普通高中招生比中等职业学校多的绝对差距与相对差距均有所减少,而在中间年份"三州"地区高中阶段教育招生的这种差距有所波动变化,招生的相对差距最小的是凉山州,最大的是怒江州。如怒江州普通高中比中等职业学校从2015年多招2775人,到2020年增加到多招3974人,普通高中招生数是中等职业学校招生数的倍数从2015年的5.83倍增加到2020年的6.47倍(中间在2015—2018年倍数有所缩小至3.56倍,但2019年起倍数又开始增加)。凉山州普通高中比中等职业学校从2015年多招11935人,

到 2020 年增加到多招 13790 人，变化不是很大，普通高中招生数是中等职业学校招生数的倍数从 2015 年的 1.96 倍增加到 2020 年的 2.17 倍（中间在 2015—2019 年倍数有所缩小至 2.05 倍，但 2020 年起倍数又开始增加），相对差距倍数是"三州"地区中最小的。临夏州普通高中比中等职业学校从 2015 年多招 10430 人，到 2020 年缩小到多招 7646 人，普通高中招生数是中等职业学校招生数的倍数从 2015 年的 4.71 倍下降到 2020 年的 2.17 倍（中间在 2015—2016 年倍数有所缩小至 4.08 倍，2017—2018 年倍数又从 5.91 倍增加到 7.45 倍，但 2019 年起倍数又开始下降）。

二、"三州"地区高中阶段教育职普比情况

"三州"地区及其所在的云南省、四川省、甘肃省，以及全国在 2015—2020 年间高中阶段教育职普比的变化情况如表 5-7 所示。

表 5-7　"三州"地区及其所在省与全国高中阶段教育职普比变化情况（2015—2020 年）

地区	2015 年	2016 年	2017 年	2018 年	2019 年	2020 年
全国	0.755	0.739	0.728	0.703	0.715	0.736
云南省	0.803	0.822	0.805	0.760	0.748	0.916
怒江州	0.172	0.217	0.245	0.281	0.239	0.154
四川省	0.901	0.871	0.851	0.815	0.779	0.844
凉山州	0.511	0.510	0.467	0.471	0.488	0.461
甘肃省	0.479	0.478	0.470	0.485	0.524	0.559
临夏州	0.212	0.245	0.169	0.134	0.212	0.461

注：全国的数据由《中国教育统计年鉴》公布的普通高中、中等专业学校、职业高中招生数，以及《中国劳动统计年鉴》公布的技工学校招生数计算得出，"三州"地区的数据从课题调研收集的招生数计算得出。职普比值 = 中等职业学校（中等专业学校 + 职业高中 + 技工学校）招生数/普通高中招生数。

由表 5-7 可知，"三州"地区高中阶段教育职普比明显低于全国均值，也

低于其所在省份均值，怒江州高中阶段教育职普比从 2015 年的 0.172（即相当于在每招收 1000 名普通高中生的同时也招收了 172 名中等职业学校学生）下降至 2020 年的 0.154。凉山州的从 2015 年的 0.511 下降至 2020 年的 0.461，临夏州的从 2015 年的 0.212 上升至 2020 年的 0.461。"三州"地区高中阶段教育职普比与其所在省份均值差距最大的是怒江州，其次是凉山州，临夏州则差距最小。如云南省均值是怒江州均值的倍数从 2015 年的 4.67 倍增加到 2020 年的 5.95 倍，绝对差距从 0.631 增加到 0.762；四川省均值是凉山州均值的倍数从 2015 年的 1.76 倍增加到 2020 年的 1.83 倍，绝对差距从 0.390 略微下降至 0.383；甘肃省均值是临夏州均值的倍数从 2015 年的 2.26 倍下降至 2020 年的 1.21 倍，绝对差距从 0.267 下降到 0.098。

可见，"三州"地区高中阶段的中等职业学校与普通高中的招生比例结构是严重不协调的，尤其是怒江州的不协调程度是最大的，其普通高中的招生数在 2015—2020 年间是中等职业学校招生数的 3.56—6.47 倍（2018 年倍数最小，2020 年倍数最大）；其次是临夏州，其普通高中的招生数在 2015—2020 年间是中等职业学校招生数的 2.17—7.45 倍（2020 年倍数最小，2018 年倍数最大）；最小的是凉山州，其普通高中的招生数在 2015—2020 年间是中等职业学校招生数的 1.96—2.17 倍（2015 年、2016 年倍数最小，2020 年倍数最大）。即"三州"地区高中阶段教育的普职发展比例是严重不协调的，离国家要求的"大体相当"差距甚远，"大体相当"虽并不是一定要达到职普比为 5∶5（即职普比为 1），但职普比也不至于小于 0.6 及以下（即招生比例在 4∶6 及以下），2015—2020 年间全国高中阶段教育招生的职普比例在 4.1∶5.9—4.3∶5.7 之间，未出现低于 4∶6 的情况，但"三州"地区的普职招生比例则远低于全国均值。

三、基层人员对当地政府推进高中阶段教育普职协调发展有关举措的认知情况

当被问及"您所在地区在推进高中阶段教育普职协调发展，提高职普比，为努力达到职普比'大体相当'（即提高中职中专、职高、技校招生数，以实现中职学校招生数与普通高中招生数差距不至于太悬殊，达到大体接近的比例），具

体采取了哪些举措"时，对当地在推进高中普及攻坚中为了实现职普比"大体相当"采取的主要政策措施的排序如表5-8所示。

表5-8 对当地在推进高中普及攻坚中为实现职普比"大体相当"
采取的各项政策措施的优先性排序情况

当地在推进高中普及攻坚中为实现职普比"大体相当"采取的各项政策措施	平均综合得分	排序
统一普通高中与中职学校的招生平台，统一招生、统一录取	8.03	1
教育局、学校、教师等积极宣传、动员家长及学生报中职学校	7.22	2
州政府、县（市）政府有一个"职普比"的下限值（职普比不低于某一比例）	6.65	3
提高普通高中的招生分数线	6.25	4
增加预算或寻求社会捐助等增加中职学校的助学金，减轻贫困家庭上中职的经济压力，进一步吸引学生上中职	5.94	5
州委书记、州长，县（市）委书记、县（市）长高度重视，要求采取各种措施提高职普比	5.46	6
新建中职学校，或改扩建已有校舍、教学楼、实训场地等，增加学位数	5.25	7
加大与省内外对口支援、帮扶地区与学校的合作，增加到对方上学的招生数	4.63	8
提高本地中职学校教育教学及实训质量，提高管理水平	3.86	9
其他	0.72	10

注：表格中每个选项的得分计算方法为：选项平均综合得分＝（∑频数×权值）/本题填写人次，具体权值赋分为如有10个选项参与排序，则排在第一个位置的权值为10，第二个位置权值为9，以此类推，第十个位置权值为1。

由表5-8可知，当地在推进高中普及攻坚中为了实现职普比"大体相当"及普职协调发展采取的主要政策措施中排名第一位的主要政策措施是"统一普通高中与中职学校的招生平台，统一招生、统一录取"，得分为8.03分（等同于占总体的80.30%）；排名第二位的主要政策措施是"教育局、学校、教师等积极宣传、动员家长及学生报中职学校"，得分为7.22分（等同于占总体的

72.20%）；排名第三位的主要政策措施是"州政府、县（市）政府有一个"职普比"的下限值（职普比不低于某一比例）"，得分为 6.65 分（等同于占总体的66.50%）；排名第四位的主要政策措施是"提高普通高中的招生分数线"，得分为 6.25 分（等同于占总体的 62.50%）；排名第五位的主要政策措施是"增加预算或寻求社会捐助等增加中职学校的助学金，减轻贫困家庭上中职的经济压力，进一步吸引学生上中职"，得分为 5.94 分（等同于占总体的 59.40%）；排名第六位的主要政策措施是"州委书记、州长，县（市）委书记、县（市）长高度重视，要求采取各种措施提高职普比"，得分为 5.46 分（等同于占总体的 54.60%）；排名第七位的主要政策措施是"新建中职学校，或改扩建已有校舍、教学楼、实训场地等，增加学位数"，得分为 5.25 分（等同于占总体的 52.50%）；排名第八位的主要政策措施是"加大与省内外对口支援、帮扶地区与学校的合作，增加到对方上学的招生数"，得分为 4.63 分（等同于占总体的 46.30%）；排名第九位的主要政策措施是"提高本地中职学校教育教学及实训质量，提高管理水平"，得分为 3.86 分（等同于占总体的 38.60%）；排名第十位的主要政策措施是"其他"，得分为 0.72 分（等同于占总体的 7.20%）。

可见，当地在推进高中普及攻坚中为了实现职普比"大体相当"的进程中，大家认为主要的政策举措的排序中，首先是统一普通高中与中职学校的招生平台，统一招生、统一录取，其次才是教育局、学校、教师等积极宣传、动员家长及学生报中职学校，而州政府、县（市）政府有一个"职普比"的下限值（职普比不低于某一比例）是仅位居第三位的政策措施，提高普通高中的招生分数线仅排名第四，增加预算或寻求社会捐助等增加中职学校的助学金，减轻贫困家庭上中职的经济压力，进一步吸引学生上中职是仅排名第五的政策措施。

故当地在推进高中普及攻坚中为实现职普比"大体相当"的进程中，新建中职学校，或改扩建已有校舍、教学楼、实训场地等，增加学位数，以及加大与省内外对口支援/帮扶地区与学校的合作，增加到对方上学的招生数，而且需要提高本地中职学校教育教学及实训质量，提高管理水平这类从增加本地区中职学位供给数量，增加到帮扶地区上中职的学位数量，以及通过改善教学及实训条件及管理水平以提高教学质量来吸引当地初中生上中职的策略，在推进职普比"大体相当"的进程中首先应重点采取的政策措施却并未位居优先位置，故可以预见这将拖慢"三州"地区高中普及攻坚的进程与普及力度，主要还是在于"三州"地区中等职业教育的接受度比较低，要提高职普比，推进职普比"大体相当"及普职协调发展当地首要做的工作还是从招生上进行规范，以及从提升初中生就读中职的意愿上作为工作的重点内容，而增加学位数的供给等则位居次要位置。

第三节 "三州"地区初三学生及家长对中等职业学校的升学意愿

一、"三州"地区初三学生对中等职业学校的升学意愿

"三州"地区高中阶段教育职普比较低，提升缓慢的根本原因还是学生及家长对中等职业教育的接受度低，愿意升入中等职业学校的少所导致的。

（一）"三州"地区初三学生中职升学意愿统计情况

通过在问卷中设置问题"总体而言，您初中毕业后会选择升中职学校吗"来了解当地初三学生的中职升学意愿。调查统计显示，21531名初三学生中，"整体可能"上职校的比例为31.9%，其中选择"非常可能"的占4.5%、选择"可能"的占27.4%；在选择"非常可能"与"可能"上职校的6874人中，选择"非常可能"的占14.1%、选择"可能"的占85.9%。总体来看，"三州"地区有41.3%初三学生表示"不确定"是否上中职；另有26.8%的则表示"整体不可能"上中职，其中选择"不可能"的占19.1%、选择"非常不可能"的占7.7%。

（二）"三州"地区初三学生中职升学意愿的各人口学变量统计情况

为具体了解不同人口学变量特征的初三学生的中职升学意愿，以发现其中的差异情况，笔者在调查问卷的人口学变量中设置了学生所在地区（州）、学校性质、学校所在地、家庭所在地、班级性质、性别、学生成绩班级排名、家庭年收入水平、父亲职业、母亲受教育水平等10个维度，对"三州"地区初三学生的中职升学意愿在不同人口学变量下进行交叉列联表及卡方检验分析，以准确了解

"整体可能"上职校的学生类型。具体统计情况如表 5-9 所示 [1]。

表 5-9　"三州"地区初三学生中职升学意愿的人口学变量统计情况

人口学变量		整体可能	卡方检验	人口学变量		整体可能	卡方检验
均值		31.9%		均值		31.9%	
所在地区	凉山州	33.8%	X^2=4.684E2 p=0.000	学校性质	省级示范	27.0%	X^2=4.170E2 p=0.000
	怒江州	33.7%			州级示范	21.5%	
	临夏州	26.3%			普通学校	33.1%	
学校所在地	城市	23.1%	X^2=6.749E2 p=0.000	家庭所在地	城市	21.1%	X^2=8.958E2 p=0.000
	县城	30.0%			县城	24.9%	
	乡镇	35.0%			乡镇	30.0%	
	农村	37.9%			农村	34.6%	
班级性质	重点班	21.2%	X^2=7.817E2 p=0.000	性别	男生	32.6%	X^2=64.819 p=0.000
	普通班	35.9%			女生	31.3%	
学生成绩班级排名	前 20%	23.3%	X^2=1.217E3 p=0.000	家庭年收入水平	0—10000 元	35.7%	X^2=1.220E3 p=0.000
	前 20%—40%	29.3%			10001—20000 元	33.5%	
	中间 40%—60%	35.8%			20001—30000 元	30.3%	
	后 60%—80%	40.0%			30001—40000 元	29.1%	
	最后 80%—100%	38.3%			40001—50000 元	27.6%	

①沈有禄.初中生中职升学意愿的差异分析：基于对"三州"地区 21531 名初三学生的调查［J］.
华中师范大学学报（人文社会科学版），2022（1）：165-172.

人口学变量		整体可能	卡方检验	人口学变量		整体可能	卡方检验
父亲职业	公务员	14.2%	X²=1.440E3 p=0.000	家庭年收入水平	50001—60000元	26.1%	X²=1.220E3 p=0.000
	事业单位有编制工作人员	17.3%			60001—70000元	21.4%	
	国有企业工作人员	19.2%			70001—80000元	25.1%	
	无编制的政府机关或事业单位工作人员	31.5%			80001—90000元	13.2%	
					90001—100000元	20.0%	
	私营（民企）单位工作人员	23.7%			100001—110000元	20.4%	
	外企工作人员	25.7%			110001—120000元	14.5%	
	农民	34.7%			120000元以上	14.0%	
	农民工	33.7%		母亲受教育水平	文盲	34.5%	X²=1.518E3 p=0.000
	工人	30.9%			小学	33.9%	
	无业的城镇居民	33.2%			初中	27.8%	
	个体经营户	23.1%			高中、中职、中专	21.5%	
	私营（民营）企业主	21.3%			专科	17.1%	
	军人	32.4%			本科	8.9%	
	其他	27.4%			研究生	23.6%	

注："整体可能"上中职的比例包括选择"非常可能"和"可能"升中职学校的比例。

由表 5-9 可知，经卡方检验显示，"三州"地区初三学生的中职升学意愿在地区间存在显著差异：初三学生的中职升学意愿凉山州最高为 33.8%，比"三州"均值 31.9% 要高 1.9 个百分点；临夏州最低为 26.3%，比"三州"均值要低 7.5 个百分点。在不同性质的学校间也存在显著差异：普通学校学生的中职升学意愿比省级示范学校的要高 6.1 个百分点、比州级示范学校的要高 11.6 个百分点，省级示范学校的又比州级示范学校的要高 5.5 个百分点。

"三州"地区初三学生的中职升学意愿在学校所在地间存在显著差异。学校所在地的经济发展程度越高则学生中职升学意愿越低：越是在农村及乡镇地区学校初三学生中职升学意愿越高，其中农村学校的比县城学校的要高 7.9 个百分点、比州府所在地（城市）学校的 23.1% 要高 14.8 个百分点。在家庭所在地间也同样存在显著差异，即家庭所在地的经济发展程度越高，则学生中职升学意愿越低，越是家住乡镇及农村地区的学生，中职升学意愿越高，家住农村的（中职升学意愿为 34.6%）比家住县城的要高 9.7 个百分点、比家住州府所在地（城市）的要高 13.5 个百分点。

"三州"地区初三学生的中职升学意愿在班级性质间存在显著差异，普通班比重点班的要高 14.7 个百分点；在性别间也存在显著差异，男生比女生的要高 1.3 个百分点。在学生成绩班级排名间也存在显著差异，成绩越好的学生，其中职升学意愿越低。中职升学意愿最高的是平时成绩在班级排名后 60%—80% 的学生，为 40.0%，成绩在班级排名前 40% 的学生的中职升学意愿低于 30%，成绩在班级排名前 20% 的初三学生中职升学意愿仅为 23.3%。

"三州"地区初三学生的中职升学意愿在家庭年收入水平间存在显著差异。家庭年收入在 0—10000 元的初三学生的中职升学意愿最高为 35.7%；家庭年收入在 30000 元及以下水平的初三学生的中职升学意愿高于 30%；在 70000 元及以下的家庭年收入水平中，中职升学意愿与其家庭年收入呈反向关系，随着家庭年收入的提高，其中职升学意愿逐渐下降，至家庭年收入在 60001—70000 元的初三学生已低至 21.4%；家庭年收入在 80001—90000 元及 110000 元以上的初三学生的中职升学意愿均在 13.2%—14.5% 之间，家庭年收入在 30001—80000 元、90001—110000 元的初三学生的中职升学意愿均在 20%—30% 之间（含 20%）。

"三州"地区初三学生的中职升学意愿在父亲职业间存在显著差异，父亲职业为农民、农民工、无业的城镇居民、军人、无编制的政府机关或事业单位工作人员、工人的初三学生的中职升学意愿是最高的（按前述顺序依次递减），分别为34.7%、33.7%、33.2%、32.4%、31.5%、30.9%；父亲职业为公务员、事业单位有编制工作人员、国企工作人员的初三学生的中职升学意愿是最低的（按前述顺序依次递增），分别为14.2%、17.3%、19.2%，均低于20%。

"三州"地区初三学生的中职升学意愿在母亲受教育水平上存在显著差异。母亲受教育水平为文盲、小学的初三学生的中职升学意愿均超过30%；母亲受教育水平为初中、高中、研究生的初三学生的中职升学意愿在20%—30%之间；母亲受教育水平为专科的初三学生的中职升学意愿低于20%，而母亲受教育水平为本科的初三学生的中职升学意愿则低于10%。

（三）"三州"地区初三学生可能上中职学校的原因分析

在实地访谈和问卷调查中笔者发现，"三州"地区初三学生可能上中职学校的原因有多种。具体情况如表5-10所示。

表5-10 "三州"地区初三学生可能上职校的不同原因选择情况

选择可能上中职学校的原因	全部样本中人数	全部样本中比例（%）	在整体可能上中职的样本中			
			人数	比例（%）	其中非常可能上中职的占比（%）	其中可能上中职的占比（%）
自己成绩不够好，只能上中职	10416	48.4	3626	52.8	54.9	52.4
中职能学技术将来能安身立命	1500	7.0	662	9.6	11.0	9.4
家庭贫困而中职有免学费还有生活补助能减轻家庭经济负担	2642	12.3	1018	14.8	15.7	14.7
周围有亲戚熟人的孩子或学长上过中职，他们对我说上中职还是可以的一个选择	1010	4.7	442	6.4	5.8	6.5
学校教师或政府工作人员动员我上	231	1.1	59	0.9	0.8	0.9
其他原因（如兴趣爱好等）	5732	26.6	1067	15.5	11.8	16.1
总计	21531	100.0	6874	100.0	100.0	100.0

由表 5-10 可知,在学生选择的可能上中职的原因中,排第一位的是因为"自己成绩不够好,只能上中职",在全部样本中有 48.4% 的学生选择此项,在整体可能上中职的样本中也有 52.8% 的学生认为是成绩差才上中职。排第二位的原因是"其他原因(如兴趣爱好等)",在全部样本中有 26.6% 的学生认为如此,比在整体可能上中职的样本中对该原因的认同率要高 11.1 个百分点。排第三位的原因是"因家庭贫困而上中职,免学费还有生活费,能减轻家庭经济负担",在全部样本中有 12.3% 的学生选择此项,比在整体可能上中职的样本中对该原因的认同率要低 2.5 个百分点。排第四位的原因才是"中职能学技术,将来能安身立命",在全部样本中有 7.0% 的学生认为如此,比在整体可能上中职的样本中对该原因的认同率要低 2.6 个百分点。排第五位的原因是"周围有亲戚熟人的孩子或学长上过职校,他们对我说上中职还是可以的一个选择",在全部样本中有 4.7% 的学生认为如此,比在整体可能上中职的样本中对该原因的认同率要低 1.7 个百分点。而"学校教师及政府工作人员动员我上"的认同率最低,排在第六位,在全部样本中有 1.1% 的学生认为如此,比在整体可能上中职的样本中对该原因的认同率要高 0.2 个百分点。

(四)主要结论

1. "三州"地区初三学生的中职升学意愿并不是很高,略低于三分之一,仅为 31.9%。其中,凉山州的学生中职升学意愿最高;怒江州的次之,高于"三州"均值;而临夏州的最低,仅为 26.3%。学生的中职升学意愿存在地区间显著差异。在整体可能升中职的意愿中非常强烈("非常可能")的仅占不到 15%,有 85.9% 的学生其意愿仅在普通强度上(仅表示"可能"升中职学校)。选择"整体不可能"升中职的占比超过四分之一达到 26.8%;另有超过四成(41.3%)的学生对升学选择还拿不定主意,处于观望中。整体来看,愿意升中职的学生比例要高于不愿意的学生,但对升学选择不确定的学生比例则要高于愿意的 9.4 个百分点。

2. 据笔者调查中的其他数据(为节约版面本文中未呈现出来)分析显示,家庭所在地越靠近县城与州政府所在地的学生,成绩越好的学生,以及女生、重点班与州级示范校的学生,越不愿意选择升中职学校。家庭经济资本、社会资本及文化资本越高的学生，越不愿意选择升中职学校。家庭年收入水平越高的学生，越不愿意上职校，在7万元及以下的家庭年收入水平中，家庭年收入与学生的中职升学意愿呈显著的反向关系；家庭年收入在3万元以上的学生中，不愿意上职校的比例已超过30%，且不愿意的比例要高于愿意的比例。家长职业越是优越的学生，越不愿意上职校；父亲职业为体制内工作的学生中，仅有17.1%的愿意上中职，选择不愿意的是愿意的3.58倍。其中，父亲为公务员的学生中，不愿意上职校的比例是愿意的4.73倍；父亲职业为体制内工作的学生中，不愿意上职校的比例是父亲职业为体制外的学生的2.51倍。母亲学历越高的学生，越不愿意上职校。母亲受教育水平为初中及以上学历的学生中，不愿意上职校的比例高于愿意的，且母亲为高中学历的学生中，不愿意比例超过40%达48.3%。其中母亲学历为本科的学生中，竟有高达74.8%的学生不愿意上职校，比愿意的要高出7.40倍，不愿意比例是母亲为文盲的学生的3.86倍。

在访谈和研究中发现，那些不愿意升中职学校的，主要是担心中职毕业后工资收入低，且在本地比较难就业。此外，当地中职学校教育教学质量及实训条件较差，学校管理也比较松散，上中职每年上万元的生活费和学费增加了家庭的经济负担等因素制约了相当部分学生及其家长对中职学校的选择。

3. 学生认为其之所以愿意上职校主要是因为自己成绩差，或出于兴趣爱好，或出于减轻家庭经济负担的考虑。可以看出，这些原因多属于外在因素。学生愿意上职校既不是因为职业教育本身所具有的独特价值——教人学会技术技能，将来好就业创业，也不是由于中职学校的教学质量及管理水平具有吸引力。可见，要提高学生的中职升学意愿还要从提升中职学校的教育教学质量及实训条件以及管理水平等方面下功夫，才能改变目前学生仅是受外在的如成绩差等因素驱使着选择上中职，区别于普通高中教育，以培养学生职业技术技能为特色的中职教育应成为学生成长成才的一种内在主动的教育选择。

4. 目前，中职教育在学生及家长中的宣传还不够，这也是影响学生选择上职校的一个重要因素。当前示范效应及劝说效应的作用还未在学生中职升学意愿中充分显现出来。在访谈中笔者发现，当周围有成功的中职升学案例时，家长及学生会明显地受到正面的影响，尤其是对家长的触动比较大。而对那些成绩较差的学生，家长在相当程度上决定了孩子的升学意愿，故未来在宣传职业教育的价值时，应增加升中职后学生成才成功的案例，通过形成家长对职业教育的正确认识，增加社会对中职教育的认可度。

（五）讨论

总体上，在可能上中职的学生中，其家庭的文化资本、经济资本、社会资本一般都比较低，这与已有研究的结论是一致的。本研究结论中可能上中职的学生在性别间存在显著差异——男生比女生更愿意上中职，这与李帆的"不存在性别差异"的结论是不同的。本研究认为成绩间也存在显著差异——学生平时成绩与其选择中职的意愿强度之间基本上是反向关系，这与李兰兰认为"成绩对学生选择职业教育的入学意愿影响并不显著"、张济洲等认为"即使是学习成绩差的学生也不愿意选择职业教育"的结论是不同的。

本研究发现，公务员、事业单位编制工作人员、国有企业工作人员的子女中职升学概率分别仅为 0.142、0.173、0.192，明显低于李源的研究结论中的上层家庭选择中职的概率为 0.4。本研究结论中仅有父亲职业为农民、农民工、无业的城镇居民、军人、无编制的政府机关或事业单位工作人员、工人的子女的中职升学概率较高，勉强超过 0.3，分别为 0.347、0.337、0.333、0.324、0.315、0.309。

本研究发现，学生的中职升学意愿与其家庭年收入水平呈反向关系，家庭越贫困的学生，中职升学意愿越高；教育成本是影响学生中职升学意愿的第三重要因素，这与刘崇顺等得出的"经济和物质生活条件不是影响升学的主要因素"的结论不一致。

本研究发现的中职升学意愿与已有研究结论不同，可能原因是本研究聚焦中西部地区，而已有研究大多集中在东部地区。基本上是东部地区的学生升中职学校的意愿要高于中西部地区，可能原因是东部经济发达，有较高的本地就业率，且当地中职教育质量也较高，在一定程度上得到学生及家长的认可。相比之下，中西部地区无论是在中职学校教育质量上还是本地就业率以及起薪上，均不如东部地区，学生及家长对中职的接受程度相对要低一些。农村及乡镇的学生对升入中职学校的意愿又略高于县城及州政府所在地的，这主要是受学生的家庭社会资本、经济资本及文化资本所限，上职校对农村及贫困地区孩子来说，在阶层流动上虽然不是最优选择，但至少不是最次的选择，能保证他们保持相对稳定及略有提高的社会阶层地位。早些年的研究大都认为，学生中职升学意愿低，最近几年学生的中职升学意愿稍微提高一些，这主要是因为过去人们对职业教育的接受度不高。近几年，在政府的大力宣传和引导下，以及不断实施的保就业、增收入上的各种举措，人们逐渐提高了对中职学校的接受度。另一个原因在于样本容量影响了研究结论。除张志增等的调查样本为5775人以外，其他研究者的研究样本均较小，在数百人至最多3235人之间，而本研究的调查样本达21531人，且基本等比例在"三州"间、城乡间以及所有县（市）各类学校间合理分布，样本具有充足的代表性，得出的结论也应更客观一些。

（六）政策启示

1. 要提高"三州"地区初三学生的中职升学意愿，应重点关注还拿不定主意的那41.3%的学生，采取各种有效措施将其对选择中职学校的不确定性意愿转变为确定性愿意，进而选择上中职学校。此外，还要重点关注家庭社会资本、经济资本及文化资本较弱的家庭子女，尤其是处于特别底端（家庭年收入在2万元及以下，父亲职业为农民、农民工、工人、无业的城镇居民以及军人，母亲受教育水平为小学及文盲）的家庭子女以及家住农村的学生和男生及成绩在中间40%及以后的学生。

2. 在短期内，提高工资福利待遇对提升中职学生升学意愿的边际激励效应要大于提升中职学校教学质量及实训条件，又要大于更容易找工作的边际激励效应。为此，国家应制定职业技术技能人才的最低工资标准及增长机制，且最低工资标准应比目前有较大幅度的提升，打破职业技术技能人才在晋升、评奖、休假及人才项目培育中受到如年龄、资历、身份和比例等条件的限制，给予他们更多的优惠政策；同时，企业也应制定和完善相应的员工成长计划与薪酬体系，进一步提高时薪、工资，甚至实施给予股份或年底绩效分红等措施，以进一步提高职业技术技能人才（蓝领工人）的待遇，让职业技术技能人才的收入不低于公务员，只有这样，社会才能真正形成尊重职业技术技能人才和职业技术教育的氛围，才能吸引更多、更优秀的学生接受职业教育。

另外，各地应加大省内优质学校及外省帮扶学校对"三州"地区中职学校的结对帮扶力度。中职学校应注重提升教师质量,尤其是加大对"双师型"专业教师的培训,增加教师间的交流、跟岗与帮扶力度;密切围绕地方产业发展规划推动中职学校专业的设置和布局,并加强中职学校对就业地需求的专业群建设。各地应进一步增加对中职学校的投入,尽快提高中职学校的办学和实训条件,只有学校教育教学质量提升了,才能吸引更多当地学生就读①。

3.我们呼吁加强对职业教育价值和意义的宣传,改变人们对职业教育的观念歧视。各地应鼓励中职学校联合中小学开展职业启蒙教育,注重养成学生及家长对职业教育的正确认识。应在中小学开展各种职业认知的教育,可提高中小学生对不同职业的兴趣,则可有效提高初中生对中职教育的认同。当前,除全国性的"职业教育活动周"外,还有必要增加开展"讲好职业教育故事"活动,邀请优秀的中职学校校长在各种媒体上不定期地宣讲其成功办学经验,尤其是要突出宣讲优秀中职学校毕业生的成才成功经历,增加学生和家长对职业教育的接受度。同时,各种媒体也应加强对"大国工匠"、优秀职业技术技能人才的事迹的宣传。还可邀请那些家庭中有中职毕业生谋得较好工作,且收入较高的学生家长分享其孩子的成才成功经验,其效果有时远胜过空洞的宣传。

二、"三州"地区谁不愿意让孩子上中等职业学校

(一)"三州"地区谁不愿意让孩子上中等职业学校

调研中发现,"三州"地区的学生家长其实是比较排斥中等职业学校的,有不少家长不愿意让其孩子升入中职学校。究竟是谁不愿意让其孩子升入中职学校呢?可以根据课题组发放的"'三州'地区初三学生家长对其孩子升学意愿调查"的相关数据进行交叉列联表分析,即可知晓家长在不同人口学变量下对其孩子的中职升学意愿情况。具体如表5-11所示。

---

① 沈有禄.高中阶段教育职普比提升的阻力与路径分析:基于"三州"地区的调查 [J].中国教育学刊,2020(7):17-21.

表5-11 "三州"地区初三学生家长对其孩子的中职升学意愿的各人口学变量选择情况

人口学变量		不愿意	愿意	卡方检验	人口学变量		不愿意	愿意	卡方检验
	均值	26.8%	37.3%			均值	26.8%	37.3%	
所在地区	凉山州	26.8%	37.3%	X²=2.969E2 p=0.000	学校性质	省级示范	32.7%	30.5%	X²=2.940E2 p=0.000
	怒江州	23.0%	38.1%			州级示范	43.7%	24.7%	
	临夏州	30.5%	41.0%			普通学校	24.6%	39.0%	
学校所在地	州府	35.8%	33.3%	X²=5.487E2 p=0.000	家庭所在地	州府	49.2%	25.7%	X²=6.865E2 p=0.000
	县城	44.9%	26.1%			县城	39.6%	28.5%	
	乡镇	27.8%	35.4%			乡镇	27.7%	36.9%	
	农村	22.4%	41.4%			农村	21.6%	40.2%	
班级性质	重点班	16.3%	44.5%	X²=5.805E2 p=0.000	性别	父亲	24.6%	39.7%	X²=1.178E2 p=0.000
	普通班	39.0%	25.1%			母亲	31.0%	33.9%	
班级成绩排名	前20%	22.1%	42.0%	X²=1.217E3 p=0.000	家庭年收入水平	0—10000元	19.4%	42.3%	X²=8.482E2 p=0.000
	前20%—40%	40.8%	28.6%			10001—20000元	24.5%	37.4%	
	中间40%—60%	29.22%	35.2%			20001—30000元	28.2%	36.9%	
	后60%—80%	20.6%	40.8%			30001—40000元	33.9%	32.2%	
	最后80%—100%	16.6%	45.7%			40001—50000元	37.2%	29.5%	
		16.11%	43.4%						

续表

人口学变量		不愿意	愿意	卡方检验
家长职业	公务员	67.2%	18.3%	
	事业单位有编制	58.7%	22.6%	
	国有企业工作人员	59.0%	24.3%	
	政府机关事业单位无编制人员	48.7%	27.8%	
	私营民企工作人员	34.2%	32.7%	$X^2=1.085E3$ p=0.000
	外企工作人员	34.8%	43.5%	
	农民	21.4%	40.4%	
	农民工	23.2%	39.5%	
	工人	22.8%	38.2%	
	城镇居民无业	33.6%	36.2%	
	个体经营户	40.9%	28.6%	
	私营民营企业主	44.5%	20.0%	
	军人	31.0%	48.3%	
	其他	29.1%	30.8%	

人口学变量		不愿意	愿意	卡方检验
家庭年收入水平	50001—60000 元	43.1%	28.5%	
	60001—70000 元	37.7%	31.7%	
	70001—80000 元	45.4%	28.8%	
	80001—90000 元	45.8%	24.6%	$X^2=8.482E2$ p=0.000
	90001—100000 元	51.0%	23.7%	
	100001—110000 元	58.5%	22.1%	
	110001—120000 元	60.9%	15.5%	
	120000 元以上	58.2%	18.9%	
家长受教育水平	文盲	18.5%	41.6%	
	小学	20.5%	40.4%	
	初中	28.1%	36.7%	
	高中及等同	40.9%	28.3%	$X^2=1.095E3$ p=0.000
	专科	53.0%	24.1%	
	本科	67.4%	18.7%	
	研究生	50.0%	34.4%	

注："乡镇"指镇及乡政府所在地，样本中军人、外企工作人员及私营（民营）企业主较少，在正文分析中将其归入"其他"中一并分析。

由表 5-11 可知，"三州"地区不同的初三学生家长对其孩子上职校的意愿程度是不同的，总体上是不愿意的程度要低于愿意的程度，而在各个人口学变量下其不愿意与愿意的程度均呈显著差异。具体差异总结如下。

第一，尽管有 26.8% 的家长不愿意（含非常不愿意）让其孩子上职校，但仍有 37.3% 的家长表示愿意（含非常愿意）让其孩子上职校，而处于观望态度的家长占 35.9%。其中，临夏州的家长有 35.8% 的不愿意让其孩子上职校，怒江州的有 30.5%，凉山州的有 23.0%；州级示范学校的学生家长中有 43.7% 的不愿意让其孩子上职校，省级示范学校的有 32.7%，普通学校的有 24.6%。

第二，家庭住所越是在城市、成绩越好的学生，其家长越不愿意让孩子上职校，重点班学生的家长也不太愿意让其孩子上职校。家住州府所在县（市）的家长有 49.2% 的不愿意让其孩子上职校，是家住县城的 1.24 倍，是家住乡镇的 1.78 倍，是家住农村的 2.28 倍。成绩排名在班级前 20% 的学生家长有 40.8% 的不愿意让其孩子上职校，分别是成绩排名在班级后 60%—80% 以及最后 20% 的 2.46 倍与 2.53 倍。重点班学生的家长有 39.0% 不愿意让孩子上职校，是普通班的 1.76 倍。母亲中有 31.0% 的不愿意让其孩子上职校，是父亲的 1.26 倍。

第三，基本上是家庭年收入越高的家长越不愿意让其孩子上职校，家庭年收入在 3 万元以下的家长不愿意让其孩子上职校的比例要低于 30%，其不愿意的比例要低于愿意的比例；家庭年收入在 3 万元以上的家长不愿意让其孩子上职校的比例已超过 30%，且其不愿意的比例要高于愿意的比例；家庭年收入在 9 万元以上的家长已有超过 50% 不愿意让其孩子上职校，且其不愿意的比例是愿意的比例的两倍以上，其中家庭年收入在 110001—120000 元的家长是唯一超过 60% 的不愿意让其孩子上职校的，且其不愿意的比例是愿意的比例的 3.93 倍。仅有家庭年收入在 0—1 万元的家长不愿意其孩子上职校的比例低于 20%，为 19.4%（其愿意的是不愿意的 2.18 倍）；家庭年收入在 110001—120000 元的家长不愿意程度是最高的，为 60.9%，是最低的家庭年收入在 0—1 万元的家长的 3.14 倍。

第四，家长职业越是优越的越不愿意让其孩子上职校。家长职业为优势群体的体制内工作人员（不含无编制）的有 60.6% 的不愿意让其孩子上职校，体制内家长中仅有 21.9% 的愿意让其孩子上职校，不愿意的是愿意的 2.77 倍，其中公务员家长不愿意让其孩子上职校的比例是其愿意比例的 3.67 倍；体制内家长不愿意让其孩子上职校的比例是体制外家长的 2.51 倍。而体制外的家长有 24.1% 的不愿意让其孩子上职校，体制外家长中有 38.5% 的愿意让其孩子上职校，愿意的是不愿意的 1.60 倍，其中家长职业为农民、农民工、工人的愿意让其孩子上职校的比例分别是其不愿意的比例的 1.89 倍、1.70 倍、1.68 倍，是体制外家长中最愿意让其孩子上职校的群体。家长职业为公务员、事业单位有编制工作人员、国有企业工作人员的学生家长均有超过 58% 的不愿意让其孩子上职校，其中最高的公务员家长中有高达 67.2% 的不愿意让其孩子上职校，是最低的农民家长的 3.14 倍。仅有职业为农民、农民工、工人的学生家长不愿意让其孩子上职校的比例低于 24%，分别为 21.4%、23.2%、22.8%。其他的如家长职业为无编制的政府机关或事业单位工作人员的也有 48.7% 的不愿意让其孩子上职校，家长职业为私营（民营）企业工作人员的有 34.2%，家长职业为无业的城镇居民的有 33.6%，家长职业为个体经营户的有 40.9% 不愿意让其孩子上职校。

第五，基本上是家长学历越高越不愿意让其孩子上职校，家长受教育水平在初中及以下水平的其不愿意让其孩子上职校的比例要低于愿意的。其中文盲家长中愿意让其孩子上职校的比例为不愿意的 2.25 倍，家长受教育水平为高中及以上的其不愿意让其孩子上职校的比例均高于愿意的，且高中学历的家长其不愿意比例已超过 40%，专科及以上学历家长其不愿意的比例已超过 50%，其中本科学历的家长竟有高达 67.4% 的不愿意让其孩子上职校，比其愿意的要高出 2.60 倍，其不愿意比例是最低的文盲家长（有 18.5%）的 3.64 倍；仅有小学、初中学历的学生家长不愿意让其孩子上中职的比例在 20%—30% 之间，分别为 20.5%、28.1%。

总之，"三州"地区初三学生家长普遍显著趋向于选择普通教育、避开职业教育，即"趋普避职"是当下"三州"地区大部分学生家长的共同心声与教育选择原则。"三州"地区有一半多的初三学生家长存在这种情况，有 54.8% 的家长坚决让其孩子上普通高中，仅有 31.1% 的家长迫不得已而愿意将上中职作为其孩子上不了普通高中的替代选择，而第一志愿就首选上中职的家长少得可怜，仅占

2.9%，可见，"趋普避职"现象非常显著，尤其是显著规避上职校，更多是将其作为不得已而为之的替代选项，打心底还是最向往上普通高中。

"趋普避职"现象在不同监护人间、不同家庭所在地间、不同家长职业间、不同家长学历间、不同家庭年收入水平间，以及孩子平时成绩的不同班级排名间均存在显著差异。"趋普避职"显著存在于母亲身上，显著存在于家庭所在地越是较发达地区的家住州府所在地及县城的家长身上，显著存在于职业越优越的体制内家长，以及个体经营户及私企民企工作人员家长身上，显著存在于小学及以上学历家长身上（基本上是学历越高越显著，但硕士学历家长不及专科及本科学历家长显著），显著存在于所有收入水平（仅有家庭年收入水平在 1 万元及以下的家长中除外）的家长身上，也显著存在于孩子平时成绩班级排名前 40% 的家长身上。

相比较而言，父亲及其他监护人，家住镇区及乡村的家长，职业为农民、农民工、工人的家长，文盲、小学、初中学历的家长，家庭年收入水平在 3 万元及以下的家长，以及孩子平时成绩排名班级后 60% 的家长，迫不得已而将上中职作为其孩子上不了普通高中的替代选择的意愿更高一些。但上述家长中仍然是有超过 50% 的表示坚决让其孩子上普通高中，仅有其他监护人、文盲家长、家庭年收入水平在 1 万元及以下的家长，以及孩子平时成绩排名班级后 60% 的家长坚决让其孩子上普通高中的意愿低于 50%，可见，除这部分家长外，其他家长中均存在"趋普避职"现象，仅表现为显著程度高低而已[①]。

（二）"三州"地区家长不愿意让其孩子上中等职业学校的原因

在实地调查访谈中发现，家长不愿意让其孩子上职校的原因有就业不确定性、学校教学质量及实训条件较差、不想让孩子太早就业、担心在亲朋好友面前没面子、孩子中职毕业收入低社会地位低等。具体原因如表 5-12 所示。

---

① 沈有禄，万红渠．"趋普避职"：谁不愿意让孩子上职校——基于对"三州"地区 15428 名初三学生家长的调查 [J]．教育科学研究，2024(9):42-49.

表5-12 "三州"地区初三学生家长不愿意让其孩子上职校的原因排序

家长不愿意让其孩子上职校的原因选项	平均综合得分	排序
中职中专、职高、技校毕业后,不好找工作,不确定性大	7.15	1
中职中专、职高、技校教育教学质量、实训条件较差,学不到什么东西,浪费时间、也浪费金钱	3.36	2
中职中专、职高、技校管理松散,担心学坏了,不放心去	3.12	3
其他原因	3.09	4
中职中专、职高、技校毕业生工资待遇福利等低下,没有什么收益,不划算	3.04	5
孩子去上中职中专、职高、技校,每年还要掏大几千上万元,家庭承受困难	2.7	6
中职中专、职高、技校毕业太小,不想孩子过早进入社会参加工作	2.54	7
国家、社会对职业技术技能人才的社会经济地位等不够重视,社会上轻视工人、技工	2.29	8
上中职中专、职高、技校,使自己在亲戚、朋友、邻居、同学中很没面子,抬不起头	1.36	9
想让孩子早点出去打工挣钱,减轻家庭负担,增加家庭收入	0.71	10
孩子厌学,不想再读书了	0.65	11

注:"其他原因"选择的比例较高,可能是家长坚持愿意让其孩子上普通高中的,这部分意见被反映进了这个选项中。表格中每个选项的得分计算方法为:选项平均综合得分=(Σ 频数 × 权值)/本题填写人次,具体权值赋分为如有11个选项参与排序,则排在第一个位置的权值为11,第二个位置权值为10,以此类推,第十一个位置权值为1。

由表5-12可知,排名第一位的原因是"中职学校毕业后,不好找工作,不确定性大",得分为7.15分(等同于占家长的65.0%);排名第二位的原因是"中职学校教学质量、实训条件较差,学不到什么东西,浪费时间也浪费金钱",得分为3.36分(等同于占家长的30.5%);排名第三位的原因是"中职学校管理松散,担心孩子学坏了,不放心去",得分为3.12分(等同于占家长的28.4%);

排名第四位的原因是"其他原因"，得分为 3.09 分（等同于占家长的 28.1%）；排名第五位的原因是"中职毕业生工资待遇福利等低下，没有什么收益，不划算"，得分为 3.04 分（等同于占家长的 27.6%）；排名第六位的原因是"孩子去上中职学校，每年还要掏大几千上万元，家庭承受困难"，得分为 2.70 分（等同于占家长的 24.5%）；排名第七位的原因是"孩子中职学校毕业还太小，不想让孩子过早进入社会参加工作"，得分为 2.54 分（等同于占家长的 23.1%）；排名第八位的原因是"国家、社会对职业技术技能人才的社会经济地位等不够重视，社会上轻视工人、技工"，得分为 2.29 分（等同于占家长的 20.8%）；排名第九位的原因是"孩子上中职学校会让自己在亲戚、朋友、同学中很没面子，抬不起头"，得分为 1.36 分（等同于占家长的 12.4%）；排名第十位的原因是"想让孩子早点出去打工挣钱，减轻家庭负担，增加家庭收入"，得分为 0.71 分（等同于占家长的 6.5%）；排名第十一位的原因是"孩子厌学，不想再读书了"，得分为 0.65 分（等同于占家长的 5.9%）。

可见，最让家长担心的是中职毕业后不好找工作、中职学校教学质量及实训条件较差、中职学校管理松散，得分均在 3.12 分及以上（占 28.4% 及以上），尤其是担心孩子中职毕业不好找工作，得分高达 7.15 分（占 65.0%）。故要让家长愿意送孩子上中等职业学校，家长担心的，首先需要解决的是中职毕业生的就业问题，其次是要有好的实训条件让学生能获得高质量的教学，再次才是学校的学风及管理问题。只有解除了家长的这些后顾之忧，才能让家长放心地让孩子上中等职业学校。

第四节 "三州"地区对职普比"大体相当"政策执行底线值的接受情况

一、"三州"地区初三学生及家长对职普比"大体相当"政策执行底线值的接受情况

在学生及家长调查问卷中，均设置有其对高中阶段教育职普比"大体相当"

政策执行底线值（即职普比的最低值）的看法的问题，可认为大多数人能接受的职普比最低值就是职普比"大体相当"政策执行底线值。具体调查数据情况如表5-13所示。

表 5-13　"三州"地区初三学生及家长对其能接受的职普
比最低值的态度情况

学生选择人数（占比）	学生能接受的职普比最低值	家长选择人数（占比）	家长能接受的职普比最低值	合计的学生及家长选择人数（占比）	学生及家长能接受的职普比最低值
6348（29.5%）	≥ 1.0	4429（28.7%）	≥ 1.0	10777（29.16%）	≥ 1.0
9325（43.3%）	≥ 0.9	6564（42.5%）	≥ 0.9	15889（42.99%）	≥ 0.9
11880（55.2%）	≥ 0.8	8457（54.8%）	≥ 0.8	20337（55.03%）	≥ 0.8
14451（67.1%）	≥ 0.7	10227（66.3%）	≥ 0.7	24678（66.77%）	≥ 0.7
7080（32.9%）	< 0.7	5201（33.7%）	< 0.7	12281（33.23%）	< 0.7
总计 21531（100.0%）		总计 15428（100.0%）		总计 36959（100.0%）	

注：表格中数据前面为选择人数，括号内数据为所占百分比。

由表 5-13 可知，"三州"地区初三学生中有 67.1% 的能接受 0.7 及以上作为职普比"大体相当"政策执行底线值，初三学生家长中有 66.3% 的能接受 0.7 及以上作为职普比"大体相当"的执行底线值，合计的初三学生及家长中有 66.77% 的能接受 0.7 及以上作为职普比"大体相当"的执行底线值。

其中"三州"地区初三学生能接受 0.7 及以上作为职普比"大体相当"政策执行底线值的分别为凉山州有 68.0%、怒江州有 68.9%、临夏州有 64.0%。即"三州"当中的怒江州的初三学生更多地能接受 0.7 作为底线值；其次是凉山州；而临夏州仅有 64.0% 的初三学生愿意接受 0.7 作为底线值，比"三州"平均值要低 3.1个百分点。地区间存在显著差异。

　　"三州"地区初三学生家长能接受 0.7 及以上作为职普比"大体相当"政策执行底线值的分别为凉山州有 67.6%、怒江州有 66.4%、临夏州有 62.4%。即"三州"当中的凉山州的初三学生家长更多地能接受 0.7 作为底线值；其次是怒江州；而临夏州仅有 62.4% 的初三学生家长愿意接受 0.7 作为底线值，比"三州"平均值要低 3.9 个百分点。地区间也存在显著差异。

　　总体来看，将 0.7 作为"三州"地区职普比"大体相当"政策执行底线值是被当地大多数（三分之二及以上）的初三学生及家长认可的，怒江州的学生、凉山州的家长更能接受，而临夏州的家长及学生的接受意愿比其他两州均要低。也即是在"三州"地区将高中阶段教育的职普招生比例确定在 7 ： 10 以上是能被大多数人所接受的，7 ： 10 的比例要大于 4 ： 6 或 2 ： 3，即"三州"地区每招收普通高中生 3 人的同时也招收中职学生 2 人及以上是能被学生及家长所接受的[①]。

二、各项政策激励措施下"三州"地区初三学生升中职意愿的边际激励效应

　　根据 2019 年调研访谈中收集的有关资料，归纳总结出影响"三州"地区初三学生升中职意愿的主要制约因素为：当地经济发展滞后造成中职毕业生难就业，中职毕业生收入不高，学生上学额外成本及机会成本较大，当地中职学校教育质量及实训条件比较差，中职学校管理不严格，以及面向当地的优质中职教育机会较少等。在问卷调查中就影响"三州"地区初三学生升中职意愿的不同影响因素设置相应的政策激励措施（分不同程度），来看不同程度的政策激励措施对当地初三学生升中职意愿的边际激励效应。具体情况如表 5-14 所示。

[①] 沈有禄，曾新 . 职普比"大体相当"：有无可接受的底线值：来自"三州"地区的调查［J］. 教育发展研究，2021（13-14）：72-80.

表 5-14 不同程度的政策激励措施对"三州"地区初三学生
升中职意愿的边际激励效应情况

比较基数	各项政策激励措施	提高20%的边际激励百分点数	提高40%的边际激励百分点数	提高60%的边际激励百分点数	提高80%的边际激励百分点数	提高100%的边际激励百分点数
无政策干预时"总体可能的"基数为31.9个百分点	中职毕业工作比现在容易找	↗10.4	↗12.8	↗18.1	↗24.4	↗31.5
	本州中职学校教学质量及实训条件比现在	↗12.2	↗13.8	↗17.5	↗21.5	↗27.3
	中职学校管理水平比现在	↗9.8	↗11.5	↗15.4	↗20.1	↗26.3
	外省帮扶对口支援或省会的中职学校对本州招生比现在	↗9.7	↗10.8	↗14.6	↗19.2	↗24.5
		增加3000元的边际激励百分点数	增加6000元的边际激励百分点数	增加9000元的边际激励百分点数	增加1.2万元的边际激励百分点数	增加1.5万元的边际激励百分点数
	政府和社会对中职毕业的工资待遇福利比现在每年	↗12.5	↗15.7	↗18.1	↗20.6	↗22.7
		增加1000元的边际激励百分点数	增加2000元的边际激励百分点数	增加3000元的边际激励百分点数	增加4000元的边际激励百分点数	增加5000元的边际激励百分点数
	政府对中职生的学费减免及助学金比现在	↗9.9	↗9.8	↗10.9	↗12.3	↗14.2
无政策干预时"总体不可能的"基数为26.8个百分点	中职毕业工作比现在容易找	↘6.5	↘8.0	↘10.3	↘12.5	↘15.5
	本州中职学校教学质量及实训条件比现在	↘7.5	↘8.6	↘9.9	↘11.5	↘13.7
	中职学校管理水平比现在	↘6.4	↘7.5	↘9.2	↘10.8	↘13.3
	外省帮扶对口支援或省会的中职学校对本州招生比现在	↘7.0	↘7.6	↘9.3	↘10.6	↘12.6
		增加3000元的边际激励百分点数	增加6000元的边际激励百分点数	增加9000元的边际激励百分点数	增加1.2万元的边际激励百分点数	增加1.5万元的边际激励百分点数

比较基数	各项政策激励措施	提高20%的边际激励百分点数	提高40%的边际激励百分点数	提高60%的边际激励百分点数	提高80%的边际激励百分点数	提高100%的边际激励百分点数
无政策干预时"总体不可能的"基数为26.8个百分点	政府和社会对中职毕业的工资待遇福利比现在每年	↘7.4	↘8.6	↘9.5	↘10.3	↘11.4
		增加1000元的边际激励百分点数	增加2000元的边际激励百分点数	增加3000元的边际激励百分点数	增加4000元的边际激励百分点数	增加5000元的边际激励百分点数
	政府对中职生的学费减免及助学金比现在	↘5.8	↘5.7	↘6.2	↘6.7	↘7.4
无政策干预时"不确定的"基数为41.3个百分点	中职毕业工作比现在容易找	↘3.8	↘4.8	↘7.8	↘11.9	↘16.1
	本州中职学校教学质量及实训条件比现在	↘4.7	↘5.3	↘7.5	↘10.0	↘13.7
	中职学校管理水平比现在	↘3.4	↘3.9	↘6.1	↘9.3	↘12.9
	外省帮扶对口支援或省会的中职学校对本州招生比现在	↘2.7	↘3.2	↘5.2	↘8.6	↘11.9
		增加3000元的边际激励百分点数	增加6000元的边际激励百分点数	增加9000元的边际激励百分点数	增加1.2万元的边际激励百分点数	增加1.5万元的边际激励百分点数
	政府和社会对中职毕业生的工资待遇福利比现在每年	↘5.0	↘7.1	↘8.6	↘10.3	↘11.3
		增加1000元的边际激励百分点数	增加2000元的边际激励百分点数	增加3000元的边际激励百分点数	增加4000元的边际激励百分点数	增加5000元的边际激励百分点数
	政府对中职学生的学费减免及助学金比现在	↘4.2	↘4.2	↘4.7	↘5.6	↘6.9

注："总体可能的"="非常可能"+"可能","总体不可能的"="不可能"+"非常不可能"。"↗"表示"增加","↘"表示"下降",表格中数字的单位均为"个百分点"。

由表 5-14 可知,在不同程度的各项政策激励措施下,"三州"地区初三学生升中职意愿的边际激励效应,从高到低依次是提高找工作机会使中职毕业生更容易就业、提高当地中职学校的教学质量与实训水平、提高当地中职学校的管理水平、增加中职毕业生的工资福利待遇水平、增加外省对口帮扶学校及本省省会优质中职学校对当地的招生数、加大学费减免及助学金力度。

各项政策激励措施中,使中职毕业生找工作比现在容易 20% 能提高当地初三学生升中职意愿 10.4 个百分点到 42.3%,将不可能的升学意愿降低 6.5 个百分点至 20.3%,将不确定的升学意愿降低 3.8 个百分点至 37.5%;使中职毕业生找工作比现在容易 40%,能提高升学意愿 12.8 个百分点至 44.7%,将不可能的升学意愿降低 8.0 个百分点至 18.8%,将不确定的升学意愿降低 4.8 个百分点至 36.5%;使中职毕业生找工作比现在容易 60% 能提高升学意愿 18.1 个百分点至 50.0%,将不可能的升学意愿降低 10.3 个百分点至 16.5%,将不确定的升学意愿降低 7.8 个百分点至 33.5%;使中职毕业生找工作比现在容易 80%,能提高升学意愿 24.4 个百分点至 56.3%,将不可能的升学意愿降低 12.5 个百分点至 14.3%,将不确定的升学意愿降低 11.9 个百分点至 29.4%;使中职毕业生找工作比现在容易 100%,能提高升学意愿 31.5 个百分点至 63.4%,将不可能的升学意愿降低 15.5 个百分点至 11.3%,将不确定的升学意愿降低 16.1 个百分点至 25.2%。

可以看出,不同程度的各项政策激励措施在比现有水平增加 60% 情况下对学生升中职意愿的边际激励效应与这些政策激励措施在其他程度的激励水平下所能产生的边际激励效果相比来说是最强的,故本部分就研究各项政策激励措施在比现有水平增加 60% 情况下各人口学变量的差异,以便未来在提升当地初三学生升中职意愿时采取更有针对性切实可行的具体措施。

通过分析发现,在此水平程度的政策激励措施下,无论是何种政策激励措施,要提高当地初三学生的中职升学意愿,应更侧重于以凉山州的学生为主,以及"三州"地区家住农村在镇及农村上学的学生为主,以普通学校的学生为主,以普通班学生为主,以男生为主,以成绩在班级排名中间 40%—60% 及以后的学生为主,以家庭年收入水平在 2 万元及以下的学生为主,以父亲职业为农民、农民工、工人、无业的城镇居民以及军人的子女为主,以母亲受教育水平在小学及文盲的子女为主。因以上人口学变量的初三学生中职升学意愿都高于平均水平,以他们为主可以进一步提高当地学生的中职升学意愿水平。升学意愿在各人口学变量下均差异显著。

而怒江州的学生,州级重点初中的学生,家住州府以及在州府上学的学生,女生和重点班的学生,成绩在班级排名前20%的学生,家庭年收入水平在110001—120000元的学生,父亲职业为公务员、国有企业工作人员以及事业单位有编制的工作人员的子女,母亲受教育水平为本科及专科水平的子女,以上人口学变量的初三学生不可能升中职的意愿都明显高于平均水平,对他们做工作也很难提高他们的中职升学意愿水平。

在影响"三州"地区初三学生升中职意愿的关键因素中,如果对应设置相应抵消这些因素的负面影响的政策激励措施,总体从长远来看,增加就业机会使找工作更好找对提升当地初三学生的中职升学意愿的边际效应是最高的,其次是提高当地中职学校的教学质量与实训水平,排第三位的是提高当地中职学校的管理水平,排第四位的是增加当地中职毕业生的工资福利待遇水平,排第五位的是增加外省对口帮扶学校及本省省会优质中职学校对当地的招生数,而增加对当地学生的学费减免及助学金额度的边际激励效果是最低的。但是,在40%及以下水平程度的政策激励措施中,提高工资福利待遇的边际效应要大于提升教学质量及实训条件的,又要大于更容易找工作的。在不同程度的政策激励措施中,比现有提升60%的激励水平程度对中职升学意愿提高的边际效应比40%及以下水平的边际激励效应的增幅要明显提升得更多些。可发现减免学费或增加资助等降低学生上学成本的政策激励措施的边际激励效果并不高(不够显著),反而短期内能让学生收获上学收益的增加工资福利待遇的政策激励措施的边际激励效果最高,而长期来看,更好的就业机会以及提升教育教学质量的政策激励措施的边际效果最高。

三、"三州"地区基层人员对职普比"大体相当"政策执行底线值的接受情况

根据"'三州'地区高中普及攻坚与普职协调发展研究"的调查数据显示,

"三州"地区基层人员对本地高中阶段教育职普比"大体相当"政策执行底线值的接受情况如表 5-15 所示。

表 5-15 "三州"地区基层人员对职普比"大体相当"
政策执行底线值的接受情况

职普比"大体相当"政策执行最低值	选择人数（人）	所占比例
1:9	29	8.17%
1.5:8.5	15	4.23%
2:8	21	5.92%
2.5:7.5	19	5.35%
3:7	51	14.37%
3.5:6.5	27	7.61%
4:6	100	28.17%
4.5:5.5	21	5.92%
5:5	72	20.28%

由表 5-15 可知，基层人员对本地高中阶段教育普及攻坚中职普比"大体相当"政策执行底线值的接受度为：认可职普比"大体相当"政策执行底线值为 1:9 的有 29 人，占 8.17%；认可职普比"大体相当"政策执行底线值为 1.5:8.5 的有 15 人，占 4.23%；认可职普比"大体相当"政策执行底线值为 2:8 的有 21 人，占 5.92%；认可职普比"大体相当"政策执行底线值为 2.5:7.5 的有 19 人，占 5.35%；认可职普比"大体相当"政策执行底线值为 3:7 的有 51 人，占 14.37%；认可职普比"大体相当"政策执行底线值为 3.5:6.5 的有 27 人，占 7.61%；认可职普比"大体相当"政策执行底线值为 4:6 的有 100 人，占 28.17%；认可职普比"大体相当"政策执行底线值为 4.5:5.5 的有 21 人，占 5.92%；认可职普比"大体相当"政策执行底线值为 5:5 的有 72 人，占 20.28%。

可见，大家对本地高中阶段教育职普比"大体相当"政策执行底线值在 2.5:7.5 及以下的 23.66%，对职普比"大体相当"政策执行底线值在 3:7 以下的接受度为 38.03%，对职普比"大体相当"政策执行底线值在 3.5:6.5 及以上的接受度为 61.97%，对职普比"大体相当"政策执行底线值在 4∶6 及以上的接受度为 54.37%。故大家对本地职普比"大体相当"政策还是有一定接受度的，能接受其底线值为 3∶7 及以上的占 76.34%，能接受职普比"大体相当"政策执行底线值为 4∶6 及以上的占 54.37%，即有超过一半的能接受职普比"大体相当"政策执行底线值在 4∶6 及以上，即每招收 3 名普通高中学生就至少需要招收 2 名及以上的中职学校学生。

通过对比行政人员、校长、教师与学生及家长的调查分析结果发现，学生及家长对职业教育的认可度要更高一些，对高中阶段教育职普比"大体相当"政策执行底线值的接受也更高一些，可以到 2∶3 及以上的达到三分之二以上；而基层人员能接受职普比"大体相当"的执行底线值在 2∶3 以上的仅有不到 55%。故要提高"三州"地区高中阶段教育职普比，尽快实现普职协调发展，基层人员的观念还有待改进，要走在学生及家长前面，如果基层管理人员都不能接受更高比例的职普比，怎么能有动力去推进职普比"大体相当"政策或普职协调发展的进程呢？

四、"三州"地区基层人员对实现职普比"大体相当"建议的词频分析

根据"'三州'地区高中普及攻坚与普职协调发展研究"的调查数据显示，在问卷调查中，当被问及"为推进'三州'地区高中阶段教育的中职中专、职高、技校与普通高中的协调发展，提高'职普比'以达到国家规定的职普比'大体相当'，您有什么话要说（您有什么建议）"时，当地基层管理干部、校长、教师所提建议，从词频来看，大家所提意见中涵盖如下关键词在 5 次及以上的如表 5-16 所示。

表 5-16　为加快"三州"地区高中阶段教育的普及攻坚进程
所提意见的关键词频情况

关键词	频数	频率	关键词	频数	频率
无	94	26.48%	地区	9	2.54%
中职	54	15.21%	没有	7	1.97%
教育	49	13.80%	职教	7	1.97%
职业	39	10.99%	地方	7	1.97%
学校	28	7.89%	就业率	6	1.69%
高中	27	7.61%	渠道	6	1.69%
学生	22	6.20%	政府	6	1.69%
宣传	19	5.35%	家长	6	1.69%
建设	18	5.07%	分数线	6	1.69%
教师	15	4.23%	社会	5	1.41%
发展	15	4.23%	学位	5	1.41%
力度	14	3.94%	职校	5	1.41%
政策	13	3.66%	建议	5	1.41%
职高	12	3.38%	普通高中	5	1.41%
比例	11	3.10%	质量	5	1.41%
职普比	10	2.82%	高职	5	1.41%
水平	10	2.82%	技术学校	5	1.41%
办学	10	2.82%	办好	5	1.41%
普高	9	2.54%			

由表 5-16 可知，在 355 人中显示"没有"或"无"意见的共 101 人，占 28.45%。在所提意见中完整表露出主要观点的选择情况来看，有 13 人表示应"加大宣传力度"，占 3.66%；有 8 人表示应"重视职业教育"，占 2.25%；有 8 人表示应"加大投入"，占 2.25%；有 7 人表示应"提高职普比"，占 1.97%；有

6人表示应"提高就业率"，占1.69%；有6人表示应"提高工资待遇"，占1.69%；有4人表示应"提高办学质量"，占1.13%；有4人表示应"提高录取分数线"，占1.13%；有3人表示应"提高教学质量"，占0.85%；有3人表示应"提高中职地位"，占0.85%；有3人表示应"增加普通高中数量"，占0.85%；有2人表示应"加强职教水平"，占0.56%；有2人表示应"扩大招生范围"，占0.56%。

就大家所提意见中，从关键词来看，关注"中职""职业""职高""职教""职校""高职""技术学校"的共127人，占35.77%。如有提"加强职业技术教育""加大以技能教育为主的职业教育""政府应该重视职业教育""鼓励中职建议加强技术学校建设"等。关注"宣传"的共19人，占5.35%。如有提"进一步加大宣传提高职业教育在社会上的认同感""加强政策宣传加大对中职教育的投入""加大宣传提高中职就业率""政府要注重职校宣传真正实现'大体相当'""做好宣传让职校生看到希望"等。关注"比例""职普比"的共有21人，占5.92%。如有提"建议本地区职普比4：6以上""要达到合理的'职普比'""提高普高比例""各占一半吧""严格控制职普比系统引导学生及家长认可接受职业教育""要提高职普比，先从扩大创业就业、拓展产业发展上下功夫，加快民族地区经济发展"等。而关注"政策"的仅有13人，占3.66%。如有提"国家层面出台职业学校毕业学生优惠政策""加强政策宣传，加强对中职教育的投入，扩大职高及中职容量，创造就业机会""地方政府应该出台专门的政策文件，推进职业教育发展，要切实改变重普教轻职教的观念""多出台一些政策对地方教育进行帮扶""核心在于保障和政策落实""出台优惠政策吸引更多的学生进入职校"等。

第五节 提升"三州"地区家长对中等职业教育的接受度，推进高中阶段教育普职协调发展

一、各项政策激励措施下"三州"地区家长对孩子接受中等职业教育意愿的边际激励效应

根据调研访谈归纳总结出影响"三州"地区家长对孩子中职升学意愿的主要制约因素为：当地经济发展滞后造成中职毕业生难就业，中职毕业生收入不高，学生上学额外成本及机会成本较大，当地中职学校教学质量及实训条件比较差，中职学校管理不严格，以及面向当地的优质中职教育机会较少等。本研究在问卷调查中就提升"三州"地区初三学生家长对孩子中职升学意愿的不同影响因素设置相应的政策措施（分不同程度），每种政策措施 5 种激励程度对应有 5 个数据采集点，针对六类政策措施共有 30 个数据采集点，根据收集的 462840 个数据分析整理，得出不同程度的政策措施对提升家长对孩子中职升学意愿的边际激励效应，具体情况如表 5-17 所示。

表 5-17 不同程度的政策措施对提升"三州"地区家长对孩子中职
升学意愿的边际激励效应

比较基数	各项政策激励措施	提高20%的边际激励百分点数	提高40%的边际激励百分点数	提高60%的边际激励百分点数	提高80%的边际激励百分点数	提高100%的边际激励百分点数
无政策干预时"总体愿意的"基数为37.3个百分点	中职毕业工作比现在容易找	↗5.0	↗7.1	↗12.4	↗19.0	↗25.4
	本州中职学校教学质量及实训条件比现在	↗5.1	↗6.7	↗10.7	↗16.1	↗21.8
	中职学校管理水平比现在	↗4.2	↗6.1	↗10.4	↗15.7	↗22.0

比较基数	各项政策激励措施	提高20%的边际激励百分点数	提高40%的边际激励百分点数	提高60%的边际激励百分点数	提高80%的边际激励百分点数	提高100%的边际激励百分点数
无政策干预时"总体愿意的"基数为37.3个百分点	外省帮扶对口支援或省会的中职学校对本州招生比现在	↗4.6	↗5.7	↗10.1	↗15.3	↗20.2
		增加3000元的边际激励百分点数	增加6000元的边际激励百分点数	增加9000元的边际激励百分点数	增加1.2万元的边际激励百分点数	增加1.5万元的边际激励百分点数
	政府和社会对中职毕业生的工资待遇福利比现在每年	↗7.3	↗10.3	↗12.6	↗15.7	↗17.4
		增加1000元的边际激励百分点数	增加2000元的边际激励百分点数	增加3000元的边际激励百分点数	增加4000元的边际激励百分点数	增加5000元的边际激励百分点数
	政府对中职生的学费减免及助学金比现在每年	↗4.1	↗4.2	↗5.6	↗7.0	↗9.4
无政策干预时"总体不愿意的"基数为26.8个百分点	中职毕业工作比现在容易找	↘5.2	↘6.5	↘9.1	↘11.3	↘14.1
	本州中职学校教学质量及实训条件比现在	↘5.0	↘5.9	↘7.9	↘9.8	↘12.2
	中职学校管理水平比现在	↘4.6	↘5.9	↘8.0	↘9.9	↘12.7

比较基数	各项政策激励措施	提高20%的边际激励百分点数	提高40%的边际激励百分点数	提高60%的边际激励百分点数	提高80%的边际激励百分点数	提高100%的边际激励百分点数
无政策干预时"总体不愿意的"基数为26.8个百分点	外省帮扶对口支援或省会的中职学校对本州招生比现在	↘6.2	↘6.5	↘8.2	↘9.9	↘12.0
		增加3000元的边际激励百分点数	增加6000元的边际激励百分点数	增加9000元的边际激励百分点数	增加1.2万元的边际激励百分点数	增加1.5万元的边际激励百分点数
	政府和社会对中职毕业生的工资待遇福利比现在每年	↘6.0	↘7.2	↘8.1	↘9.2	↘10.4
		增加1000元的边际激励百分点数	增加2000元的边际激励百分点数	增加3000元的边际激励百分点数	增加4000元的边际激励百分点数	增加5000元的边际激励百分点数
	政府对中职生的学费减免及助学金比现在每年	↘4.3	↘4.3	↘4.8	↘5.6	↘6.3
无政策干预时"不确定的"基数为35.9个百分点	中职毕业工作比现在容易找	↗0.2	↘0.6	↘3.3	↘7.7	↘11.3
	本州中职学校教学质量及实训条件比现在	↘0.1	↘0.8	↘2.9	↘6.3	↘9.6
	中职学校管理水平比现在	↗0.3	↘0.1	↘2.5	↘5.8	↘9.3

比较基数	各项政策激励措施	提高20%的边际激励百分点数	提高40%的边际激励百分点数	提高60%的边际激励百分点数	提高80%的边际激励百分点数	提高100%的边际激励百分点数
无政策干预时"不确定的"基数为35.9个百分点	外省帮扶对口支援或省会的中职学校对本州招生比现在	↗1.5	↗0.9	↘1.9	↘5.4	↘8.2
	政府和社会对中职毕业生的工资待遇福利比现在每年	增加3000元的边际激励百分点数	增加6000元的边际激励百分点数	增加9000元的边际激励百分点数	增加1.2万元的边际激励百分点数	增加1.5万元的边际激励百分点数
		↘1.4	↘3.2	↘4.4	↘6.5	↘7.0
	政府对中职生的学费减免及助学金比现在每年	增加1000元的边际激励百分点数	增加2000元的边际激励百分点数	增加3000元的边际激励百分点数	增加4000元的边际激励百分点数	增加5000元的边际激励百分点数
		↗0.2	↗0.1	↘0.8	↘1.5	↘3.1

由表5-17可知，家长让孩子接受中等职业教育的意愿并不是不能改变的，只要采取适当的政策措施，其态度是可以改变的。从中长期来看，如果各项激励政策的执行强度足够大、时间足够长（相应的政策激励措施比现有水平增加幅度在40%及以上），则在不同程度的各项政策激励措施下，提升"三州"地区初三学生家长让孩子接受中等职业教育意愿的政策边际激励效应，从高到低依次是提升中职毕业生的工资福利待遇、创造更多的就业机会使中职毕业生更容易找到工作、提高当地中等职业学校的教学质量与实训水平、提高学校管理水平、增加

外省对口帮扶学校及本省省会优质中等职业学校对当地的招生数、加大学费减免及助学金力度。而只有在相应的政策激励措施比现有水平增加幅度在60%及以上的情况下，各项政策措施的边际激励效应才比增幅在60%以下的来得更明显，会有较大幅度的提升，但这明显需要足够强度和足够久的政策激励。

即使不用太高强度的政策激励，在较低水平的激励下，也能显著提升家长让孩子接受中等职业教育的意愿。如在短期内（相应的政策激励措施比现有水平增加幅度在20%以内），只要增加中职毕业生的工资福利、提升中等职业学校的教学质量与实训条件，以及为中职毕业生提供更多的就业机会，都能较大幅度提高家长让孩子接受中等职业教育的意愿，至少可以提高5个百分点以上从而使家长对孩子的中等职业学校升学意愿达到42.3%以上，相应的将其不愿意的比例降低至少5个百分点以上从而低于21.8%。

各类政策措施都具有一定程度的激励效应，但家长更看重的是能直接带来中等职业教育投资收益的工资福利，即经济理性在很大程度上决定了家长对其孩子的中等职业教育投资意愿。哪怕是能带来每年多3000元的收益都能将家长对孩子的中等职业学校升学意愿提升7.3个百分点至44.6%；而只要将中职毕业生的工资福利每年增加9000元就能使家长对孩子的中等职业学校升学意愿提高12.6个百分点至49.9%，即将贫困地区中职毕业生的工资福利每年提升9000元就能使近一半的家长愿意让孩子上中等职业学校。其他的有助于带来经济收益的政策措施也能取得较高的激励效应，如在相应的政策激励措施比现有水平增加幅度在20%的激励水平下，提高中等职业学校的教学质量及实训条件具有第二高的边际激励效应，而使中职毕业生更容易找到工作具有第三高的边际激励效应。提高教学质量及实训条件与增加中等职业教育投资收益之间存在正向关系，而教学质量及实训条件的提升自然又能提高学生的就业机会与质量，三者之间形成良好的逻辑闭环关系，都是家长对中等职业教育投资能带来较高收益的期待，及其相应必然要求的对高质量及良好实训条件与更多就业机会的期待。

而在当前中等职业学校已基本免费，每年（一二年级）提供2000—3000元的助学金，以及贫困地区已实现全面脱贫的情况下，再加大对学生的学费减免及助学金力度对提升家长对孩子的中等职业学校升学意愿并没有太高的激励效应。

如每年对学生增加 1000 元的学费减免及助学金，仅仅能将家长对孩子的中等职业学校升学意愿提高 4.1 个百分点，其边际激励效应要低于将中等职业学校的管理水平及优质招生机会比现有水平提高 20% 的边际激励效应，后两者的边际激励效应分别是提高 4.2 个及 4.6 个百分点[①]。

二、如何提升"三州"地区家长对孩子接受中等职业教育的意愿

（一）坚守中等职业教育在现代职业教育体系建设中的基础地位

在当前针对要减少中等职业学校招生，甚至要取消中等职业学校的争论中，我们应该坚持理性声音，普职分流仍然是有必要的，当下仍然需要坚守中等职业教育在现代职业教育体系建设中的基础地位。同时，需要在家长间不断地推广中等职业教育的价值及其对学生成才成长的意义，并提高家长对中等职业教育的接受度，因无论科技发展有多快、职业划分有多细，中等职业教育仍然是满足不同职业倾向与学术天赋的学生成长成才的一种有效途径。中等职业教育不仅满足了经济社会发展的需要，也满足了一部分学生成长成才的需要[②]。而要提升家长对孩子的中等职业教育接受意愿，应主要对这些家长做工作，尤其是以家住农村及乡镇、学生成绩在班级排名后 60%、家庭年收入在 4 万元及以下、受教育水平在初中及以下的家长为主，父亲也是一个突破口，其愿意让孩子上中等职业学校的比例要明显高于母亲。

（二）改善实训条件与提高教师水平以提高教育教学质量

尽快提高中等职业学校的教学质量及实训条件也能较大程度提高家长对中等职业教育的接受度。而较低的教学质量及较差的实训条件正是目前制约家长对中等职业教育接受度较低的重要影响因素。据光明社的调查显示，有 26.60% 的家长和 41.49% 的企业人员均认为职业教育发展最大的困难是学校的人才培养质

① 沈有禄．谁愿意让孩子接受中等职业教育：基于对"三州"地区 15428 名初三学生家长的调查［J］．教育研究，2022（7）：114–125.
② 姜大源，石伟平，邬宪伟，等．"中等职业教育发展问题"专家笔谈（一）［J］．中国职业技术教育，2018（25）：5–15.

量 [①]。而据前述研究结论显示，只要将中等职业学校的教学质量与实训条件比现有水平提升 20%，就可以将家长让孩子上中职学校的意愿提升 5.1 个百分点，相应地将其不愿意程度降低 5.0 个百分点。故当前应加大对"双师型"教师的培养与引进力度，鼓励高水平的工科、技术类大学办职业教师教育学院，为中等职业学校及时培养高素质的教师队伍。同时，从企业引进有实践经验的高级技师、工程师到中等职业学校任职任教，尽快建立职业资格、技能等级证书与学历间的等同互认制度，吸引更多的企业优秀人才加入职教师资队伍。此外，现有教师也应积极送到企业车间、实训基地去接受更多的技能培训，只有师资质量上来了，才能从根本上提高职业教育的办学质量，增强其吸引力。而针对目前中等职业学校存在的实训条件简陋的问题，应加大对中西部中等职业学校办学条件的达标建设力度，尽快改变目前这种实训条件不能满足技术技能型人才培养的困境，为此，各地在新增教育经费投入时应优先向中等职业学校倾斜。

此外，首要的是要提高当地中职毕业生的工资福利待遇，以较高的收益率吸引学生选择上中等职业学校。其次是要创造更多的就业岗位，使中职毕业生更容易实现当地就业，打消上中职的就业后顾之忧。最后是要提高教风学风，以管理品牌效应来提升中职学校对学生及家长的吸引力。而增加外省帮扶对口支援学校及本省省会优质中等职业学校对本州的招生数也能起到较明显的效应。

三、"三州"地区高中阶段教育普职协调发展的建议

我国高中阶段教育的发展短板和主要矛盾是职普比例不平衡，短板是中等职业教育，这一问题在中西部民族地区尤为突出。国家高中普及攻坚政策要求"职业教育比例较低的地区要重点扩大中等职业教育资源"。故要实现"三州"地区高中阶段教育普职协调发展，关键还是要提高学生及家长对职业教育的接受度，有效扩大中等职业学校招生，从就业、收入及实训条件上提供强有力的外在经济保障，同时修炼内功，抓管理、强教学、提质量，并及早开展职业启蒙教育。

[①] 职业教育研究课题组.《中国职业教育发展大型问卷调查报告》发布［EB/OL］.腾讯网，（2021-05-01）.https：//new.qq.com/rain/a/20210501A01SBZ00.

（一）高中阶段教育职普比在适当底线值之上是可以保持普职协调发展的，可将 0.7 及 0.6 分别作为国家及"三州"地区职普比"大体相当"政策的执行底线值

鉴于国家经济社会发展需要充足的职业技术技能人才为"中国制造""中国智造""中国创造"保驾护航，如果高中阶段教育职普比过低将危及国家技术技能人才的充足供给，制约经济社会发展。另外，技术升级也并不意味着就完全不需要中等职业技术技能人才，就可以放任让中等职业学校减少招生甚至消亡。有研究发现，即使在工业 4.0 时代的工业机器人车间的相关工作岗位中，对中等职业学校、高等职业院校和普通应用型本科院校毕业生需求的比例分别为 31%、39% 和 30%[①]。

从历史经验来看，回顾 2000—2018 年这 19 年间，有 10 年是全国有一半以上的省份数（在 16—27 个之间）的高中阶段教育职普比达到 0.7 及以上水平，故可以将 0.7 作为高中阶段教育职普比"大体相当"政策的执行底线值，以指导未来职普比最低值的选择并借此来督导各省坚守职普比的底线要求，这个标准值对那些目前职普比值在 0.7 以下的省份通过努力是可以在未来几年内实现的[②]。而就整体情况来看，从 2000—2020 年的 21 年间，全国高中阶段教育职普比在 0.7 以上的年份有 17 年，只有 4 年（2001—2004 年）是在 0.605—0.689 之间的。职普比值在 0.7—0.8 区间最小的年份是 2018 年为 0.703，这是职普比自 2009 年的最高值 1.046 开始下降以来的最低值，而从 2019 年起职普比又上升至 0.715，2020 年再上升至 0.736。

职普比虽然在 2002 年时达到最低值 0.605，但国家于 2002 年颁布了《国务院关于大力推进职业教育改革与发展的决定》（国发〔2002〕16 号），2005 年又颁布了《国务院关于大力发展职业教育的决定》（国发〔2005〕35 号），即当高中阶段教育职普比低于 0.7 区间时国家是很着急的，会及时出台促进职业教育发展的重大文件，以此来扭转职普比下降的趋势，而自职普比在 2009 年达到

① 何杨勇, 祝巧. 教育公平视角下普通教育和职业教育的分流与融合[J]. 江苏高教, 2019（6）: 93-98.
② 沈有禄. 职普比"大体相当": 问题与建议 [N]. 中国社会科学报, 2020-07-20（5）.

顶峰值，2010 年及以后逐年开始下降，但 2018 年已筑底，成了这一轮下降的最低值年份，之后又开始了回升。即将 0.7 作为高中阶段教育职普比的最低值是自 2009 年以来国家在职普比"大体相当"政策执行时的底线值，实践也证实了如此。

由本课题研究的调查结论显示，"三州"地区将 0.7 作为高中阶段教育职普比的底线值是能被三分之二以上（66.77%）的学生及家长所接受的。0.7 是学生及家长心理意愿上能接受的值，但政策执行的结果值并不一定能达到这么高，这几年"三州"地区的职普比也确实比较低，2020 年凉山州的职普比为 0.461，临夏州的也为 0.461，通过努力是可以达到 0.6 的，差距不是特别大，虽然怒江州的职普比仅为 0.154，但怒江州的学生基数小，要提升其实也是能做到的，基数小了稍微增加些招生数，职普比就能有较大明显的提升。

（二）适合的教育才是最好的教育，一味追求升入普通高中不符合人的多元发展与成长成才需求

中等职业教育不仅满足了经济社会发展的需要，也满足了一部分学生成长成才的需要[1]，但现实是并不是所有的孩子都适合普通高中的通识及学术类课程，职业分流不宜过晚。中等学校课程既要为学生毕业升入学院做准备，也要为毕业生提供多种就业途径做准备，即教育机会均等要适应学生的不同职业前景与生涯规划，必须为不同类型的学生提供不同的课程[2]。

国际上一般对学生的不同类型（职业技术技能训练类及通识类）课程的倾向一般从初中后就开始分流了，但国内不少家长不碰到头破血流是不会回头，是不会意识到这个问题的。因此，需要理性引导学生及家长的升学需求，并不是所有人都适合普通高中的学术教育，有的孩子在科学知识（如数学、物理、化学等）学习上存在一定的困难，但是在动手能力上却很有天赋，且进行职业技术技能教育错过 15—18 岁高中阶段这个年龄段，到了大学时再学技术技能的效果就要差很多，这也是为什么西方的学徒工教育从十几岁就开始并一直保持的重要原因。

另一方面，原本可上中职学校的部分学生如果继续上普通高中则很难适应应

---

① 姜大源，石伟平，邬宪伟，等."中等职业教育发展问题"专家笔谈（一）[J].中国职业技术教育，2018（25）：5-15.

② [美]詹姆斯·科尔曼.教育机会均等的观念[C].张人杰.国外教育社会学基本文选（修订版）.上海：华东师范大学出版社，2009：151.

试教育，思维方式不适应，也并不一定就能考上本科。如那些中考外语只考了二三十分，数学考了三四十分的学生如果上了普通高中，他们根本跟不上，高考考出理想成绩的比例低。据江苏苏北某地的调查显示，当地普通高中招生超过中招分数线 10—20 分的数千名学生上普通高中后考上大学的寥寥无几，几乎不到百分之一。苏北 2014 年普通高中分数线以上 20 分的孩子，2017 年参加高考，考上本科的比例最高是 0.55%，最低的一个都没有。普通高中招生线上 50 分的 2017 年考上本科的最高比例是 0.96%，最低的为 0.23%，全部 5047 人，考上本科的只有 17 人，苏北地区 5 个市都是这样。即不是所有学生都适合普通高中教育，并不是所有学生都要走普通高中这座独木桥才能成才[1]。对"三州"地区的学生来说同样如此，接受中等职业教育并不一定就是最坏的选择，接受中等职业教育在收益上是划算的，要高于普通高中。

（三）加快发展特色经济，创造充足的就业岗位，消除因就业问题而受限的学生及家长对中等职业教育的升学需求

创造足够多的就业岗位，让家长不再担心因找不到工作而不让孩子上中等职业学校。为此应积极发展当地特色民族餐饮业、农产品深加工，加大旅游开发力度（"三州"地区具有良好的自然旅游资源），创造更多的就业岗位。此外，应加大发达地区对"三州"地区中职学生的"订单培养"规模，解决家长的就业后顾之忧，既缓解了发达地区的"用工荒"问题，也解决了欠发达地区中职毕业生的就业难问题。据前述研究结论显示，只要使中职毕业生找工作的容易程度比现在提升 20% 就可以将家长让孩子上中等职业学校的意愿提升 5.0 个百分点，相应地将其不愿意程度降低 5.2 个百分点[2]。故创造充足的就业，让中职毕业生毕业就能找到收入较好的工作，能进一步带动学生及家长对中等职业教育的升学需求选择。

---

[1] 邢晖，和震，高鸿，等."中等职业教育发展问题"专家笔谈（二）[J].中国职业技术教育，2018（28）：5-14.

[2] 沈有禄.谁愿意让孩子接受中等职业教育：基于对"三州"地区 15428 名初三学生家长的调查 [J].教育研究，2022（7）：114-125.

（四）加大投入及时改善中等职业学校办学条件，加强管理，以高质量办学吸引学生就读

教育部等五部门于 2022 年 11 月印发了《职业学校办学条件达标工程实施方案》，提出职业学校办学条件按重点监测指标全部达标的学校比例，到 2023 年底达到 80% 以上，到 2025 年底达到 90% 以上，配齐配足图书、计算机、实训设施等，加快设备更新和管理，提高校内校企实训基地利用率，逐步改善专业教学条件[①]。

"三州"地区中职学校办学条件简陋，学校实训基地落后，专业师资匮乏，尤其是"双师型"教师急缺。硬件建设滞后，如某县职业技术学校的实训设施薄弱，学校的汽车实训车间要是放市场上的话早就被淘汰了，有的学校汽修实训只有一个简单的坑道，有的学校酒店和餐厅实训设备也还没有建好，就是简单地在一个较大面积教室里放几张桌子和床来简单地演练。中职学校不少教师是从中小学转岗过来的，奇缺"双师型"教师，难以承担专业技能课程与实训教学[②]。故"三州"地区应切实加大职业教育经费投入，新增教育经费应优先向职业教育倾斜，改善办学实训条件。也应加大引进"双师型"教师的力度，同时将本校部分理论课教师及时送到公司企业跟岗学习，掌握操作技能，实现"双师型"教师的转换。

此外，管理造成的负面观感也是制约提升家长对孩子中职升学意愿的重要影响因素，在调查访谈中发现有的家长本身是老中专毕业生，却因担心现在中等职业学校的不良学风把孩子给带坏了，而不愿意让孩子去上中等职业学校。故当下职业学校应狠抓质量管理，营造良好学风带动学校管理水平提升，以管理品牌效应来提升中职教育的接受度，且能起到立竿见影的效果。据前述研究结论显示，只要将中等职业学校管理水平比现在提高 20% 就可以将家长让孩子上职校的意愿提升 4.2 个百分点，相应地将其不愿意程度降低 4.6 个百分点[③]。

---

① 《教育部等五部门关于印发〈职业学校办学条件达标工程实施方案〉的通知》（教职成〔2022〕5 号）〔EB/OL〕.中华人民共和国中央人民政府门户网站，（2022–11–19）.https://www.gov.cn/zhengce/zhengceku/2022–11/19/content_5727868.htm.
② 沈有禄.高中阶段教育职普比提升的阻力与路径分析：基于"三州"地区的调查〔J〕.中国教育学刊，2020（7）：17–21.
③ 沈有禄.谁愿意让孩子接受中等职业教育：基于对"三州"地区 15428 名初三学生家长的调查〔J〕.教育研究，2022（7）：114–125.

（五）提升技术技能人才的工资福利，提升中等职业教育对学生及家长的吸引力

当前制约我国职业教育发展的最大问题并不在职业教育本身，而在于社会的薪酬制度，目前中职毕业生收入普遍偏低，较低的薪酬限制了社会地位的提升。如据《湖北日报》最近发布的一个"武汉打工人工资段位"显示，中职毕业生（含全部高中学历的）的工资中位数为 4445 元，仅为本科毕业生的 62.4%、专科毕业生的 82.3%[①]。据悉，我国正探索建立"新八级工"制度，这将有助于提高技术技能人才的社会地位，缓解人们对中等职业教育的焦虑，提升中等职业教育的吸引力，而中等职业学校并非一选定终身，职业教育同样是成才成长的一条金光大道[②]。要提高家长对中等职业教育的接受度，在各项政策激励措施中效果最明显的是提高中职毕业生的工资福利待遇，满足家长对孩子中等职业教育投资较高收益的期盼。据前述研究结论显示，只要将中职毕业生的工资福利待遇每年比现有水平提高 3000 元，则可以将家长让孩子上中等职业学校的意愿提升 7.3 个百分点至 44.6%，相应地将其不愿意程度降低 6.0 个百分点至 20.8%。

国家应尽快制定职业技术技能人才的最低工资标准及增长机制指导制度，且其最低工资标准应比目前有较大幅度的提升，企业要勇于打破技术技能人才在晋升、评奖、休假及人才项目培育中受年龄、资历、身份和比例等条件限制，给予更多优惠政策，当职业技术技能人才的收入有较大幅度提升时，职业教育定会受到家长及学生的尊重，到时定能吸引更多、更优秀的学生接受职业教育[③]。

各级政府及社会各界应通力合作通过优质就业及较高收入回报，提高职业教育的地位与社会认可度。应切实落实国家关于提高职业技术人才工资待遇的相关政策，从制度上保障职业技术人才的工资报酬，以体现接受职业教育能够获得正常回报率甚至是较高的回报率[④]。好就业和较高收入就是最好的口碑，就是职业

① 普高和职高的学生，都会有美好未来吗？看完这几份数据后扎心了［EB/OL］.网易网，（2021-09-04）.https://www.163.com/dy/article/GJ2MGNTU05520Q6A.html.
② 徐蓓.换种思路看职业教育：专访华东师范大学终身教授石伟平［N］.解放日报，2022-03-18（9）.
③ 沈有禄.谁愿意让孩子接受中等职业教育：基于对"三州"地区 15428 名初三学生家长的调查［J］.教育研究，2022（7）：114-125.
④ 沈有禄.职业教育发展需要全面系统推进［J］.江苏教育，2018（76）：1.

教育最好的宣传名片。各级政府应积极发起"讲好身边的职业、技能教育故事"活动，用更多发生在身边、感同身受的成功故事激发人们对职业教育的亲近感与接受度。如访谈中康乐县一初中孙校长认为："宣传能转变学生及家长的观念，吸引学生来上职校，加大宣传是一个方面，一个是宣传出口好，关键在出口，出口畅通，入口就不难，看到希望了，就不是问题。作为出口的就业是最主要的，就业上去的话，许多人就看到眼前利益了，尤其少数民族看到利益就看到了希望。出口好在哪里就业，拿多少钱，这个最有说服力。把学校实训建好，学生现在家门口就能上学，就能就业了，家长就放心了。另外，也需要加强校企合作对接，学校培养出来了就直接去企业就业，订单式的培养，让人看到，不管上大学、高职，家长最现实的就是就业，这里一上学就已经就业确定了，家长就看好了。怎么样的宣传都没有事实有说服力，孩子出来了在哪里就业，挣多少钱，口口相传，比什么都强。"

（六）加强对中等职业教育惠学政策及较高收益率的宣传，消除信息不对称

除班主任平时对中职教育政策进行宣讲外，还应鼓励政府及学校领导更多更积极地开展多种形式的职业教育宣传活动，让中职教育的各种惠学政策能及时进课堂、进活动、进头脑。如临夏州积石山县一初中韩校长说道："我当校长30多年，学生还是不愿意上中职，最主要还是不了解。宣传是有一些，但是力度不大。既要当地政府宣传，中职学校本身也要宣传，本身他们的专业也要紧跟我们的时代变化，再就是中职的优惠条件、奖学金激励机制等也要让学生及家长知道。"同时学校领导及班主任应在小学高年级就及时向学生宣讲不同职业与不同类型劳动的价值与意义，拓展职业体验活动与经历，增强学生对职业教育的亲近感。

中职学校更应积极主动常到初中宣讲学校基本情况及招生录取情况与各种惠学政策等，政府及学校应通过多种渠道宣讲中职升学与就业的成功案例，将上中职也是可以获得成功与挣钱的信息和信心传递给更多的学生及家长。据研究发现，苏北农村职业教育对于农村家庭人力资本积累及收入有着显著影响，平均回报率

约27%（年平均回报率9%），与国际上10%的年平均回报率基本一致[①]。相关研究显示，所有年份中等职业教育的回报率要高于普通高中教育的，这与目前绝大多数关于普职教育回报率的研究结果一致[②]。政府及学校要及时把接受中职教育同样可以获得较高收益的信息及时传递给学生及家长，改变其认为只有通过上普通高中考大学才是成才或获得较高收入的唯一渠道的刻板认知，尤其是要向家长及时全面传递接受中职教育同样可以及时获得较高收益与回报的重要基础信息。基层政府对中等职业教育的积极、正向的宣传要进村、入街道、上报栏、上广播、入驻抖音等信息传播末梢，进一步增强中等职业教育的吸引力。

（七）在中小学中开设职业启蒙教育，帮助学生树立正确的职业观与劳动观

职业启蒙教育最核心的是培养学生掌握技能的兴趣爱好和职业生涯规划的意识能力，通过职业启蒙教育能在一定程度上帮助学生及家长树立正确的劳动与职业观，有助于消除社会对职业教育的偏见。"职业启蒙教育"这一名词是中国的本土化词汇，在美国，"职业启蒙教育"被称为"职业生涯教育"。2017年1月国务院颁布的《国务院关于印发国家教育事业发展"十三五"规划的通知》中明确指出"在义务教育阶段开展职业启蒙教育"[③]。职业启蒙教育并不是倡导学生过早分流，也不是刻意地培养学生某方面的职业技能，而是通过初步的职业体验让学生了解在这个世界上存在哪些职业以及这些职业的相关要求是什么，并让学生随着年龄的增长，逐步发现和培养自己的职业兴趣，为未来的专业或职业选择奠定基础。职业启蒙教育最重要的是培养学生初步的职业认知、职业信念、职业情感和职业态度，养成良好的职业通识习惯[④]。职业启蒙教育也应包括对职业教育进行正确认知与客观宣传，尤其是要形成对技能型劳动与职业教育的正确认

---

① 周亚虹，许玲丽，夏正青.从农村职业教育看人力资本对农村家庭的贡献：基于苏北农村家庭微观数据的实证分析［J］.经济研究，2010（8）：55–65.

② 郑筱婷，孙志颖，汪鲸.选择普通高中教育还是中等职业教育：高中阶段不同类型教育期望回报率的实证分析［J］.教育研究，2023（1）：103–117.

③ 胡瑾缔，邹文芳.美国小学职业启蒙教育的发展历程、经验及启示［J］.职教通讯，2021（5）：116–121.

④ 陈鹏.追寻现代职业教育体系之根：兼论职业启蒙教育的合理性［J］.职教通讯，2015（19）：76–78.

知及正面与积极宣传，认识到通过技能型劳动与职业教育同样可以实现个人发展，技能型劳动与职业教育对国家经济社会发展具有重要意义，也是个人成才成长的重要渠道，以帮助中小学生形成客观多元的职业生涯规划[①]。在中小学开展研学体验式的劳动课程能够从年少时树立正确的职业观念，认识到进行劳动、从事某一门职业的重要性，认识到任何一项职业都是平凡而伟大的。并且从社会分工的人才类型观来看，职业启蒙教育能够改变社会对职业教育的偏见，养成劳动光荣的意识[②]。

当前"三州"地区学生及家长对中等职业教育的接受度不是很高，一个重要原因是一些学生及家长对不同职业的认知观念有待改进，不少家长认为只有"铁饭碗"才是工作，只有通过普通高中考大学才叫成才，其实都是由于对不同职业及不同类型的劳动的认知偏差造成的，而这些可以通过在中小学阶段开展职业启蒙教育提前进行纠正，让学生意识到只要是通过自己合法、辛勤劳动能养活自己的职业都无高低贵贱之分，帮助学生及家长树立正确的职业与劳动观，并产生掌握和接受技术技能教育的意愿，具备初步的职业生涯规划能力，提高对职业教育的亲和度与接受度。

学校除开设基本的劳动与职业启蒙教育课程外，还可以开展各类"职业日""职业活动周""职业报告""职业体验扮演"等活动，为中小学生提供职业认知和职业体验的实践机会。如可将职业体验扮演活动开到中职学校的相应职业教育教学训练课堂或基地；将每个月固定的第几周的第几天作为"职业日"，邀请家长来讲解其职业，增强和拉近学生对某一职业的职业认知和职业亲近感；也可以邀请各行各业的知名人士来中小学进行职业报告，培养学生的职业旨趣和职业情感。当然，企业也可以开设"开放日"，接纳中小学生参观和体验，积极参与到中小学生的劳动和职业启蒙教育中，这其实是在为其未来所需人才在幼小的心灵中播

---

① 沈有禄. 积极营造职业教育良好发展氛围［N］. 中国社会科学报，2024-06-14（4）.
② 汪东."职教资源+劳动教育"助力中小学生职业启蒙教育：在职业院校和企业建立中小学生劳动和职业体验基地［C］.北京：2021年教学改革成果交流暨专业发展战略研讨会论文集，2021：333-342.

下了种子，某一天参观的某个学生可能就成为该企业需要的职业技能人才[①]。

据课题调查数据显示，无论是家长还是学生都在较大程度上认为有必要在初中阶段较早开展职业启蒙教育，总体认为有必要的占60.61%（家长总体认为有必要的占61.65%、学生总体认为有必要的占59.87%，家长的认可度要略高于学生）；无论是家长还是学生只有很低比例是认为没有必要开展职业启蒙教育的，总体认为没必要的占5.17%（家长总体认为没必要的占5.30%、学生总体认为没必要的占5.08%，家长的认可度要略高于学生），即总体认为没必要开展职业启蒙教育的仅是少数人，占比不到5.20%。

无论是家长还是学生都认为，最受欢迎的职业启蒙教育方式还是请优秀企业家及技术人员与优秀校友来作讲座，其次才是将学生带到实训基地和企业去体验及参观学习，再次才是请优秀的各行各业的学生家长来宣讲其职业，而联合职业院校开设职业启蒙教育课程则仅仅是位居第六位受欢迎的职业启蒙教育方式，其他方式的受欢迎程度更低。排第一位的最受欢迎的职业启蒙教育方式是"请具有代表性的优秀企业主管人员或技术人员来学校讲座交流"，家长的选择得分为3.46分（等同于占家长的49.43%），学生的选择得分为3.31分（等同于占学生的47.29%）。排第二位的受欢迎的职业启蒙教育方式是"请优秀毕业校友来学校讲座交流"，家长的选择得分为3.12分（等同于占家长的44.57%），学生的选择得分为3.20分（等同于占学生的45.71%）。排第三位的受欢迎的职业启蒙教育方式是"将本校学生送至相关实训基地（中心、企业）实际操作练习、感触体会"，家长的选择得分为2.94分（等同于占家长的42.00%），学生的选择得分为3.05分（等同于占学生的43.57%）。排第四位的受欢迎的职业启蒙教育方式是"将本校学生带至优秀企业参观学习"，家长的选择得分为2.82分（等同于占家长的40.29%），学生的选择得分为3.02分（等同于占学生的43.14%）。排第五位的受欢迎的职业启蒙教育方式是"请各行各业的优秀学生家长来学校讲座介绍"，家长的选择得分为2.29分（等同于占家长的32.71%），学生的选择得分为2.00分（等同于占学生的28.57%）。

[①] 沈有禄.职业学校联合中小学开展劳动和职业启蒙教育：天时、地利、人和［J］.中国职业技术教育，2019（7）：112-113.

　　教师及学校领导要积极宣传普职平等，接受中等职业教育也是成才成长的重要渠道，政府的职教宣传要下到行政末梢，同时要积极带学生及家长到省城或州内优质中职学校与职教园区参观，通过直接的感官刺激，带动家长对孩子接受中职教育的意愿。教师及学校领导应发挥引导作用，宣扬并倡导"普职平等精神"，通过身边的案例向学生及家长宣讲上职校同样可以成才，人生同样可以出彩[①]。而鉴于家长了解职业教育的渠道比较单一，对职业教育的宣传应下到行政单位末梢，要到村入户。为此，各级政府应充分利用当地的媒体，如电视台、社区及乡镇、村委会的宣传栏，以及村里的播音喇叭等定期宣传，让每一个家长知道什么是中职学校、有什么用、有什么专业、出路怎样、招生及生活有什么优惠与保障等，减少家长的疑惑与后顾之忧，减少信息不对称，让国家的职校优惠政策等宣传教育"进户""进心"，从而才可能"改心"（上职校）[②]。实地参观与体验对改变家长对其孩子接受中职教育的态度起着积极的促进作用。访谈中，临夏州康乐县一初中孙校长说道："我们县的宣传不到位，刚开始不报职校，'两后生'家长不同意孩子上职校。后来，县里组织9辆车拉了400多人（家长或孩子，家长去孩子就不去，孩子去家长就不去），直接拉到兰州新区职教园区参观，就是很好的宣传，回来后报名的人就多了，否则工作再做也不行。这个比其他的宣传更有效果，别人亲眼看了就相信了。"

　　总之，要营造良好的职业教育发展环境，离不开对学生及家长进行职业启蒙教育，离不开对职业教育价值与意义的及时、广泛、有效的宣传。运用群众喜闻乐见的方式宣传职教对经济社会发展的重要性，进一步在社会上树立和形成"崇尚劳动，尊重劳动者"的氛围[③]。同时，宣传也要更有针对性，对平时学习成绩在班级排名后60%的学生更具效果。如临夏州和政县一初中沈校长表示："我们把中考模拟考试成绩在440分以上的组织家长会，动员这部分学生上普高，440分以下的组织家长会，动员这部分家长让孩子上中职，看来效果还比较明显，

① 陈礼业，徐国庆."趋普避职"教育选择文化的生成、流变与行为转化：基于马凌诺斯基文化理论的分析［J］.教育发展研究，2023（21）：58–66.
② 沈有禄.高中阶段教育职普比提升的阻力与路径分析：基于"三州"地区的调查［J］.中国教育学刊，2020（7）：17–21.
③ 李剑平.纪宝成：市长市委书记孩子几乎不上职业院校［N］.中国青年报，2013–04–15（11）.

去年只有 20—30 名初中毕业生去上中职，今年一下子增加了 100 人，除了州上职普比政策的影响，自上至下的宣传动员效果也明显。"

随着近些年国家密集出台鼓励职业教育发展的重大政策文件，职业教育质量也得到了提升，对学生及家长的吸引力在不断增强，中等职业教育逐渐从被迫的替代选择逐步向主动的选择转变。据山东省教育厅邓云锋厅长介绍，2021 年，山东省中考有 2.95 万名超过当地普高线的学生主动选择中职教育，1.7 万名普高在校生转入中职学校，用工企业对中职毕业生满意度达到 96.07%，中等职业教育初步实现从"无门槛追求数量"到"有选择以质定量"[1]。可喜的是，在"双减"背景下学校所在地在城区的学生相较于乡镇学生更加认同"双减"，让其更愿意升入中职，以及"双减"的政策认知让其对中职的看法更加开放。还可以将职业教育中部分具有实践性、新颖性的课程加入"双减"课后服务中，通过学生的亲身体验，改变对职业教育的刻板印象，从而加强自主选择，促进合理、客观的普职分流[2]。相信在各方的共同努力下，"三州"地区的中等职业教育发展也能在质上有所提升，进一步增强对当地学生及家长的吸引力，从而加快实现"三州"地区高中阶段教育普职协调发展的步伐，积极服务地方经济建设，进一步巩固拓展脱贫成效。

---

① 教育部：坚持中考后普职分流非常必要；"职教高考"将成为职业本科学校招生主渠道！［EB/OL］.光明社教育家，（2022-02-23）.https：//mp.weixin.qq.com/s/zMLjI3Z-lz22N6N-cc2Xpw.

② 康健，龚元正."双减"政策是否改变了初中生的升学意愿？——基于西部 R 县的调查研究［J］.中国职业技术教育，2024（4）：46-57.

附　录

附录一

调查问卷一："三州"地区高中普及攻坚与普职协调发展研究

尊敬的各位领导，

您好！

今受国家社会科学基金项目"'三州'地区高中普及攻坚与普职协调发展研究"（项目批准号：18BMZ076）课题组委托，展开本次调查，主要了解"三州"地区高中阶段教育普及进程、攻坚政策，以及"三州"地区普通高中与中职学校招生的比例协调问题。您的参与非常重要，有助于形成高质量的咨询报告，请您就您的真实看法填写问卷，感谢您对课题的支持和帮助！再次感谢！

国家社会科学基金项目"'三州'地区高中普及攻坚与普职协调发展研究"课题组

1. 您所在地区是［单选题］

○云南省怒江傈僳族自治州　　　　○四川省凉山彝族自治州

○甘肃省临夏回族自治州

2. 您的身份是［单选题］

○州教育局局长／副局长

○州教育局科长／主任、副科长／副主任

○县/市教育局局长/副局长、督学

○县/市教育局股长/主任、副股长/副主任

○州、县/市教育局科员

○州、县/市县/处级、副县/副处级干部

○州、县/市（教育局以外的）科级、副科级干部

○普通高中校长/副校长、中职学校校长/副校长

○普通高中教师、中职学校教师

○初中校长、副校长

3.您知道2017年3月24日教育部、国家发改委、财政部、人社部联合发布的《关于印发〈高中阶段教育普及攻坚计划（2017—2020年）〉的通知》及其相关内容吗？
[单选题]

○非常熟悉　　　　　　○熟悉　　　　　　　○说不清楚

○不熟悉　　　　　　　○非常不熟悉

4.您知道《高中阶段教育普及攻坚计划（2017—2020年）》中提出"到2020年，全国、各省（区、市）毛入学率均达到90%以上，中西部贫困地区毛入学率显著提升"吗？[单选题]

○非常熟悉　　　　　　○熟悉　　　　　　　○说不清楚

○不熟悉　　　　　　　○非常不熟悉

5.您知道《高中阶段教育普及攻坚计划（2017—2020年）》中提出的普及攻坚重点是中西部贫困地区、民族地区、边远地区、革命老区等教育基础薄弱、普及程度较低的地区，特别是集中连片特殊困难地区，如"三区三州"等地区吗？
[单选题]

○非常熟悉　　　　　　○熟悉　　　　　　　○说不清楚

○不熟悉　　　　　　　○非常不熟悉

6.您知道《国务院关于大力发展职业教育的决定》、《高中阶段教育普及攻坚计划（2017—2020年）》、《国家职业教育改革实施方案》（即"职教二十条"）等政策文件中，规定的要统筹普通高中和中等职业教育协调发展，提高中等职业教育招生比例，逐步实现中职学校招生数与普通高中招生数比例的"大体相当"，

即"职普比大体相当"吗？［单选题］

　　○非常熟悉　　　　　　○熟悉　　　　　　○说不清楚

　　○不熟悉　　　　　　○非常不熟悉

7. 您所在地区在推进高中阶段教育（含普通高中及中职中专/职高/技校）普及进程中，除了国家出台的相关政策《高中阶段教育普及攻坚计划（2017—2020年）》以外，有无专门出台本地区有进一步细化措施的相关政策/文件，而不仅仅是转发国家或省里的高中普及攻坚政策/文件？［单选题］

　　○有　　　　　　　　○无　　　　　　　　○说不清楚

8. 您所在地区在推进高中阶段教育普及进程中，有无在扩大教育资源（学位数）、完善经费投入机制、完善扶困助学政策、加强教师队伍建设、推动学校多样化有特色发展、改进招生管理办法上有力度比较大的政策举措？［单选题］

　　○有　　　　　　　　○无　　　　　　　　○说不清楚

9. 您所在地区在推进高中阶段教育普及进程中，主要的攻坚政策举措是？［排序题，请在中括号内依次填入数字］（最优先/最重视的排序为1，以此类推）。

　　［　　］扩大教育资源（学位数）　　　　［　　］完善经费投入机制

　　［　　］完善扶困助学政策　　　　　　［　　］加强教师队伍建设

　　［　　］推动学校多样化有特色发展　　［　　］改进招生管理办法

　　［　　］其他

10. 您所在地区在推进高中阶段教育普及进程中，如有以下主要攻坚政策举措的话，具体您给各项政策举措的优先性/重要性如何打分？［矩阵文本题］［请在括号内输入0到10的数字］

　　［　　］扩大教育资源，新建/改扩建普通高中或中职学校以增加学位数

　　［　　］完善教育经费投入机制、增加投入

　　［　　］完善扶困助学政策、增加助学金及受助面

　　［　　］加强教师队伍建设、新进/储备/调配增加教师数

　　［　　］推动学校多样化有特色发展

　　［　　］改进普通高中与中职学校招生管理办法、统一平台、统一招生、统一录取

[   ] 其他

11. 您所在地区在推进高中阶段教育普职协调发展，提高职普比，为努力达到职普比"大体相当"（即提高中职中专／职高／技校招生数，以实现中职学校招生数与普通高中招生数差距不至于太悬殊，达到大体接近的比例），具体采取了哪些举措？［排序题，请在中括号内依次填入数字］（最优先／最重视的排序为1，以此类推）

[   ] 统一普通高中与中职学校的招生平台、统一招生、统一录取

[   ] 州政府／县（市）政府有一个"职普比"的下限值（职普比不低于某一比例）

[   ] 提高普通高中的招生分数线

[   ] 教育局、学校、教师等积极宣传、动员家长及学生报中职学校

[   ] 增加预算或寻求社会捐助等增加中职学校的助学金，减轻贫困家庭上中职的经济压力，进一步吸引学生上中职

[   ] 新建中职学校，或改扩建已有校舍、教学楼、实训场地等，增加学位数

[   ] 州委书记、州长，县委书记、县长高度重视，要求采取各种措施提高职普比

[   ] 加大与省内外对口支援／帮扶地区与学校的合作，增加到对方上学的招生数

[   ] 提高本地中职学校教育教学及实训质量，提高管理水平

[   ] 其他

12. 目前本地政府在各项工作中，对下列工作您如何对其优先性／重要性排序？［排序题，请在中括号内依次填入数字］（最优先／最重视的排序为1，以此类推）。

[   ] 脱贫攻坚   [   ] 发展经济   [   ] 控辍保学 [   ] 发展本县教育，提高教育质量及均衡水平

[   ] 禁毒防艾   [   ] 乡村振兴

[   ] 易地搬迁、安居房、农危改

［　　］反腐倡廉、党建工作

［　　］人民安全——扫黑除恶、社会治安、护林防火、防灾减灾

［　　］其他日常工作

13. 目前本地政府在教育各项工作中，对下列工作您如何对其优先性／重要性排序？［排序题，请在中括号内依次填入数字］（最优先／最重视的排序为1，以此类推）

［　　］控辍保学　　　　　　　　　［　　］义务教育均衡验收

［　　］"一村一幼"、普惠幼儿园建设

［　　］高中普及攻坚

［　　］发展中职教育，增加中职学校招生数

［　　］农民工、"两后生"、下岗工人、复员军人等的职业技能培训

［　　］学前学普　　　　　　　　　［　　］增加助学金及受助面

［　　］引进教师，加强教师队伍建设

［　　］提高教师工资待遇，鼓励教师提高教育教学质量

［　　］其他日常工作

14. 您认为本地高中阶段教育中比较合情合理的中职中专／职高／技校招生数与普通高中招生数的比例的下限值应为多少？，即"职普比"的最低值应是多少？［单选题］

○ 1：9　　　　　　　　○ 1.5：8.5　　　　　　　○ 2：8

○ 2.5：7.5　　　　　　○ 3：7　　　　　　　　　○ 3.5：6.5

○ 4：6　　　　　　　　○ 4.5：5.5　　　　　　　○ 5：5

15. 为加快"三州"地区高中阶段教育的普及攻坚进程，您有什么话要说（您有什么建议）？［填空题］_____

16. 为推进"三州"地区高中阶段教育的中职中专／职高／技校与普通高中的协调发展，提高"职普比"（即提高中职学校招生数，以达到国家规定的职普比"大体相当"），您有什么话要说（您有什么建议）？［填空题］_____
_____

附录二

调查问卷二："三州"地区初三学生升学意愿调查

尊敬的各位初三同学，您好！

    受全国哲学社会科学工作办公室资助的2018年度国家社会科学基金项目"'三州'地区高中普及攻坚与普职协调发展研究"（项目批准号：18BMZ076）课题组委托，今开展本次问卷调查，主要了解您的初中毕业后的升学意愿情况。调查结果数据将严格保密，仅供课题研究使用，绝不允许任何商业用途，您的个人隐私将得到严格保密。请您能抽空参与问卷的填写，感谢您的支持与配合！

    国家社会科学基金项目"'三州'地区高中普及攻坚与普职协调发展研究"课题组

    1.您所在的地区［单选题］

○四川省凉山州   ○云南省怒江州   ○甘肃省临夏州

    2.您的性别［单选题］

○男   ○女

    3.您所在的学校是［单选题］

○省级及以上示范（重点）学校

○地市（地州）级示范（重点）学校

○普通学校

    4.您的学校位于［单选题］

○州府所在地（市）   ○县城

○镇（或乡政府所在地）   ○农村／乡村

    5.您所在的班级是［单选题］

○重点班   ○普通班／平行班

6. 您父亲的职业是［单选题］

○公务员 　　　　　　　　　　○事业单位工作人员（有编制）

○国有企业工作人员

○政府机关或事业单位合同聘用人员（无编制）

○私营（民营）企业工作人员 　　○外企工作人员

○农民 　　　　　　　　　　　　○农民工（以外出务工取得主要收入）

○工人 　　　　　　　　　　　　○城镇居民（无业）

○个体经营户 　　　　　　　　　○私营（民营）企业主

○军人 　　　　　　　　　　　　○其他

7. 您母亲的职业是［单选题］

○公务员 　　　　　　　　　　○事业单位工作人员（有编制）

○国有企业工作人员

○政府机关或事业单位合同聘用人员（无编制）

○私营（民营）企业工作人员 　　○外企工作人员

○农民 　　　　　　　　　　　　○农民工（以外出务工取得主要收入）

○工人 　　　　　　　　　　　　○城镇居民（无业）

○个体经营户 　　　　　　　　　○私营（民营）企业主

○军人 　　　　　　　　　　　　○其他

8. 您父亲的受教育水平是［单选题］

○文盲 　　　　　　　　　　　　○小学

○初中 　　　　　　　　　　　　○高中／中职中专／职高／技校

○专科（含高职高专） 　　　　　○本科

○研究生

9. 您母亲的受教育水平是［单选题］

○文盲 　　　　　　　　　　　　○小学

○初中 　　　　　　　　　　　　○高中／中职中专／职高／技校

○专科（含高职高专） 　　　　　○本科

○研究生

10. 您的家庭年收入水平是 [单选题]

○ 0—10000 元　　　　　　　　○ 10001—20000 元

○ 20001—30000 元　　　　　　○ 30001—40000 元

○ 40001—50000 元　　　　　　○ 50001—60000 元

○ 60001—70000 元　　　　　　○ 70001—80000 元

○ 80001—90000 元　　　　　　○ 90001—100000 元

○ 100001—110000 元　　　　　○ 110001—120000 元

○ 12 万元以上

11. 您的家庭所在地是 [单选题]

○地市（州政府所在地）　　　　○县城

○镇（或乡政府所在地）　　　　○农村／乡村

12. 请问您初中平时成绩（平均起来）在班级的排名情况 [单选题]

○前 20%　　　　　　　　　　○前 20%—40%

○中间 40%—60%　　　　　　　○后面 60%—80%

○最后 80%—100%

13. 请问您初中毕业后的升学意愿是 [单选题]

○坚决上普通高中

○上不了普通高中再上中职中专／职高／技校

○第一志愿就上中职中专／职高／技校

○上不了普通高中就什么学都不上了

○外出打工

○其他

14. 总体而言，初中毕业后您会选择上中职中专／职高／技校吗？[单选题]

○非常可能　　　　　　　　　　○可能

○说不清楚　　　　　　　　　　○不可能

○非常不可能

15. 如果您选择初中毕业后上中职中专／职高／技校，您认为最主要是因为？

[单选题]

○自己成绩不够好，只能上中职

○中职能学技术能养家糊口，将来能安身立命

○家庭贫困，上中职能免学费还有生活补助，能减轻家里经济负担

○周围有亲戚朋友的孩子或学长上过中职，他们对我说上中职还是可以的一个选择

○政府工作人员、学校老师动员我上

○其他原因

16.请问您为什么不愿意（或您父母为什么不愿意让您）去中职中专/职高/技校读书？［排序题，请在中括号内依次填入数字］

［　］上中职中专/职高/技校，使自己在亲戚、朋友、同学中很没面子，抬不起头

［　］中职中专/职高/技校毕业生工资待遇福利等低下，没有什么收益，不划算

［　］中职中专/职高/技校毕业后，不好找工作，不确定性大

［　］中职中专/职高/技校教育教学质量、实训条件较差，学不到什么东西，浪费时间，也浪费金钱

［　］上中职中专/职高/技校，父母还要每年掏大几千上万元生活费等，家庭承受困难

［　］国家/社会对职业技术技能人才的社会经济地位等不够重视，社会上轻视工人、技工

［　］中职中专/职高/技校毕业太小，自己不愿意（或父母不愿意自己）过早进入社会参加工作

［　］想早点出去打工挣钱，减轻家庭负担，增加家庭收入

［　］中职中专/职高/技校管理松散，担心学坏了，不放心去

［　］自己厌学，不想再读书了

［　］其他原因

17.如果政府加大对中职中专/职高/技校生的学费减免及助学金力度，您会选择上中职中专/职高/技校吗？［单选题］

○非常可能   ○有可能   ○说不清楚

○不可能   ○非常不可能

18. 如果政府每年对中职中专 / 职高 / 技校的学费减免与助学金在现有（现在已基本全部免学费且每年有2000—2500元生活补助）基础之上每年再增加1000元，您会选择上中职中专 / 职高 / 技校吗？［单选题］

○非常可能   ○有可能   ○说不清楚

○不可能   ○非常不可能

19. 如果政府每年对中职中专 / 职高 / 技校的学费减免与助学金在现有基础上再每年增加2000元，您会选择上中职中专 / 职高 / 技校吗？［单选题］

○非常可能   ○有可能   ○说不清楚

○不可能   ○非常不可能

20. 如果政府每年对中职中专 / 职高 / 技校的学费减免与助学金在现有基础上再每年增加3000元，您会选择上中职中专 / 职高 / 技校吗？［单选题］

○非常可能   ○有可能   ○说不清楚

○不可能   ○非常不可能

21. 如果政府每年对中职中专 / 职高 / 技校的学费减免与助学金在现有基础上再每年增加4000元，您会选择上中职中专 / 职高 / 技校吗？［单选题］

○非常可能   ○有可能   ○说不清楚

○不可能   ○非常不可能

22. 如果政府每年对中职中专 / 职高 / 技校的学费减免与助学金在现有基础上再每年增加5000元，您会选择上中职中专 / 职高 / 技校吗？［单选题］

○非常可能   ○有可能   ○说不清楚

○不可能   ○非常不可能

23. 如果政府 / 企业 / 社会对中职中专 / 职高 / 技校毕业生的工资待遇福利等每年再增加3000元，您会选择上中职中专 / 职高 / 技校吗？［单选题］

○非常可能   ○有可能   ○说不清楚

○不可能   ○非常不可能

24. 如果政府 / 企业 / 社会对中职中专 / 职高 / 技校毕业生的工资待遇福利

等每年再增加 6000 元，您会选择上中职中专／职高／技校吗？［单选题］

　　○非常可能　　　　　　○有可能　　　　　　○说不清楚

　　○不可能　　　　　　　○非常不可能

　　25. 如果政府／企业／社会对中职中专／职高／技校毕业生的工资待遇福利等每年再增加 9000 元，您会选择上中职中专／职高／技校吗？［单选题］

　　○非常可能　　　　　　○有可能　　　　　　○说不清楚

　　○不可能　　　　　　　○非常不可能

　　26. 如果政府／企业／社会对中职中专／职高／技校毕业生的工资待遇福利等每年再增加 1.2 万元，您会选择上中职中专／职高／技校吗？［单选题］

　　○非常可能　　　　　　○有可能　　　　　　○说不清楚

　　○不可能　　　　　　　○非常不可能

　　27. 如果政府／企业／社会对中职中专／职高／技校毕业生的工资待遇福利等每年再增加 1.5 万元，您会选择上中职中专／职高／技校吗？［单选题］

　　○非常可能　　　　　　○有可能　　　　　　○说不清楚

　　○不可能　　　　　　　○非常不可能

　　28. 如果本州的中职中专／职高／技校的教学质量及实训条件在现有基础上提升 20%，您会选择上中职中专／职高／技校吗？［单选题］

　　○非常可能　　　　　　○有可能　　　　　　○说不清楚

　　○不可能　　　　　　　○非常不可能

　　29. 如果本州的中职中专／职高／技校的教学质量及实训条件在现有基础上提升 40%，您会选择上中职中专／职高／技校吗？［单选题］

　　○非常可能　　　　　　○有可能　　　　　　○说不清楚

　　○不可能　　　　　　　○非常不可能

　　30. 如果本州的中职中专／职高／技校的教学质量及实训条件在现有基础上提升 60%，您会选择上中职中专／职高／技校吗？［单选题］

　　○非常可能　　　　　　○有可能　　　　　　○说不清楚

　　○不可能　　　　　　　○非常不可能

　　31. 如果本州的中职中专／职高／技校的教学质量及实训条件在现有基础上

提升80%，您会选择上中职中专／职高／技校吗？［单选题］

○非常可能 　　　　　○有可能 　　　　　　　○说不清楚

○不可能 　　　　　　○非常不可能

32. 如果本州的中职中专／职高／技校的教学质量及实训条件在现有基础上提升100%，您会选择上中职中专／职高／技校吗？［单选题］

○非常可能 　　　　　○有可能 　　　　　　　○说不清楚

○不可能 　　　　　　○非常不可能

33. 如果中职中专／职高／技校的管理水平比现有水平再提升20%，您会选择上中职中专／职高／技校吗？［单选题］

○非常可能 　　　　　○有可能 　　　　　　　○说不清楚

○不可能 　　　　　　○非常不可能

34. 如果中职中专／职高／技校的管理水平比现有水平再提升40%，您会选择上中职中专／职高／技校吗？［单选题］

○非常可能 　　　　　○有可能 　　　　　　　○说不清楚

○不可能 　　　　　　○非常不可能

35. 如果中职中专／职高／技校的管理水平比现有水平再提升60%，您会选择上中职中专／职高／技校吗？［单选题］

○非常可能 　　　　　○有可能 　　　　　　　○说不清楚

○不可能 　　　　　　○非常不可能

36. 如果中职中专／职高／技校的管理水平比现有水平再提升80%，您会选择上中职中专／职高／技校吗？［单选题］

○非常可能 　　　　　○有可能 　　　　　　　○说不清楚

○不可能 　　　　　　○非常不可能

37. 如果中职中专／职高／技校的管理水平比现有水平再提升100%，您会选择上中职中专／职高／技校吗？［单选题］

○非常可能 　　　　　○有可能 　　　　　　　○说不清楚

○不可能 　　　　　　○非常不可能

38. 如果中职中专／职高／技校毕业后找工作（就业）比现在容易（好找）

20%，您会选择上中职中专 / 职高 / 技校吗？［单选题］

　　○非常可能　　　　　　○有可能　　　　　　○说不清楚

　　○不可能　　　　　　　○非常不可能

39.如果中职中专 / 职高 / 技校毕业后找工作（就业）比现在容易（好找）40%，您会选择上中职中专 / 职高 / 技校吗？［单选题］

　　○非常可能　　　　　　○有可能　　　　　　○说不清楚

　　○不可能　　　　　　　○非常不可能

40.如果中职中专 / 职高 / 技校毕业后找工作（就业）比现在容易（好找）60%，您会选择上中职中专 / 职高 / 技校吗？［单选题］

　　○非常可能　　　　　　○有可能　　　　　　○说不清楚

　　○不可能　　　　　　　○非常不可能

41.如果中职中专 / 职高 / 技校毕业后找工作（就业）比现在容易（好找）80%，您会选择上中职中专 / 职高 / 技校吗？［单选题］

　　○非常可能　　　　　　○有可能　　　　　　○说不清楚

　　○不可能　　　　　　　○非常不可能

42.如果中职中专 / 职高 / 技校毕业后找工作（就业）比现在容易（好找）100%，您会选择上中职中专 / 职高 / 技校吗？［单选题］

　　○非常可能　　　　　　○有可能　　　　　　○说不清楚

　　○不可能　　　　　　　○非常不可能

43.如果外省帮扶对口支援的中职中专 / 职高 / 技校或我们省省会的学校（这两类学校一般来说教学质量及实训条件明显优于州内学校）对我们州的招生数在现有基础上增加20%，您会选择上中职中专 / 职高 / 技校吗？［单选题］

　　○非常可能　　　　　　○有可能　　　　　　○说不清楚

　　○不可能　　　　　　　○非常不可能

44.如果外省帮扶对口支援的中职中专 / 职高 / 技校或我们省省会的学校对我们州的招生数在现有基础上增加40%，您会选择上中职中专 / 职高 / 技校吗？［单选题］

　　○非常可能　　　　　　○有可能　　　　　　○说不清楚

○不可能　　　　　　　　○非常不可能

45.如果外省帮扶对口支援的中职中专/职高/技校或我们省省会的学校对我们州的招生数在现有基础上增加60%，您会选择上中职中专/职高/技校吗？［单选题］

○非常可能　　　　　　○有可能　　　　　　　○说不清楚

○不可能　　　　　　　　○非常不可能

46.如果外省帮扶对口支援的中职中专/职高/技校或我们省省会的学校对我们州的招生数在现有基础上增加80%，您会选择上中职中专/职高/技校吗？［单选题］

○非常可能　　　　　　○有可能　　　　　　　○说不清楚

○不可能　　　　　　　　○非常不可能

47.如果外省帮扶对口支援的中职中专/职高/技校或我们省省会的学校对我们州的招生数在现有基础上增加100%，您会选择上中职中专/职高/技校吗？［单选题］

○非常可能　　　　　　○有可能　　　　　　　○说不清楚

○不可能　　　　　　　　○非常不可能

48.您有了解到初中毕业后升入高中阶段教育时，国家在关于升入普通高中与中职中专职高技校时在招生数比例上的职普比"大体相当"的政策吗？即中职中专/职高/技校的招生数与普通高中的招生数比例要在1∶1或者附近值［单选题］

○非常了解　　　　　　○了解　　　　　　　　○说不清楚

○不了解　　　　　　　　○非常不了解

49.您在初中阶段教育中，学校校长、副校长、德育处/政教处主任、年级组长、班主任、科任老师等有向您讲过升高中阶段教育时在分流方面的职普比"大体相当"政策吗？［单选题］

○经常讲　　　　　　　○常讲　　　　　○不好说/不确定/说不清楚

○少讲　　　　　　　　○非常少讲

50.您在初中阶段教育中，学校校长、副校长、德育处/政教处主任、年级组长、

班主任、科任老师等有向您讲过读中职中专职高技校时，国家有免除学费及获得生活补助的政策吗？［单选题］

○经常讲　　　　　　○常讲　　　　○不好说／不确定／说不清楚

○少讲　　　　　　　○非常少讲

51. 学校领导、老师在向您宣传中职中专职高技校的有关免学费及获得生活补助等政策，以及升学分流的规定（职普比"大体相当"）后成绩靠后的学生他们一般鼓励这类学生上中职中专职高技校，是谁宣传和鼓励得更多些？［单选题］

○校长　　　　　　　○副校长　　　○德育／政教主任

○年级长　　　　　　○班主任　　　○科任老师

○其他

52. 中职中专职高技校每年有来你们学校宣传他们的学校情况、招生专业及数量，以及学校的有关免学费及助学金等政策吗？［单选题］

○经常来　　　　　　○常来　　　　○不好说／不确定／说不清楚

○少来　　　　　　　○很少来

53. 您希望中职中专职高技校增加他们来你们学校宣传他们的学校情况、招生专业及数量，以及学校的有关免学费及助学金等政策的频次（次数）吗？［单选题］

○非常希望　　　　　○希望　　　　○不好说／不确定／说不清楚

○不希望　　　　　　○非常不希望

54. 中职中专职高技校来你们学校宣传他们的学校情况、招生专业及数量，以及学校的有关免学费及助学金等政策，一般是在什么时候来？［单选题］

○中考前　　　　　　　　　　　　○中考后

○初中毕业会考（中考模拟考试）前　○不清楚

55. 您对高中阶段普通高中招生不能超过一定比例，即普通高中的招生数不能占普通高中和中职中专职高技校总招生数的太大比例，要坚持职普比"大体相当"政策持什么立场？［单选题］

○坚决支持　　　　　○支持　　　　○不好说／不确定／说不清楚

○反对　　　　　　　○坚决反对

56. 您认为在初中阶段较早开展职业启蒙教育，向同学们经常介绍一些有关各行各业都是干什么的、各有什么优劣，提前对各种职业有所认知，增加职业认同感，有必要吗？［单选题］

○非常有必要　　　　○有必要　　　　○不好说/不确定/说不清楚
○没必要　　　　　　○非常没必要

57. 您认为在初中阶段开展职业启蒙教育，哪些形式最受欢迎？［排序题，请在中括号内依次填入数字］

［　　］请各行各业的优秀学生家长来学校讲座介绍

［　　］请优秀毕业校友来学校讲座交流

［　　］请具有代表性的优秀行业企业主管人员或技术人员来学校讲座交流

［　　］将本校学生带至优秀企业参观学习

［　　］将本校学生送至相关实训基地（中心/企业）实际操作练习、感触体会

［　　］联合职业学校开设相关职业启蒙教育课程

［　　］其他

58. 为了达到高中阶段教育的职普比"大体相当"（即中职中专/职高/技校招生数与普通高中的招生数比例要保持在1：1或附近值），职普比"大体相当"的最低值应是多少？即中职中专/职高/技校的招生数应最少是普通高中招生数的多少倍？［单选题］

○ 1 及以上　　　　○ 0.95　　　　○ 0.9
○ 0.85　　　　　　○ 0.8　　　　　○ 0.75
○ 0.7　　　　　　○ 0.65　　　　　○ 0.6
○ 0.55　　　　　　○ 0.5　　　　　○ 0.5 以下

附录三

调查问卷三："三州"地区初三学生家长对其孩子升学意愿调查

尊敬的各位初三同学家长，您好！

受全国哲学社会科学工作办公室资助的 2018 年度国家社会科学基金项目"'三州'地区高中普及攻坚与普职协调发展研究"（项目批准号：18BMZ076）课题组委托，今开展本次问卷调查，主要了解您对您孩子的初中毕业后的升学意愿情况。调查结果数据将严格保密，仅供课题研究使用，绝不允许任何商业用途，您的个人隐私将得到严格保密。请您能抽空参与问卷的填写，感谢您的支持与配合！

国家社会科学基金项目"'三州'地区高中普及攻坚与普职协调发展研究"课题组

1. 您所在的地区［单选题］

○四川省凉山州　　　　　○云南省怒江州　　　　　○甘肃省临夏州

2. 您是孩子的［单选题］

○父亲　　　　　　　　　○母亲　　　　　　　　　○其他监护人

3. 您的孩子所读的学校是［单选题］

○省级及以上示范（重点）学校　　　　○地市（地州）级示范（重点）学校

○普通学校

4. 您的孩子所读学校位于［单选题］

○州府所在地（市）　　　　　　　　　○县城

○镇（或乡政府所在地）　　　　　　　○农村／乡村

5. 您的孩子所在的班级是［单选题］

○重点班　　　　　　　　　　　　　　○普通班／平行班

6. 您的职业是［单选题］

○公务员　　　　　　　　　　　○事业单位工作人员（有编制）

○国有企业工作人员

○政府机关或事业单位合同聘用人员（无编制）

○私营（民营）企业工作人员　　○外企工作人员

○农民　　　　　　　　　　　　○农民工（以外出务工取得主要收入）

○工人　　　　　　　　　　　　○城镇居民（无业）

○个体经营户　　　　　　　　　○私营（民营）企业主

○军人　　　　　　　　　　　　○其他

7. 您的受教育水平是［单选题］

○文盲　　　　　　　　○小学　　　　　　　○初中

○高中／中职中专／职高／技校　　　　　○专科（含高职高专）

○本科　　　　　　　　○研究生

8. 您的家庭年收入水平是［单选题］

○ 0—10000 元　　　　　○ 10001—20000 元　　　○ 20001—30000 元

○ 30001—40000 元　　　○ 40001—50000 元　　　○ 50001—60000 元

○ 60001—70000 元　　　○ 70001—80000 元　　　○ 80001—90000 元

○ 90001—100000 元　　　○ 100001—110000 元　　○ 110001—120000 元

○ 12 万元以上

9. 您的家庭所在地是［单选题］

○地市（州政府所在地）　　　　　　○县城

○镇（或乡政府所在地）　　　　　　○农村／乡村

10. 请问您的孩子初中平时成绩（平均起来）在班级的排名情况［单选题］

○前 20%　　　　　　　○前 20%—40%　　　　　○中间 40%—60%

○后面 60%—80%　　　○最后 80%—100%

11. 请问您对您的孩子初中毕业后的升学意愿安排是［单选题］

○坚决上普通高中　　　○上不了普通高中再上中职中专／职高／技校

○第一志愿就上中职中专／职高／技校

○上不了普通高中就什么学都不上了　　　○外出打工　　　○其他

12. 总体而言，您会让您的孩子初中毕业后选择上中职中专 / 职高 / 技校吗？
［单选题］

　　○非常可能　　　　　○可能　　　　　　　○说不清楚

　　○不可能　　　　　　○非常不可能

13. 如果您让您的孩子选择初中毕业后上中职中专 / 职高 / 技校，您认为最主要是因为？［单选题］

　　○孩子成绩不够好，只能上中职

　　○中职能学技术能养家糊口，将来能安身立命

　　○家庭贫困，上中职能免学费还有生活补助，能减轻家里经济负担

　　○周围有亲戚朋友的孩子上过中职，他们说上中职还是可以的一个选择

　　○政府工作人员、学校老师动员孩子上

　　○其他原因

14. 请问您为什么不愿意让孩子去中职中专 / 职高 / 技校读书？［排序题，请在中括号内依次填入数字］

　　［　　］上中职中专 / 职高 / 技校，使自己在亲戚、朋友、邻居、同学中很没面子，抬不起头

　　［　　］中职中专 / 职高 / 技校毕业生工资待遇福利等低下，没有什么收益，不划算

　　［　　］中职中专 / 职高 / 技校毕业后不好找工作，不确定性大

　　［　　］中职中专 / 职高 / 技校教育教学质量、实训条件较差，学不到什么东西，浪费时间，也浪费金钱

　　［　　］国家 / 社会对职业技术技能人才的社会经济地位等不够重视，社会上轻视工人、技工

　　［　　］孩子去上中职中专 / 职高 / 技校，每年还要掏大几千上万元，家庭承受困难

　　［　　］中职中专 / 职高 / 技校毕业太小，不想孩子过早进入社会参加工作

　　［　　］想让孩子早点出去打工挣钱，减轻家庭负担，增加家庭收入

　　［　　］中职中专 / 职高 / 技校管理松散，担心学坏了，不放心去

[   ] 孩子厌学，不想再读书了

[   ] 其他原因

15. 如果政府加大对中职中专 / 职高 / 技校生的学费减免及助学金力度，您会让您的孩子选择上中职中专 / 职高 / 技校吗？［单选题］

○非常可能 　　　　○有可能 　　　　○说不清楚

○不可能 　　　　○非常不可能

16. 如果政府每年对中职中专 / 职高 / 技校的学费减免与助学金在现有（现在已基本全部免学费且每年有 2000—2500 元生活补助）基础之上每年再增加 1000 元，您会让您的孩子选择上中职中专 / 职高 / 技校吗？［单选题］

○非常可能 　　　　○有可能 　　　　○说不清楚

○不可能 　　　　○非常不可能

17. 如果政府每年对中职中专 / 职高 / 技校的学费减免与助学金在现有基础上再每年增加 2000 元，您会让您的孩子选择上中职中专 / 职高 / 技校吗？［单选题］

○非常可能 　　　　○有可能 　　　　○说不清楚

○不可能 　　　　○非常不可能

18. 如果政府每年对中职中专 / 职高 / 技校的学费减免与助学金在现有基础上再每年增加 3000 元，您会让您的孩子选择上中职中专 / 职高 / 技校吗？［单选题］

○非常可能 　　　　○有可能 　　　　○说不清楚

○不可能 　　　　○非常不可能

19. 如果政府每年对中职中专 / 职高 / 技校的学费减免与助学金在现有基础上再每年增加 4000 元，您会让您的孩子选择上中职中专 / 职高 / 技校吗？［单选题］

○非常可能 　　　　○有可能 　　　　○说不清楚

○不可能 　　　　○非常不可能

20. 如果政府每年对中职中专 / 职高 / 技校的学费减免与助学金在现有基础上再每年增加 5000 元，您会让您的孩子选择上中职中专 / 职高 / 技校吗？［单选题］

○非常可能 　　　　○有可能 　　　　○说不清楚

○不可能 　　　　○非常不可能

21. 如果政府 / 企业 / 社会对中职中专 / 职高 / 技校毕业生的工资待遇福利

等每年再增加 3000 元，您会让您的孩子选择上中职中专 / 职高 / 技校吗？［单选题］

○非常可能　　　　　○有可能　　　　　○说不清楚

○不可能　　　　　○非常不可能

22. 如果政府 / 企业 / 社会对中职中专 / 职高 / 技校毕业生的工资待遇福利等每年再增加 6000 元，您会让您的孩子选择上中职中专 / 职高 / 技校吗？［单选题］

○非常可能　　　　　○有可能　　　　　○说不清楚

○不可能　　　　　○非常不可能

23. 如果政府 / 企业 / 社会对中职中专 / 职高 / 技校毕业生的工资待遇福利等每年再增加 9000 元，您会让您的孩子选择上中职中专 / 职高 / 技校吗？［单选题］

○非常可能　　　　　○有可能　　　　　○说不清楚

○不可能　　　　　○非常不可能

24. 如果政府 / 企业 / 社会对中职中专 / 职高 / 技校毕业生的工资待遇福利等每年再增加 1.2 万元，您会让您的孩子选择上中职中专 / 职高 / 技校吗？［单选题］

○非常可能　　　　　○有可能　　　　　○说不清楚

○不可能　　　　　○非常不可能

25. 如果政府 / 企业 / 社会对中职中专 / 职高 / 技校毕业生的工资待遇福利等每年再增加 1.5 万元，您会让您的孩子选择上中职中专 / 职高 / 技校吗？［单选题］

○非常可能　　　　　○有可能　　　　　○说不清楚

○不可能　　　　　○非常不可能

26. 如果本州的中职中专 / 职高 / 技校的教学质量及实训条件在现有基础上提升 20%，您会让您的孩子选择上中职中专 / 职高 / 技校吗？［单选题］

○非常可能　　　　　○有可能　　　　　○说不清楚

○不可能　　　　　○非常不可能

27. 如果本州的中职中专 / 职高 / 技校的教学质量及实训条件在现有基础上提升 40%，您会让您的孩子选择上中职中专 / 职高 / 技校吗？［单选题］

　　○非常可能　　　　　　○有可能　　　　　　○说不清楚

　　○不可能　　　　　　　○非常不可能

　　28. 如果本州的中职中专／职高／技校的教学质量及实训条件在现有基础上提升60%，您会让您的孩子选择上中职中专／职高／技校吗？［单选题］

　　○非常可能　　　　　　○有可能　　　　　　○说不清楚

　　○不可能　　　　　　　○非常不可能

　　29. 如果本州的中职中专／职高／技校的教学质量及实训条件在现有基础上提升80%，您会让您的孩子选择上中职中专／职高／技校吗？［单选题］

　　○非常可能　　　　　　○有可能　　　　　　○说不清楚

　　○不可能　　　　　　　○非常不可能

　　30. 如果本州的中职中专／职高／技校的教学质量及实训条件在现有基础上提升100%，您会让您的孩子选择上中职中专／职高／技校吗？［单选题］

　　○非常可能　　　　　　○有可能　　　　　　○说不清楚

　　○不可能　　　　　　　○非常不可能

　　31. 如果中职中专／职高／技校的管理水平比现有水平再提升20%，您会让您的孩子选择上中职中专／职高／技校吗？［单选题］

　　○非常可能　　　　　　○有可能　　　　　　○说不清楚

　　○不可能　　　　　　　○非常不可能

　　32. 如果中职中专／职高／技校的管理水平比现有水平再提升40%，您会让您的孩子选择上中职中专／职高／技校吗？［单选题］

　　○非常可能　　　　　　○有可能　　　　　　○说不清楚

　　○不可能　　　　　　　○非常不可能

　　33. 如果中职中专／职高／技校的管理水平比现有水平再提升60%，您会让您的孩子选择上中职中专／职高／技校吗？［单选题］

　　○非常可能　　　　　　○有可能　　　　　　○说不清楚

　　○不可能　　　　　　　○非常不可能

　　34. 如果中职中专／职高／技校的管理水平比现有水平再提升80%，您会让您的孩子选择上中职中专／职高／技校吗？［单选题］

○非常可能　　　　　　○有可能　　　　　　○说不清楚

○不可能　　　　　　　○非常不可能

35. 如果中职中专／职高／技校的管理水平比现有水平再提升100%，您会让您的孩子选择上中职中专／职高／技校吗？［单选题］

○非常可能　　　　　　○有可能　　　　　　○说不清楚

○不可能　　　　　　　○非常不可能

36. 如果中职中专／职高／技校毕业后孩子找工作（就业）比现在容易（好找）20%，您会让您的孩子选择上中职中专／职高／技校吗？［单选题］

○非常可能　　　　　　○有可能　　　　　　○说不清楚

○不可能　　　　　　　○非常不可能

37. 如果中职中专／职高／技校毕业后孩子找工作（就业）比现在容易（好找）40%，您会让您的孩子选择上中职中专／职高／技校吗？［单选题］

○非常可能　　　　　　○有可能　　　　　　○说不清楚

○不可能　　　　　　　○非常不可能

38. 如果中职中专／职高／技校毕业后孩子找工作（就业）比现在容易（好找）60%，您会让您的孩子选择上中职中专／职高／技校吗？［单选题］

○非常可能　　　　　　○有可能　　　　　　○说不清楚

○不可能　　　　　　　○非常不可能

39. 如果中职中专／职高／技校毕业后孩子找工作（就业）比现在容易（好找）80%，您会让您的孩子选择上中职中专／职高／技校吗？［单选题］

○非常可能　　　　　　○有可能　　　　　　○说不清楚

○不可能　　　　　　　○非常不可能

40. 如果中职中专／职高／技校毕业后孩子找工作（就业）比现在容易（好找）100%，您会让您的孩子选择上中职中专／职高／技校吗？［单选题］

○非常可能　　　　　　○有可能　　　　　　○说不清楚

○不可能　　　　　　　○非常不可能

41. 如果外省帮扶对口支援的中职中专／职高／技校或我们省省会的学校（这两类学校一般来说教学质量及实训条件明显优于州内学校）对我们州的招生数在

现有基础上增加20%，您会让您的孩子选择上中职中专/职高/技校吗？［单选题］

　　○非常可能　　　　　　○有可能　　　　　　○说不清楚

　　○不可能　　　　　　　○非常不可能

42. 如果外省帮扶对口支援的中职中专/职高/技校或我们省省会的学校对我们州的招生数在现有基础上增加40%，您会让您的孩子选择上中职中专/职高/技校吗？［单选题］

　　○非常可能　　　　　　○有可能　　　　　　○说不清楚

　　○不可能　　　　　　　○非常不可能

43. 如果外省帮扶对口支援的中职中专/职高/技校或我们省省会的学校对我们州的招生数在现有基础上增加60%，您会让您的孩子选择上中职中专/职高/技校吗？［单选题］

　　○非常可能　　　　　　○有可能　　　　　　○说不清楚

　　○不可能　　　　　　　○非常不可能

44. 如果外省帮扶对口支援的中职中专/职高/技校或我们省省会的学校对我们州的招生数在现有基础上增加80%，您会让您的孩子选择上中职中专/职高/技校吗？［单选题］

　　○非常可能　　　　　　○有可能　　　　　　○说不清楚

　　○不可能　　　　　　　○非常不可能

45. 如果外省帮扶对口支援的中职中专/职高/技校或我们省省会的学校对我们州的招生数在现有基础上增加100%，您会让您的孩子选择上中职中专/职高/技校吗？［单选题］

　　○非常可能　　　　　　○有可能　　　　　　○说不清楚

　　○不可能　　　　　　　○非常不可能

46. 您有了解到孩子初中毕业后升入高中阶段教育时，国家在关于升入普通高中与中职中专职高技校时在招生数比例上的职普比"大体相当"的政策吗？即中职中专/职高/技校的招生数与普通高中的招生数比例要在1：1或者附近值［单选题］

　　○非常了解　　　　　　○了解　　　　　　○说不清楚

○不了解　　　　　　　　○非常不了解

47. 您的孩子所读的学校中，学校校长、副校长、德育处 / 政教处主任、年级组长、班主任、科任老师等有向您讲过升高中阶段教育时在分流方面的职普比"大体相当"政策吗？［单选题］

○经常讲　　　　　　○常讲　　　　　○不好说 / 不确定 / 说不清楚
○少讲　　　　　　　○非常少讲

48. 您的孩子所读的初中中，学校校长、副校长、德育处 / 政教处主任、年级组长、班主任、科任老师等有向您讲过读中职中专职高技校时，国家有免除学费及获得生活补助的政策吗？［单选题］

○经常讲　　　　　　○常讲　　　　　○不好说 / 不确定 / 说不清楚
○少讲　　　　　　　○非常少讲

49. 学校领导、老师在向您宣传中职中专职高技校的有关免学费及获得生活补助等政策，以及升学分流的规定（职普比"大体相当"）后成绩靠后的学生他们一般鼓励这类学生上中职中专职高技校，是谁宣传和鼓励得更多些？［单选题］

○校长　　　　　　　○副校长　　　　○德育 / 政教主任
○年级长　　　　　　○班主任　　　　○科任老师
○其他

50. 除了学校领导、老师在向您宣传中职中专职高技校的有关免学费及获得生活补助等政策，以及升学分流的规定（职普比"大体相当"）政策，您还从哪些渠道了解到了这些政策或规定？［单选题］

○电视　　　　　　　○互联网　　　　○报纸等平面媒体
○社区宣传栏　　　　○村里广播　　　○政府工作人员
○亲戚朋友、邻居　　○其他

51. 中职中专职高技校每年有来您孩子所读初中学校宣传他们的学校情况、招生专业及数量，以及学校的有关免学费及助学金等政策吗？［单选题］

○经常来　　　　　　○有来　　　　　○不好说 / 不确定 / 说不清楚
○少来　　　　　　　○很少来

52. 您希望中职中专职高技校增加他们来您孩子所读初中学校宣传他们的学

校情况、招生专业及数量, 以及学校的有关免学费及助学金等政策的频次 (次数)

吗? ［单选题］

　　○非常希望　　　　　　○希望　　　　　　○不好说 / 不确定 / 说不清楚

　　○不希望　　　　　　　○非常不希望

53. 中职中专职高技校来您孩子所读初中学校宣传他们的学校情况、招生专业

及数量, 以及学校的有关免学费及助学金等政策, 一般是在什么时候来? ［单选题］

　　○中考前　　　　　　　　　　　　○中考后

　　○初中毕业会考 (中考模拟考试) 前　　○不清楚

54. 您对高中阶段普通高中招生不能超过一定比例, 即普通高中的招生数不

能占普通高中和中职中专职高技校总招生数的太大比例, 要坚持职普比 "大体相

当" 政策持什么立场? ［单选题］

　　○坚决支持　　　　　　○支持　　　　　　○不好说 / 不确定 / 说不清楚

　　○反对　　　　　　　　○坚决反对

55. 您认为在初中阶段较早开展职业启蒙教育, 向孩子们经常介绍一些有关

各行各业都是干什么的、各有什么优劣, 提前对各种职业有所认知, 增加职业认

同感, 有必要吗? ［单选题］

　　○非常有必要　　　　　○有必要　　　　　○不好说 / 不确定 / 说不清楚

　　○没必要　　　　　　　○非常没必要

56. 您认为在您孩子所读的初中学校开展职业启蒙教育, 哪种形式最受欢迎?

［排序题, 请在中括号内依次填入数字］

　　［　　］请各行各业的优秀学生家长来学校讲座介绍

　　［　　］请优秀毕业校友来学校讲座交流

　　［　　］请具有代表性的优秀企业主管人员或技术人员来学校讲座交流

　　［　　］将本校学生带至优秀企业参观学习

　　［　　］将本校学生送至相关实训基地 (中心 / 企业) 实际操作练习、感触体会

　　［　　］联合职业学校开设相关职业启蒙教育课程

　　［　　］其他

57. 为了达到高中阶段教育的职普比 "大体相当" (即中职中专 / 职高 / 技

校招生数与普通高中的招生数比例要保持在 1∶1 或附近值），您认为职普比"大体相当"的最低值应是多少？即中职中专/职高/技校的招生数应最少是普通高中招生数的多少倍？［单选题］

○ 1 及以上　　　　　○ 0.95　　　　　　○ 0.9

○ 0.85　　　　　　　○ 0.8　　　　　　　○ 0.75

○ 0.7　　　　　　　　○ 0.65　　　　　　○ 0.6

○ 0.55　　　　　　　○ 0.5　　　　　　　○ 0.5 以下

附录四

访谈提纲主要内容

本研究主要访谈了教育行政部门管理人员，普通高中、中等职业学校、初中的校长、副校长、主任、副主任、班主任等，以及初三学生及其家长。

对教育行政部门管理人员的访谈主要是了解他们对当地高中普及攻坚与普职协调发展状况及国家政策的一些看法，以及当地有没有相关政策出台，高中普及攻坚与普职协调发展有哪些项目和措施，主要问题是什么，以及有何建议。

对普通高中、中等职业学校的校长、副校长、主任、副主任、班主任等的访谈也主要是围绕在高中普及攻坚与普职协调发展中存在的主要困难和建议方面，以及了解有哪些建设项目等，也关注招生方面存在哪些问题等。

对初中校长、副校长、主任、副主任、班主任等的访谈主要是了解初中毕业生的去向问题，升入普通高中及中等职业学校的情况，以及同学们不愿意升入中等职业学校的原因及影响因素等。

对初三学生及其家长的访谈，主要是了解他们的家庭基本情况，初中毕业后的升学意愿问题，还有对升学（尤其是否升入中等职业学校）选择的主要影响因素，以及他们对职普比"大体相当"最低值的看法等。

参考文献

论著类文献

[1]阿呷热哈莫.彝族教育现代化的发展与困境:凉山彝族的个案研究[M].北京:科学出版社,2018.

[2]安雪慧,元静.中等职业教育:城乡共同富裕的基础路径:基于省级面板数据的实证研究[J].教育研究,2023(3).

[3]本刊编辑部.学习宣传贯彻全国职业教育大会精神加快构建现代职业教育体系:专访教育部职业教育与成人教育司司长陈子季[J].国家教育行政学院学报,2021(5).

[4]陈礼业,徐国庆."趋普避职"教育选择文化的生成、流变与行为转化:基于马凌诺斯基文化理论的分析[J].教育发展研究,2023(21).

[5]陈亮."三区三州"脱贫地区教育阻隔代际贫困的实证研究[D].重庆:西南大学,2021.

[6]陈鹏.职业启蒙教育,现代职业教育体系之根[N].中国教育报,2015-06-25(9).

[7]陈鹏.追寻现代职业教育体系之根:兼论职业启蒙教育的合理性[J].职教通讯,2015(19).

[8]陈清.高中阶段职普比问题实证调查与分析[J].中国职业技术教育,2017(21).

[9]陈业强.怒江傈僳族妇女跨省婚姻迁移研究[M].北京:中国社会科学出版社,2015.

［10］邓钲凡.普及高中教育，遏制未成年人犯罪低龄化：未成年人犯罪低龄化问题探寻［J］.山东省团校学报，2011（1）.

［11］董洪亮，赵婀娜，张烁，等.教育扶贫，让知识改变孩子命运［N］.人民日报，2016-07-10（6）.

［12］樊未晨，张含琼.一半上中职？普职比到底是多少［N］.中国青年报，2021-06-07（7）.

［13］佛朝晖.促进普职协调发展，地方政府重任在肩［J］.中国教育报，2017-11-28（5）.

［14］高鹏.民族地区期盼高中教育免费［N］.中国民族报，2013-01-08（3）.

［15］高帅.贫困识别、演进与精准扶贫研究［M］.北京：经济科学出版社，2016.

［16］耿新.从深度贫困迈向乡村振兴："三区三州"样本［M］.北京：科学出版社，2022.

［17］郭思亮."三区三州"深度贫困县教育统计分析［D］.北京：中央民族大学，2021.

［18］何杨勇，祝巧.教育公平视角下普通教育和职业教育的分流与融合［J］.江苏高教，2019（6）.

［19］胡瑾缔，邹文芳.美国小学职业启蒙教育的发展历程、经验及启示［J］.职教通讯，2021（5）.

［20］胡茂波，朱丽红.农村经济发展视野下中职教育免费的法理依据［J］.职业技术教育，2011（1）.

［21］姜大源，石伟平，邬宪伟，等."中等职业教育发展问题"专家笔谈（一）［J］.中国职业技术教育，2018（25）.

［22］姜大源.再议中等职业教育的基础地位问题［J］.中国职业技术教育，2018（25）.

［23］金毅伟.普职融通是现代职业教育体系的重要维度［J］.中国职业技术教育，2014（21）.

［24］九三学社中央课题组.关于加强"三区三州"职业教育发展的思考［J］.

教育与职业, 2019（14）.

[25] 康健, 龚元正. "双减" 政策是否改变了初中生的升学意愿? ——基于西部 R 县的调查研究 [J]. 中国职业技术教育, 2024（4）:46-57.

[26] 李道生. 怒江史话 [M]. 昆明: 云南人民出版社, 2017.

[27] 李钢. 运用信息技术加强现代职业教育助力 "三区三州" 精准扶贫攻坚 [J]. 中国成人教育, 2020（24）.

[28] 李红卫. 教育分流与职普比政策变迁研究 [J]. 职教论坛, 2012（27）.

[29] 李剑平. 纪宝成: 市长市委书记孩子几乎不上职业院校 [N]. 中国青年报, 2013-04-15（11）.

[30] 李剑平. 普高与中职招生比 1∶1 是行政强制? 起草专家细说 [N]. 中国青年报, 2010-03-08（5）.

[31] 李占魁. 临夏回族自治州特色经济研究: 寒旱地区经济发展探索 [M]. 北京: 民族出版社, 2016.

[32]《凉山彝族自治州概况》编写组. 四川凉山彝族自治州概况 [M]. 北京: 民族出版社, 2009.

[33]《临夏回族自治州概况》编写组. 临夏回族自治州概况 [M]. 北京: 民族出版社, 2008.

[34] 刘丽群, 周立芳. 我国高中阶段普职规模 "大体相当" 政策分析 [J]. 中国教育学刊, 2017（8）.

[35] 刘利民. 普及高中教育首先应该做什么? [N]. 光明日报, 2015-11-17（14）.

[36] 刘苏荣. "三区三州" 深度贫困地区教育扶贫调查研究 [M]. 北京: 中国社会科学出版社, 2021.

[37] 刘苏荣. "三区三州" 深度贫困地区职业教育的困境与出路: 以云南省怒江州为例 [J]. 职业技术教育, 2019（15）.

[38] 卢成仁. "道中生活": 怒江傈僳人的日常生活与信仰研究 [M]. 北京: 人民出版社, 2014.

[39] 陆汉文, 黄承伟. 中国精准扶贫发展报告: 2016 [M]. 北京: 社会科

学文献出版社，2016.

［40］吕丹.普职融通，让普通教育更普通——专访教育部职业技术教育中心研究所所长杨进［J］.中国教师，2016（9）.

［41］马志勇.临夏史话［M］.兰州：甘肃文化出版社，2007.

［42］梅洁.广西农村高中阶段教育普及水平对城乡收入差距的影响［J］.高等函授学报（哲学社会科学版），2009（5）.

［43］西奥多·W.舒尔茨.论人力资本投资［M］.吴珠华，等译.北京：北京经济学院出版社，1990.

［44］詹姆斯·科尔曼.教育机会均等的观念［C］.张人杰.国外教育社会学基本文选（修订版）.上海：华东师范大学出版社，2009.

［45］潘昆峰，李宛豫，陈慧娟.易地教育扶贫：破解"三区三州"深度贫困的非常之策［J］.中国人民大学教育学刊，2018（3）.

［46］普利颜.怒江文化记忆［M］.北京：民族出版社，2017.

［47］尚培霖，胡澜.凉山彝区农村社会问题研究［M］.成都：四川大学出版社，2017.

［48］沈有禄，曾新.职普比"大体相当"：有无可接受的底线值：来自"三州"地区的调查［J］.教育发展研究，2021（13-14）.

［49］沈有禄，段黎华.深山里的控辍保学攻坚战［N］.中国青年报，2020-09-28（6）.

［50］沈有禄."看见"那群乡村幼教的守护者［J］.教育家，2022（30）.

［51］沈有禄.初中生中职升学意愿的差异分析：基于对"三州"地区21531名初三学生的调查［J］.华中师范大学学报（人文社会科学版），2022（1）.

［52］沈有禄.高中阶段教育职普比提升的助力与路径分析：基于"三州"地区的调查［J］.中国教育学刊，2020（7）.

［53］沈有禄.积极营造职业教育良好发展氛围［N］.中国社会科学报，2024-06-14（4）.

［54］沈有禄.普及高中阶段教育为精准扶贫提供造血机制［N］.光明日报，2018-01-20（6）.

[55]沈有禄.谁愿意让孩子接受中等职业教育:基于对"三州"地区15428名初三学生家长的调查[J].教育研究,2022(7).

[56]沈有禄.我国高中阶段教育普及与投入保障探析[J].教育与经济,2017(5).

[57]沈有禄.职普比"大体相当":问题与建议[N].中国社会科学报,2020-07-20(5).

[58]沈有禄.职业教育发展需要全面系统推进[J].江苏教育,2018(76).

[59]沈有禄.职业学校联合中小学开展劳动和职业启蒙教育:天时、地利、人和[J].中国职业技术教育,2019(7).

[60]沈有禄,万亿渠."趋普避职":谁不愿意让孩子上职校——基于对"三州"地区15428名初三学生家长的调查[J].教育科学研究,2024(9):42—49.

[61]石伟平,郝天聪.普及高中阶段教育,中等职业教育需要发力[J].中国职业技术教育,2017(34).

[62]石伟平.新时代我国中等职业教育发展若干重大问题再思考[J].中国职业技术教育,2018(25).

[63]司树杰,王文静,李兴洲.中国教育扶贫报告:2016[M].北京:社会科学文献出版社,2016.

[64]宋媛,宋林武.决不让一个兄弟民族掉队:图说怒江扶贫与跨越50年[M].昆明:云南人民出版社,2018.

[65]苏嘎尔布.政府工作报告:在凉山彝族自治州第十一届人民代表大会第四次会议上[N].凉山日报,2019-02-14(1).

[66]汪东."职教资源+劳动教育"助力中小学生职业启蒙教育:在职业院校和企业建立中小学生劳动和职业体验基地[C].北京:2021年教学改革成果交流暨专业发展战略研讨会论文集,2021.

[67]王广星.职普比例严重失衡如何破局?:浅议甘肃省甘南藏族自治州普及高中阶段教育的难点与对策[J].中国民族教育,2018(1).

[68]王坤,杨正文.对维持职普比例大体相当的学理性思考[J].职教论坛,2018(11).

［69］王坤红.原始之境：怒江大峡谷笔记［M］.昆明：云南人民出版社，2016.

［70］王寿斌."普职比大体相当"不应限于"体量"对等［J］.江苏教育，2019（20）.

［71］王寿斌.普职比"大体相当"本无过错，职教吸引力不足应归于制度缺失［N］.中国青年报，2016-12-12（11）.

［72］王喜娟.美国高中教育普及化的进程及影响因素简析［J］.外国教育研究，2010（11）.

［73］王晓静，于璇.民族地区高中阶段教育高质量发展研究：基于三区三州的实证分析［J］.西藏教育，2022（5）.

［74］邬跃.普及高中阶段教育，中职不能继续跛腿［N］.中国教育报，2016-06-14（5）.

［75］吴杭民.免费高中教育是践行"穷人教育学"［N］.中国改革报，2008-07-30（3）.

［76］吴睿，王德祥.教育与农村扶贫效率关系的实证研究［J］.中国人力资源开发，2010（4）.

［77］吴一鸣.与其纠结"职普比"，不如集中精力办出高质量的职业教育［J］.职业教育，2018（16）.

［78］邢晖，和震，高鸿，等."中等职业教育发展问题"专家笔谈（二）［J］.中国职业技术教育，2018（28）.

［79］徐蓓.换种思路看职业教育：专访华东师范大学终身教授石伟平［N］.解放日报，2022-03-18（9）.

［80］徐桂庭.我国中等教育职普比结构问题的政策发展轨迹及理性思考［J］.职教论坛，2016（19）.

［81］徐国庆.是否还要提"普职比大体相当"［J］.职教论坛，2017（21）.

［82］徐力群.普及高中教育是消除大规模贫困人口发生的最优途径［J］.中国党政干部论坛，2016（5）.

［83］杨进.把中职摆在普及高中阶段教育的突出位置［J］.中国农村教育，

2017（5）.

［84］阿玛蒂亚森，让德雷兹.印度：经济发展与社会机会［M］.黄飞君，译.北京：社会科学文献出版社，2006.

［85］曾天山.教育扶贫的中国样本［N］.中国教育报，2016-10-20（7）.

［86］曾昭抡.大凉山夷区考察记［M］.北京：中国青年出版社，2012.

［87］张德伟，刘彦尊.试论中等职业教育在高中教育普及化进程中的作用：国际比较视阈中的考察［J］.西南大学学报（社会科学版），2009（5）.

［88］张健.基于社会心理的职普比博弈和对策建议［J］.中国职业技术教育，2017（24）.

［89］张健.普及攻坚计划的核心是落实"职普比大体相当"［J］.江苏教育，2017（9）.

［90］张健.普职大体相当剥夺了学生上普高的权利吗［N］.中国教育报，2015-07-02（9）.

［91］张劲英，陈嵩."后脱贫时代"职业教育如何行稳致远："三区三州"职业教育发展现状与未来展望［J］.教育发展研究，2021（11）.

［92］张力.普及高中教育，开发人力资源［N］.人民日报，2007-11-08（13）.

［93］赵长兴.部分西方国家高中阶段职普比现状分析［J］.中国职业技术教育，2017（30）.

［94］郑筱婷，孙志颖，汪鲸.选择普通高中教育还是中等职业教育：高中阶段不同类型教育期望回报率的实证分析［J］.教育研究，2023（1）.

［95］《中国少数民族社会历史调查资料丛刊》修订编辑委员会.四川省凉山彝族社会历史调查：综合报告［M］.北京：民族出版社，2009.

［96］中共中央，国务院.中共中央国务院关于2009年促进农业稳定发展农民持续增收的若干意见［N］.人民日报，2009-02-02（1）.

［97］中共中央国务院出台打赢脱贫攻坚战决定加强教育脱贫，阻断贫困代际传递［N］.中国教育报，2015-12-08（1）.

［98］钟慧笑.教育扶贫是最有效、最直接的精准扶贫：访中国教育学会会长钟秉林［J］.中国民族教育，2016（14）.

［99］周爱华，吕慈仙 ."三区三州"深度贫困地区教育扶贫成效研究［J］.山东高等教育，2021（1）.

［100］周俊 ."普职比大体相当"难落实，尴尬如何化解［N］.中国教育报，2016-10-11（5）.

［101］周俊 .科学认知"普职比"的六个视角［N］.中国教育报，2016-09-27（5）.

［102］周亚虹，许玲丽，夏正青 .从农村职业教育看人力资本对农村家庭的贡献：基于苏北农村家庭微观数据的实证分析［J］.经济研究，2010（8）.

［103］朱新卓，陈俊一 .我国中等教育阶段普职关系面临的问题与变革的方向：德国中等教育阶段普职关系对我国的启示［J］.教育研究与实验，2013（4）.

［104］左停 .西部欠发达地区乡村振兴的路径探索：耿新著《从深度贫困迈向乡村振兴——"三区三州"样本》评介［J］.青海民族研究，2023（2）.

网络类文献

［1］陈少远 .寒门难出贵子教育扶贫被指定向失准［EB/OL］.财新网，（2017-02-14）.http：//china.caixin.com/2017-02-14/101055099.html.

［2］「大峡谷·小康路」普职融合托起新梦想福贡大山里的少年有了新出路［EB/OL］.云南网，（2020-09-18）.http：//society.yunnan.cn/system/2020/09/18/030979577.shtml.

［3］蝶变的教育力量——凉山推进教育高质量跨越发展纪实［EB/OL］.凉山彝族自治州人民政府门户网站，（2022-11-04）.http：//www.lsz.gov.cn/xxgk/zdlyxxgk/jy/202211/t20221104_2360839.html.

［4］东部职教集团对口滇西帮扶 10 州市［EB/OL］.多彩贵州网，（2017-03-27）.http：//news.gog.cn/system/2017/03/27/015528094.shtml.

［5］2021 年全国教育事业发展统计公报［EB/OL］中华人民共和国中央人民政府门户网站，（2022-09-15）.https：//www.gov.cn/xinwen/2022-09-15/content_5710039.htm.

［6］甘肃临夏推 15 年免费教育已 10 年：对教育的期待不止有学上［EB/OL］.

人民政协网，（2023-01-17）.http：//www.rmzxb.com.cn/c/2023-0117/3279385.shtml.

[7]甘肃民族地区逐步实施15年免费教育［EB/OL］.中华人民共和国中央人民政府门户网站，（2011-11-22）.https：//www.gov.cn/jrzg/2011-11/22/content_1999909.htm.

[8]国家深度贫困地区县名单（三区三州）［EB/OL］中国社会工作教育协会网站，（2018-11-13）.http：//caswe.pku.edu.cn/info/1036/1013.htm.

[9]国家中长期教育改革和发展规划纲要（2010—2020年）［EB/OL］.中华人民共和国教育部门户网站，（2010-07-29）.http：//old.moe.gov.cn/public files/business/htmlfiles/moe/info_list/201407/xxgk_171904.html？ authkey= gwbux.

[10]国务院关于大力发展职业技术教育的决定（国发〔1991〕55号）［EB/OL］.中华人民共和国教育部门户网站，（1991-10-17）.http：//www.moe.gov.cn/s78/A07/s8347/moe_732/tnull_816.html.

[11]国务院关于大力发展职业教育的决定（国发〔2005〕35号［EB/OL］.中华人民共和国中央人民政府门户网站，（2005-10-28）.http：//www.gov.cn/zhengce/content/2008-03/28/content_5549.htm.

[12]国务院关于大力推进职业教育改革与发展的决定（国发〔2002〕16号）［EB/OL］.中华人民共和国中央人民政府门户网站，（2002-08-24）.http：//www.gov.cn/gongbao/content/2002/content_61755.htm.

[13]何东.临夏州2021年政府工作报告［EB/OL］.临夏回族自治州人民政府门户网站，（2021-12-14）.http：//www.linxia.gov.cn/Article/Content？ItemID=bb689d64-45e8-42ad-9940-3d02ec441358.

[14]胡锦涛.胡锦涛在党的十七大上的报告［EB/OL］.新华网，（2007-10-24）.http：//news.xinhuanet.com/newscenter/2007-10/24/content_6938568.htm.

[15]黄康生：加大力度推进"三区三州"深度贫困地区脱贫攻坚［EB/OL］.人民政协网，（2017-08-29）.http：//www.rmzxb.com.cn/c/2017-08-29/1755433.

shtml？n2m=1.

［16］积石山县职业技术学校建设项目火热推进［EB/OL］.搜狐网，（2023-04-15）.https：//www.sohu.com/a/667137702_121106869.

［17］江泽民.党的十六大报告（全文）［EB/OL］.中国经济网，（2003-10-09）.http：//www.ce.cn/ztpd/xwzt/guonei/2003/sljsanzh/szqhbj/t20031009_1763196.shtml.

［18］《教育部等五部门关于印发〈职业学校办学条件达标工程实施方案〉的通知（教职成〔2022〕5号）》［EB/OL］.中华人民共和国中央人民政府门户网站，（2022-11-19）.https：//www.gov.cn/zhengce/zhengceku/2022-11/19/content_5727868.htm.

［19］教育部国务院扶贫办关于印发《深度贫困地区教育脱贫攻坚实施方案（2018—2020年）》的通知［EB/OL］.中华人民共和国教育部门户网站，（2018-02-26）.http：//www.moe.gov.cn/srcsite/A03/moe_1892/moe_630/201802/t20180226_327800.html？authkey=mm7ie3.

［20］教育部，国家发展改革委，财政部，人力资源社会保障部.教育部等四部门关于印发《高中阶段教育普及攻坚计划（2017—2020年）》的通知［EB/OL］中华人民共和国中央人民政府门户网站，（2017-04-06）.https：//www.gov.cn/xinwen/2017-04/06/content_5183767.htm.

［21］教育部，国家发展改革委，民政部，财政部，人力资源社会保障部，国务院扶贫办.教育部等六部门关于印发《教育脱贫攻坚"十三五"规划》的通知（教发〔2016〕18号）［EB/OL］.中华人民共和国教育部门户网站，（2016-12-29）.http：//www.moe.edu.cn/srcsite/A03/moe_1892/moe_630/201612/t20161229_293351.html.

［22］教育部.2015年全国教育事业发展统计公报［EB/OL］.中华人民共和国教育部门户网站，（2016-07-06）.http：//moe.edu.cn/srcsite/A03/s180/moe_633/201607/t20160706_270976.html.

［23］教育部：20项政策实现教育扶贫全覆盖［EB/OL］.学信网，（2015-10-15），http：//www.chsi.com.cn/jyzx/201510/20151015/1508027562.html.

［24］教育部：坚持中考后普职分流非常必要；"职教高考"将成为职业本科学校招生主渠道！［EB/OL］.光明社教育家，（2022-02-23）.https：//mp.weixin.qq.com/s/zMLjI3Z-lz22N6N-cc2Xpw.

［25］教育部发展规划司.新闻发布会散发材料——《教育脱贫攻坚"十三五"规划》有关情况［EB/OL］.中国人民共和国教育部门户网站，（2016-12-29）.http：//moe.gov.cn/jyb_xwfb/xw_fbh/moe_2069/xwfbh_2016n/xwfb_161229/161229_sfcl/201612/t20161229_293358.html.

［26］李国祥.习近平精准扶贫精准脱贫思想的实践和理论意义［EB/OL］.人民网，（2016-02-09）.http：//politics.people.com.cn/n1/2016/0209/c1001-28118280.html.

［27］李文辉.2019年怒江州人民政府工作报告：2019年3月17日在怒江傈僳族自治州第十一届人民代表大会第四次会议上［EB/OL］.怒江傈僳族自治州人民政府门户网站，（2019-04-15）.http：//www.nujiang.gov.cn/xxgk/015279139/info/2019-38998.html.

［28］李文辉.怒江州2021年政府工作报告［EB/OL］.怒江傈僳族自治州人民政府门户网站，（2021-02-23）.https：//www.nujiang.gov.cn/xxgk/015279139/info/2021-156813.html.

［29］凉山州2020年国民经济和社会发展统计公报［EB/OL］.凉山彝族自治州统计局官网，（2021-05-06）.http：//tjj.lsz.gov.cn/sjfb/lstjgb/202105/t20210506_1899812.html.

［30］凉山州人民政府关于履行教育职责自评情况的报告（凉府函〔2021〕147号）［EB/OL］.凉山彝族自治州人民政府门户网站，（2021-10-15）.http：//www.lsz.gov.cn/xxgk/zcwj/zzffw/202110/t20211015_2049089.html.

［31］凉山州人民政府关于印发凉山州普通高中招生工作改革实施意见的通知（凉府发〔2018〕10号）［EB/OL］.四川省甘洛中学官网，（2018-04-24）.http：//scsglzx.lszedu.net/p/50/？StId=st_app_news_i_x636601916139773989.

［32］林曦，杨奇."江海情，携手行"：广东珠海教育扶贫云南怒江［EB/OL］.金羊网，（2020-12-29）.https：//wap.ycwb.com/2020-12/29/content_1379280.

htm.

［33］临夏国强职业技术学校招生简章［EB/OL］.搜狐网，（2020-07-02）.
https：//www.sohu.com/a/405378085_120209887.

［34］临夏回族自治州2020年国民经济和社会发展统计公报［EB/OL］.临
夏回族自治州人民政府门户网站，（2021-12-02）.https：//www.linxia.gov.cn/
lxz/zwgk/bmxxgkpt/lxztjj/fdzdgknr/tjsj/tjgb/art/2022/art_0c4ecf822344415299e
620e9afae6411.html.

［35］临夏州2019年政府工作报告[EB/OL].东乡族自治县人民政府门户网站，
（2019-03-20）.https：//www.dxzzzx.gov.cn/dxx/zfxxgk/fdzdgknr/qtfdxx/zfgzbg/
art/2022/art_27de920b351c450e88dbc408ff4186d2.html.

［36］临夏州第七次全国人口普查公报［EB/OL］.临夏回族自治州人民政
府门户网站，（2021-06-08）.https：//www.linxia.gov.cn/lxz/zwgk/bmxxgkpt/
lxztjj/fdzdgknr/tjsj/tjgb/art/2022/art_99b698a34d534d61909a947e4fc937a3.
html.

［37］临夏州振兴教育事业新闻发布会实录[EB/OL].网易网，（2021-04-14）.
https：//www.163.com/dy/article/G7I6KEJS0534697A.html.

［38］刘欢，刘斐，曹国广.中国将历史性实现"普及高中阶段教育"［EB/
OL］.搜狐网，（2015-10-30）.https：//www.sohu.com/a/38710187_114812.

［39］面向21世纪教育振兴行动计划［EB/OL］.湖南省教育厅门户网站，
（2008-08-29）.http：//gov.hnedu.cn/c/2008-08-29/784276.shtml.

［40］怒江州2020/2021学年初全州教育事业发展统计公报［EB/OL］.怒江
傈僳族自治州人民政府门户网站，（2021-05-25）.https：//www.nujiang.gov.cn/
xxgk/015279331/info/2021-163646.html.

［41］怒江州人民政府办公室关于印发怒江州14年免费教育实施细则的通
知［EB/OL］.怒江傈僳族自治州人民政府门户网站，（2017-04-24）.https：//
www.nujiang.gov.cn/xxgk/015279139/info/2017-138893.html.

［42］怒江州人民政府办公室关于印发怒江州教育事业发展"十三五"规
划的通知［EB/OL］.怒江傈僳族自治州人民政府门户网站，（2018-01-09）.

https: //www.nujiang.gov.cn/xxgk/015279139/info/2018-154704.html.

[43]欧阳煌.在扶贫战略中寻找"精准"落点[EB/OL].新华网,（2017-02-03）.http: //news.xinhuanet.com/politics/2017-02/03/c_1120403559.htm.

[44]普高和职高的学生,都会有美好未来吗?看完这几份数据后扎心了[EB/OL].网易网,（2021-09-04）.https: //www.163.com/dy/article/GJ2MGNTU055520Q6A.html.

[45]全面实施普及攻坚计划,努力办好公平优质多样的高中阶段教育[EB/OL].中华人民共和国教育部门户网站,（2017-04-24）.http: //www.moe.edu.cn/jyb_xwfb/gzdt_gzdt/moe_1485/201704/t20170424_303167.html.

[46]让教育事业实现高质量发展:凉山州教育发展大会精神解读[EB/OL].凉山彝族自治州人民政府官网,（2022-04-13）.http: //www.lsz.gov.cn/sy/rdtt/202204/t20220413_2199001.html.

[47]沈有禄.高中教育普及与免费:实现民族、连片特困地区精准扶贫的有效途径[EB/OL].中国社会科学网（网络刊发）,（2020-09-17）.https: //www.cssn.cn/jyx/jyx_xskx/202209/t20220913_5493081.shtml.

[48]沈有禄.高中阶段教育职普比"大体相当":地区差异与问题分析:基于2000—2018年历史数据回顾[EB/OL].中国社会科学网（网络刊发）,（2020-05-14）.https: //www.cssn.cn/jyx/jyx_jyqg/202209/t20220913_5492752_4.shtml.

[49]省内对口帮扶＋东西部扶贫协作内外"两只手"助推脱贫攻坚[EB/OL].四川省人民政府门户网站,（2017-09-12）.https: //www.sc.gov.cn/10462/12771/2017/9/12/10433395.shtml.

[50]授权发布:中共中央,国务院关于打赢脱贫攻坚战的决定[EB/OL].新华网,（2015-12-07）.http: //news.xinhuanet.com/politics/2015-12/07/c_1117383987.htm.

[51]双流棠湖中学:七年教育扶贫攻坚用心托起大山里的希望[EB/OL].网易网,（2020-05-12）.https: //www.163.com/dy/article/FCF3AAFA0529M3HA.html.

[52]四川省藏区"9+3"免费教育计划实施情况[EB/OL].中华人民共和国教育部门户网站,（2015-10-16）.http: //www.moe.gov.cn/jyb_xwfb/xw_zt/

moe_357/jyzt_2015nztzl/2015_zt12/15zt12_fpcx/201510/t20151016_213726.html.

[53]苏嘎尔布.2021年凉山州人民政府工作报告[EB/OL].凉山彝族新闻网，（2021-04-01）.http：//www.lszxc.cn/html/2021/lsxw_0401/15357.html.

[54]唐任伍.习近平精准扶贫思想阐释[EB/OL].人民网，（2015-10-21）.http：//theory.people.com.cn/n/2015/1021/c40531-27723431.html.

[55]习近平.在深度贫困地区脱贫攻坚座谈会上的讲话（2017年6月23日）[EB/OL].中国共产党新闻网，（2017-09-01）.http：//cpc.people.com.cn/n1/2017/0901/c64094-29508162.html.

[56]云南：人口较少民族与"直过民族"聚居区将实行14年免费教育[EB/OL].中华人民共和国中央人民政府门户网站，（2016-12-24）.https：//www.gov.cn/xinwen/2016-12-24/content_5152444.htm.

[57]张德江.全国人民代表大会常务委员会执法检查组关于检查《中华人民共和国职业教育法》实施情况的报告——2015年6月29日在第十二届全国人民代表大会常务委员会第十五次会议上[EB/OL].全国人民代表大会门户网站，（2015-06-29）.http：//www.npc.gov.cn/npc/xinwen/2015-06-29/content_1939891.htm.

[58]职业教育研究课题组.《中国职业教育发展大型问卷调查报告》发布[EB/OL].腾讯网，（2021-05-01）.https：//new.qq.com/rain/a/20210501A01SBZ00.

[59]中共临夏州委临夏州人民政府关于振兴教育事业的意见[EB/OL].临夏回族自治州教育局官网，（2020-11-25）.https：//jyj.linxia.gov.cn/jyj/xxgk/fdzdgknr/zcwj/art/2022/art_1e148e2c926f4c95a38e359852948c11.html.

[60]中共中央国务院关于打赢脱贫攻坚战三年行动的指导意见[EB/OL].中华人民共和国中央人民政府门户网站，（2018-08-19）.https：//www.gov.cn/zhengce/2018-08-19/content_5314959.htm.

[61]中共中央.中共中央关于教育体制改革的决定[EB/OL].中华人民共和国教育部门户网站，（1985-05-27）.http：//www.moe.edu.cn/jyb_sjzl/moe_177/tnull_2482.html.

[62] 中国共产党第十八届中央委员会.中共中央关于制定国民经济和社会发展第十三个五年规划的建议 [EB/OL].央广网,（2015-11-03）.http：//news.cnr.cn/native/gd/20151103/t20151103_520379989.shtml.

[63] 中国共产党第十七届中央委员会.中共中央关于推进农村改革发展若干重大问题决定[EB/OL].中华人民共和国中央人民政府门户网站,（2008-10-31）.http：//www.gov.cn/test/2008-10/31/content_1136796.htm.

[64] 中华人民共和国职业教育法 [EB/OL].中华人民共和国中央人民政府门户网站,（2022-04-21）.https：//www.gov.cn/xinwen/2022-04/21/content_5686375.htm.

致　谢

　　本研究在文献回顾与政策建议等行文中参考了诸多前人的研究成果，在此一并表示感谢。在课题调研接洽与实地调研中得到诸多领导与朋友们的帮助，没有他们的帮助，本研究将难以顺利开展并按时完成。在他们的帮助下，才使课题组获得了诸多丰富宝贵的第一手资料，既有较大范围的问卷调查获得面上的数据，也有大量对各利益相关者的访谈获得众多质性材料，使得论证既有面上的把握，也有个案的深入访谈，打动人心而又增添了论证的深邃力。所有收集的资料都作为课题成果的重要支撑力量，使得本课题的研究成果更具有客观性、真实性、科学性与针对性。

　　在此要特别感谢以下各位在课题调研接洽、实地调研及课题问卷发放与回收中给予的鼎力支持，他们分别是：阿胜尔贵、安碧城、安成忠、拜海云、杓娟娟、蔡伟、蔡治禄、曹建荣、曹银荣、曾利民、陈春花、陈冬虎、陈栋、陈福江、陈各辉、陈海妍、陈静、陈良忠、陈万兵、陈文平、陈文武、陈兴锋、陈永军、陈玉红、陈遇贵、崔鹏、邓天友、邓战华、邓忠保、丁作栋、董玉成、段黎华、冯王彪、冯喜寿、付彬、付俊梅、高维荣、高翔、高勇、苟仲明、郭茂清、郭彦辰、韩明、韩庭晖、郝朝阳、郝文强、何德春、何东雄、何龙、和海燕、和丽碧、和仕春、和英、胡启华、黄河、吉及什布、吉列子日、吉什木乃、吉拖、江泓、焦天福、康光海、康华、康晓艳、肯四堆、孔晓东、拉助、冷松、李昌华、李春华、李春勇、李光明、李光云、李吉奎、李佳芹、李杰、李坤华、李林、李敏、李宁林、李平、李庆芳、李学新、李又思、李云泽、李正涛、李自琼、廉福、廖俊清、林新明、刘国昌、刘浩、刘建波、鲁文炳、罗成、罗古尔、罗永军、吕忠黙、马东升、马富有、马广林、马国彦、马海峰、马鸿平、马继盛、马进龙、马少平、马寿海、马延杰、马英、马永宏、马振武、马仲俊、毛吉平、倪国涛、欧林英、潘兴博、彭小东、普云春、祁黎炎、祁文南、邱菊、荣雷、善得发、沈荣友、沈应碧、沈应刚、沈应涛、沈永安、沈永东、沈友伦、肆武林、宋刚、苏义生、孙加云、孙康红、孙庆权、孙运欢、唐科吉、唐仕方、唐颖、陶小忠、陶学乾、陶永鹏、涂顺国、妥凤英、妥黎伟、妥维成、妥学文、汪光虎、汪伦、王安平、王秉寿、王丹、王建华、王丽、王鹏杰、王仕萍、王添、王曦、魏存俊、邬跃、吴涛、吴振辉、伍才隆、夏汝贵、项继林、肖泽、谢建英、谢晓鸿、熊军、徐华伟、徐绍霞、徐孝艳、牙洲、杨朝斌、杨次尔、杨国民、杨华忠、杨明富、杨泉、杨荣平、杨占林、姚德怀、姚建能、冶君平、叶忠林、尹立文、雍佳芳、余剑忠、余凯旭、余杨花、张发丹、张何英、张建华、张金平、张林麟、张琳琳、赵得林、赵何军、赵建超、赵廷义、赵贤和、赵应全、赵应生、钟继娟、周学林、周忠云、朱成明、朱丹、朱雪莲、祝文明、字跃芳、左丘平。他们当中既有各普通高中、中等职业学校、初中的校长、副校长、主任等,也有各州、县(市)教育局局长、副局长、科长、副科长、股长等,还有部分县(市)的书记、县长、副书记、副县长以及乡镇领导等。

感谢海南师范大学社科处的教程老师、于瑾老师在课题中期检查及课题结题中给予的关怀、支持与照顾,感谢海南师范大学财务处康文滔处长、审计处张天柱处长及林明道老师在课题结题财务审核与审计中给予的支持与便利。

再次感谢在此次课题中参与工作的所有相关人员以及被参考引用的各位作者,谨以此成果表达对各位的谢意!谨以此作品献给在"三州"地区教育战线上兢兢业业、刻苦奉献的教育工作者!向他们致以最崇高的敬意!